平 著

贵州省非物质文化遗产
田野调查丛书

贵阳市卷

徐　静
杨军昌　主编

丛书由知识产权出版社出版基金资助出版
本卷获得贵州省教育厅人文社科基地项目资助
贵州省高等学校人文社会科学研究基地
——贵州大学人口·社会·法制研究中心
贵州省文化厅／贵州省非物质文化遗产保护中心

知识产权出版社
全国百佳图书出版单位

图书在版编目(CIP)数据

贵州省非物质文化遗产田野调查丛书. 贵阳市卷 /徐静，杨军昌主编 ；徐则平编著. — 北京 ：知识产权出版社，2018.9
ISBN 978-7-5130-5762-2

Ⅰ. ①贵… Ⅱ. ①徐… ②杨… ③徐… Ⅲ. ①非物质文化遗产—介绍—贵阳 Ⅳ. ①G127.73

中国版本图书馆 CIP 数据核字(2018)第 187343 号

内容摘要

作为全省政治、经济、教育、文化中心的贵阳市，非物质文化遗产十分丰富，分别有 6 项、41 项入列国家级、省级非物质文化遗产名录。此外，尚有市级非遗和未被开发列入的其他非遗若干项。这些非物质文化遗产具有鲜明的活态性、非物质性或无形性、生活性或群众性、地域性和民族性、世代相传的传承性、不断发展演变的动态性、脆弱性和难以再生的不可复原性等特征，充分体现了勤劳勇敢的贵阳市各民族人民的聪明才智和生存性智慧。

责任编辑:王　辉　　　　**责任印制**:孙婷婷

贵州省非物质文化遗产田野调查丛书
徐静　杨军昌　主编
贵阳市卷
GUIYANG SHI JUAN
徐则平　编著

出版发行:知识产权出版社有限责任公司　　**网　　址**:http://www. ipph. cn
电　　话:010-82004826　　http://www.laichushu.com
社　　址:北京市海淀区气象路 50 号院　　**邮　　编**:100081
责编电话:010-82000860 转 8381　　**责编邮箱**:wanghui@ cnipr.com
发行电话:010-82000860 转 8101　　**发行传真**:010-82000893
印　　刷:北京建宏印刷有限公司　　**经　　销**:新华书店及相关销售网点
开　　本:720 mm×1000 mm　1/16　　**印　　张**:16.25
版　　次:2018 年 9 月第 1 版　　**印　　次**:2018 年 9 月第 1 次印刷
字　　数:300 千字　　**定　　价**:70.00 元
ISBN 978-7-5130-5762-2

《贵州省非物质文化遗产田野调查丛书》

编委会和编辑部人员名单

传承非遗　助力脱贫

——贵州省非物质文化遗产田野调查丛书

序

党的十九大报告中指出:文化是一个国家、一个民族的灵魂,文化兴国运兴、文化强民族强。没有高度的文化自信,没有文化的繁荣兴盛,就没有中华民族的伟大复兴。2017 年 1 月,中共中央办公厅、国务院办公厅印发了《关于实施中华优秀传统文化传承发展工程的意见》,明确提出要保护传承文化遗产,实施非物质文化遗产传承发展工程。贵州是非物质文化遗产资源大省,更是脱贫攻坚主战场,如何保护好、传承好非物质文化遗产,利用好、发挥好非物质文化遗产在脱贫攻坚中的积极作用,一直是我们在理论和实践层面思考的重要课题,而《贵州省非物质文化遗产田野调查丛书》就是这一课题研究的重要成果之一。

非物质文化遗产是文化遗产的重要组成部分。非物质文化遗产是人类创造力、想象力、智慧和劳动的结晶,是人类文化多样性的生动展示,也是一个国家、一个民族兴旺发达的文明标志与精神支柱。早在 2003 年 10 月联合国教科文组织发布《保护非物质文化遗产公约》起,世界范围内的非物质文化遗产调查、整理、传承、保护、利用等工作得以迅速展开。我国也随即在 2005 年 3 月 26 日出台了《关于加强我国非物质文化遗产保护工作的意见》。相继全国各地按照《国家级非物质文化遗产保护名录》的类别划分,在民间文学、传统音乐、传统舞蹈、传统戏剧、曲艺,传统体育、游艺与杂技,传统美术、传统技艺、传统医药、民俗 10 个大类上,开展了一系列非物质文化遗产保护工作。

贵州是非物质文化遗产资源的富矿区,各民族在历史发展的长河中,创造了多姿多彩、独具特色的多元民族非物质文化遗产。截至 2018 年 5 月,列入人类非物质文化遗产代表作名录 2 项,国家级名录 85 项 140 处,省级名录 561 项 708 处,市、州级名录1134项,县级名录4000多项。国家级文化生态保护实验区1项,省级3项;国家级非物质文化遗产生产性保护示范基地3处,省级59处;国家级非物质文化遗产代表性传承人96人,省级402人。这些非物质文化遗产内容丰富,各具特色,是贵州各民族发展历史的真实写照,是各民族传统文化的重要载体,更是中华民族文化遗产的重要组成部分,充分体现了贵州省各民族人民的聪明才智和生存智慧,蕴含着丰富的历史价值、艺术价值、科学价值、文化价值等。保护和利用好非物质文化遗产,有利于继承和发扬民族优秀文化传统和民族精神,传递贵州文化声音,展示贵州文化风貌。如果以此为资源、资本,在生产性保护的基础上,发展文化特色产业,还可以增强乡村旅游魅力,拓宽农民脱贫致富路子,增强可持续发展能力。近年来,贵州省及时出台了《贵州省非物质文化遗产保护发展规划》等指导性文件,开展了非遗传承脱贫"十""百""千""万"培训工程,建成了国家级民族文化生态保护实验区1个,省级民族文化生态保护区2个;国家级非遗生产性保护示范基地3个,省级非遗生产性保护示范基地28个,带动了数万贫困户脱贫致富奔小康。

为了更好地保护和传承贵州省非物质文化遗产,使非物质文化遗产传承脱贫工程更有基础、更有素材、更有针对性,在中共贵州省委宣传部的指导下,在贵州大学、贵州省文化厅的支持下,贵州大学人口·社会·法制研究中心与贵州省非物质文化遗产保护中心共同实施了知识产权出版社出版资助项目、贵州省教育厅人文社科研究基地项目《贵州省非物质文化遗产田野调查丛书》,在各州市有关部门及广大非遗工作者的积极参与下,经过各卷调查与撰写专家、学者多年来的艰辛努力,终于圆满完成了项目任务并付梓出版。这是贵州省非物质文化遗产资源第一次系统而详细的收集、整理与集中展示,是外界了解贵州省悠久历史和多姿多彩民族文化的重要窗口,是贵州学者助推文化精准扶贫的辛勤耕耘的成果,必将在增强文化自觉、坚定文化自信、助推脱贫攻坚方面产生积极的现实意义。

是为序!

2018年5月

概　述

贵阳市因位于境内贵山之南而得名，沿用至今，已有400多年历史。战国时期，贵阳地区为西南夷夜郎国范围，两汉时辖于牂柯郡；元朝时候，始建顺元土城；明初，拆土城建石城。明永乐十一年（1413年）贵州建省，明隆庆三年（1569年）建贵阳府，“贵阳”一词开始作为行政区域的名称。古代贵阳盛产竹子，以制作乐器“筑”而闻名，故简称“筑”。

贵阳市是贵州省会城市，是全省政治、经济、教育、文化中心，被誉为“高原明珠”。全市总面积8034平方千米，总人口432万人，辖六区（南明区、云岩区、花溪区、乌当区、白云区、观山湖区）、一市（清镇市）、三县（开阳县、息烽县、修文县）、一个国家级经济技术开发区（小河）、一个国家级高新技术产业开发区（贵安新区）。

贵阳市历史悠久、山川秀丽、文化源远流长，少数民族众多，是一个五方杂处、多民族杂居的城市，汉族人口占大多数，布依族次之，苗族人口居贵阳第三位。除此之外，还有侗族、彝族、白族、傣族、壮族、回族、傈僳族、拉祜族、佤族、纳西族、瑶族、藏族、景颇族、布朗族、土家族、阿昌族、哈尼族、锡伯族、普米族、蒙古族、怒族、基诺族、德昂族、水族、满族、独龙族等民族分布。各民族以自己的聪明才智，创造了璀璨夺目并具有重要价值的非物质文化遗产（以下简称“非遗”），内容丰富，品种繁多，范围广阔，积淀深厚。

非物质文化遗产是文化遗产的重要组成部分。根据联合国教科文组织于2003年10月17日在巴黎举行的第32届会议上通过的《保护非物质文化遗产公约》定义，所谓“非物质文化遗产”，是指“被各群体、团体、有时被个人视为其文化遗产的各种实践、表演、表现形式、知识和技能及其有关的工具、实物、工艺品和文化场所”。同时指出非物质文化遗产的范围包括以下5个方面的内容：“口头传说和表述，包括作为非物质文化遗产媒介的语言；表演艺术；社会风俗、礼仪、节庆；有关自然界和宇宙的知识和实践;传统的手工艺技能。”[1]我国首次使用“非物质文化遗产”这一术语是在2005年3月26日国务院办公厅颁布的《关于加强我国非物质文化遗产保护工作的意见》,与此同时,摒弃了“民间文化”“民间文化艺术”“无形文化遗产”的提法。随后,2005年在国务院发布的《关于加强文化遗产保护的通知》中明确规定“非物质文化遗产是指各种以非物质形态存在、与群众生活密切相关、世代相传的传统文化表现形式,包括口头传说、传统表演艺术、民俗活动和礼仪与节庆,有关自然界和宇宙的民间传统知识和实践、传统手工艺和技能等,以及上述传统文化表现形式相关的文化空间”[2]按照《国家级非物质文化遗产保护名录》,分别列有民间文学、传统音乐、传统舞蹈、传统戏剧、曲艺,传统体育、游艺与杂技,传统美术、传统技艺、传统医药、民俗10个大类。

从以上对非物质文化遗产的认识和定义可以看出,非物质文化遗产具有活态性、非物质性或无形性、与群众生活息息相关的生活性或群众性、鲜明的地域性和民族性、世代相传的传承性、不断发展演变的动态性、脆弱性和难以再生的不可复原性等等特征。非物质文化遗产是人类创造力、想象力、智慧和劳动的结晶,是人类文化多样性的生动展示,也是一个国家、一个民族兴旺发达的文明标志与精神支柱。同时,非物质文化遗产蕴含着丰富的历史价值、民族价值、文化价值、教育价值、科学价值、审美价值、经济价值等。保护和利用好非物质文化遗产,不仅有利于继承和发扬民族优秀文化传统和民族精神,增进民族团结和维护国家统一,增强民族自信心和凝聚力,促进社会主义精神建设,而且还有利于增强我国非物质文化遗产的吸引力和影响力,增强国际竞争力,从而提高中华文化的整体软实力。

贵州省是各民族非物质文化遗产的富矿区。贵州各民族在历史发展的长河中,创造了多姿多彩、独具特色的多元民族文化。其中有文字的少数民族留下了卷帙浩繁的文献古籍;无文字的少数民族靠口耳相传保存下了创世史诗、祭祀歌、劳动歌、生活习俗歌等众多的口碑文化;还有的民族用方块汉字及其变体记录本民族语言的方式,传承下了上万册民族古籍。各式各样的民族古籍内容琳琅满目、丰富多彩,内容涵盖了历史、语言、文学、艺术、哲学、宗教、天文、地理、历算、医药、美术、生产技术等诸多方面。这些有形的和无形的宝贵文化遗产资料,是各民族发展历

---

[1] 参见2003年10月17日在巴黎举行的第32届联合国教育、科学及文化组织大会《保护非物质文化遗产国际公约》。

[2] 参见2005年国务院发布的《关于加强文化遗产保护的通知》。

史的真实写照,是各民族传统文化的重要载体,更是中华民族文化遗产的重要组成部分。

贵阳市的非物质文化遗产资源丰厚,形式多样且各具特色。自2006年国家公布第一批国家级非物质文化遗产名录以来,贵阳市共有6个国家级非物质文化遗产名录项目(花溪苗绣和香纸沟皮纸制作技艺是贵阳市辖区内的国家级非遗项目,另外4个即:茅台酒酿制技艺、黔剧、同济堂传统中药文化、花灯戏属于贵州省及其相关单位管理项目,为便于表述,本书将其纳入贵阳市非遗范围),国家级代表性传承人1人;有省级非物质文化遗产名录项目44个,代表性传承人12人;有市级非物质文化遗产名录项目80个,代表性传承人50名。有省级非物质文化遗产生产性保护示范基地1个(乌当区香纸沟土法造纸传习所)。有市级非物质文化遗产展示馆1座(花溪青岩堡);市级网上数字博物馆非遗展示馆已于2015年6月正式发布上线。市级文化生态保护区建设已经通过专家论证并在积极筹建中。

综观贵阳市国家级和省级非物质文化遗产,具有鲜明的活态性、非物质性或无形性、与群众生活息息相关的生活性或群众性、鲜明的地域性和民族性、世代相传的传承性、不断发展演变的动态性、脆弱性和难以再生的不可复原性等等特征。因此,传承、保护和发扬这些具有重要民族价值和文化价值的非物质文化遗产,使之在新的历史时期焕发出青春与活力,是文化工作者义不容辞的责任。

从贵阳市非物质文化遗产的统计和开发情况可以看出,贵阳市的非物质文化遗产的资源是相当丰富的,既是贵阳社会历史发展的见证,也是各民族融合发展的见证,是珍贵的、具有重要价值的民族文化资源。但是近年来,随着经济全球化、工业化、城镇化步伐的推进,各种文化空间的交流和融合,致使贵阳市的非物质文化遗产面临不同程度的危机。贵州少数民族独有的刺绣、蜡染、雕刻等手工技艺逐渐被工业化产品替代而濒于湮灭;传统的戏剧、曲艺受到冲击而生存艰难;一些口头文学、民歌、古歌、乐曲、乐器等在原流传地区无人继承而濒于失传等;少数民族传统建筑逐渐被现代房屋所取代;大量有历史、文化价值的珍贵实物与资料遭到毁弃或流失等。加强贵阳市非物质文化遗产的保护和利用已经刻不容缓。

为了更好地保护和传承贵州省非物质文化遗产,以杨军昌教授牵头组织了这次非物质文化遗产田野调查工程项目,并列入省教育厅基地项目进行立项。本项目旨在秉承贵州省各民族地区的非物质文化传统,对已经列入的贵州省国家级和省级以上非物质文化遗产状况进行一次普遍的全面的再调查再论证。徐则平教授负责《贵州省非物质文化遗产田野调查丛书·贵阳市卷》的田野调查项目论证。经过一年多文献资料的整理和实地调查寻访，收获良多，感触颇深。一方面惊叹中华文明和贵州民族文化的博大精深，贵阳市各民族非物质文化遗产的源远流长、价值连城；另一方面也通过触目惊心的非物质文化遗产流失现象引发出沉重的忧虑和思考。努力将贵阳市的非物质文化遗产发掘出来，以真实的面貌展现于世人面前，并使之得以传承下去，发扬光大，亦是我们义不容辞的责任和使命。

由于课题组所获研究调查的时间十分仓促，加上水平有限，进行调研所形成的原始成果十分有限，但基于这项工作的意义和课题组的使命，我们积极工作，勉力为之，终于形成了现在这部初步的田野调查著作稿件。其中的错误和疏漏在所难免，恳请专家学者和同行给予批评指正。另外，本调研稿收录了大量有价值的成果，限于篇幅，除了在注引和参考文献中加以注明外，未能全部引用，我们对于提供资料的单位及个人表示诚挚的感谢！愿贵阳市非物质文化遗产的传承和发展越来越好，愿中华民族文化传承于世，发扬光大！

编　者

2015 年 8 月

目录 CONTENTS

卷一　民间文学

卷二　传统音乐

卷三　传统舞蹈

卷四　传统戏剧

卷五　传统体育、游艺与杂技

卷六　传统美术

卷七　传统技艺

卷八　传统医药

卷九　民　俗

附　录

卷一 民间文学

省级非物质文化遗产

簪汪古歌

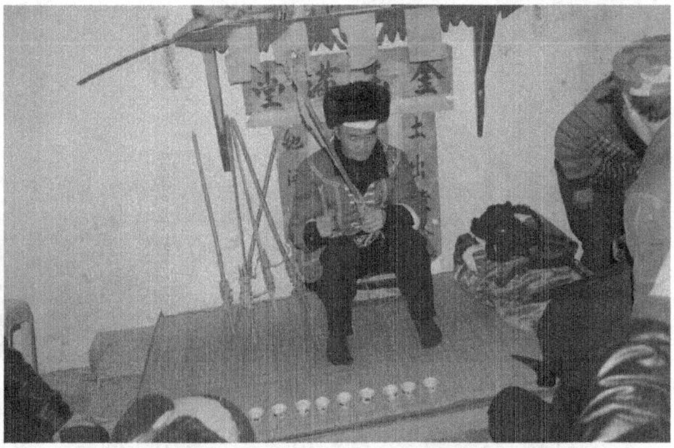

2012 年龙年祭鼓节头天(虎日),龙滩寨,
“宝冒”(掌坛师)王兴贵登坛迎鼓
贵阳市文广局提供(周星 摄)

簪汪古歌是苗族支系四印苗进行重大活动时,唱诵的民间口头文学。簪汪古歌有别于黔东南地区的“苗族古歌”、麻山苗族的“亚鲁王”。簪汪古歌以民族英雄“簪汪”为叙述核心,古歌描述了人类的起源,一直到战争迁徙、生产生活、民俗禁忌等场景,其迁徙部分有战败后从“北京”(泛指北方)出发经历的百余个地方(地名),艰难迁徙到达清镇,这是苗族其他支系的古歌中没有的。战败后,四印苗又将苗王印章绣在女性服装上保存至今。它形象具体地展现了该民族的传统文化和历史进程。簪汪古歌内容十分丰富,有英雄簪汪赞颂歌、建房希望歌、出生祈福歌、出嫁祝福歌、去世引路歌等。歌师在该族重大传统活动,如正月跳年场、十二年一次的祭鼓节、丧葬祭祀等场合唱诵。现已摄录近 500 分钟的唱诵和民俗资料。簪汪古歌无文字记载,世代口口相传,是四印苗族群最为重要的历史和文化载体。四印苗分布地集中于清镇市麦格乡龙滩、小谷陇、龙窝、腊脚,站街镇的中寨、木林,卫城镇的迎燕、银桥、麦巷等村寨;修文县古堡乡红星、乌栗、长冲、平滩、木厂等;乌当区水田镇安多寨、火烧寨;观山湖区郝官、甘冲、杨五沟等地。这些地区海拔较高、位置偏远、交通不便、喀斯特地貌地形典型,为簪汪古歌的活态流传提供了适宜的自然生态条件。从 2010 年发现至今,整理、翻译出的 636 行(只是古歌的两个片段)中,生动地反映出该民族生产、生活、迁徙、战争等内容,主要叙述了“簪汪”带领族人农作,渔猎,捕获“母龙”,修王城,失“龙心”,出王城,守“独州”,

划界“分州”,渡海登岸,到“老王冲”,焚烧祭祀书、田契、地契、芦笙谱,然后分兵,定居贵阳的迁徙、征战过程。古歌唱诵低沉回环,有生动的场景描写,百态千姿的人物关系,具有浓郁民族特色的农耕、渔猎细节。古歌传唱成为该族民间文学最为活态的一部分,是记载四印苗族群迁徙史、生活史、文化变迁史的“活化石”,具有较高的民间文学价值和民族历史研究价值。

2015 年,簪汪古歌由清镇市、修文县同时申报并同时被贵州省政府列为第四批省级非物质文化遗产代表性项目名录。

一、簪汪古歌的历史渊源

2012 年龙年祭鼓节头天(虎日),迎燕村,女歌师吟唱古歌“欧倍卓” 贵阳市文广局提供(周星 摄)

簪汪古歌的流传历史与四印苗的历史息息相关。根据古歌传唱及翻译内容记载,老祖宗“簪汪”在“北京”生活。后来打了败仗,“簪汪”率众一仗仗地打,一处处地迁徙,……歌师王兴才数出了 46 个迁徙途中的苗语地名,还有三次大战的地域。而另一位歌师王世昆将朱昌分支后的三支苗人的迁徙路线作了详尽的补充,分别又数出 7 个、12 个、5 个苗语地名。“簪汪”的 9 个儿子有 6 个留在清镇、修文和乌当这一方成为四印苗支系,而另外 3 个分别加入了“水家”“歪梳苗”“白苗”支系。这是他们在唱诵中自述的族群演变的历史。该支系自称为苗王掌印,由于在战争中被打散,与其他支系失去联系,为了保存苗王的印谱,他们将其绣在女性服饰上,自称“歹蒙”,汉语称 “四印苗”。前胸、后背和两只手臂上各绣有形似印章的图案,妇女着耳坠银环,上衣为右衽衣,前短后长,下穿九道主体花纹的蜡染百褶裙,着绑腿,九道主体花纹既表明为“九黎”部落后裔,又意寓迁徙途中趟过的数不清的高山、河流。可见四印苗服饰从很大程度上印证出了簪汪古歌传唱的该族群迁徙史的真实性,族人说,这与他们战败而被驱逐的历史有关。

簪汪古歌源远流长,四印苗支系迁移到当地后,一直传唱至今。因当地地理位置较为偏僻,环境相对封闭,簪汪古歌得到了较好的传承,传承一直没有中断。近年来,在相关学者的关注下,才逐渐被世人所了解。

二、簪汪古歌的基本内容

簪汪古歌在四印苗同胞中进行传唱,是一种以吟唱为主要形式的民间口头文学。古歌通常在重大仪式上进行唱诵,如杀牛祭祖、修房造屋、结婚嫁女、丧葬等仪式,通过传唱,体现了苗家人对祖先的敬重。

唱诵方式:通常以清唱为主,没有配乐,多名歌师交替唱诵。

古歌内容:主要包含开天辟地、兄妹开婚、迁徙、战争、出嫁、民俗禁忌等内容。

古歌传唱从人类起源、开天辟地、兄妹成亲一直到战争迁徙、生产生活、民俗禁忌,无不展现了该苗族支系的传统文化、历史进程。其中出嫁歌,完整地记录了该支系女孩成长、出嫁,以及嫁妆制作的所有过程,将苗家传统工艺中传统服饰的制作过程和工艺流程完整的歌唱出来。这是我们目前所了解到的完整记录了一项传统工艺的古歌。

簪汪古歌内容十分丰富,有建房希望歌、孩子出生祈福歌、去世引路歌、出嫁祝福歌、英雄簪汪赞颂歌等。歌师在该族重大传统活动,如正月跳年场、祭鼓节、丧葬祭祀等场合吟唱。“吴绕”诵“簪汪”。“吴绕”(苗语:歌师)可延续十几个小时唱诵,没有一个字的记载,全凭记忆。主要叙述了“簪汪”带领族人农作,渔猎,捕获“母龙”,修王城,失“龙心”,出王城,守“独州”,划界“分州”,渡海登岸“遍利”,到“垭窝杓”“落黎茹”“落海”,到“老王冲”焚书分兵,定居贵阳的迁徙过程。

“吴绕”的唱词除了关于“簪汪”大王的描述外,还有唱女娲娘娘的,还有关于“雀子告牛”等。“除了龙年可以在屋里学唱,其他年份则不能在屋里唱诵,只是可以摆古。”这就造成了“村里合适做‘吴绕’的人选太少”而导致的传承危机及簪汪古歌的延续性危机。但“宝冒”和“吴绕”带着徒弟,在12年一轮回的“祭鼓”节庆中传承歌师的记忆,是族人自古不变的族规。比如古歌中提到地搭在手臂上的捕猎用网,在四印苗日常渔猎生活中仍有遗痕;又如古歌中描述的借蜻蜓、蚊子刺激公羊,使公羊踢鼓诱骗敌人,展现了古人的智慧;再如古歌中唱出了“簪汪”在焚书分兵时的不舍不忍、愁绪千结的复杂情绪……这些都展示出古歌的民间文学价值,反映出四印苗族群的民族特性。

三、簪汪古歌的主要特征

一是簪汪古歌是具有史料价值的口头文学;二是古歌的传唱是在重要仪式上进行的,如在正月跳年场、十二年一次的祭鼓节、丧葬祭祀等场合 ,体现了苗家的对祖宗的崇拜,具有一定神圣性;三是这一支系的古歌传唱,不但有男性传唱,在女性中也有传唱,并有其固定的唱词;四是它不但包含有苗族古歌中常有的人类起源、兄妹开亲等故事,更多地保存了传统的生产工艺、生产生活活动等内容。

四、簪汪古歌的重要价值

簪汪古歌记录了这一支系的民族发展史,从历史的角度上看,它记录了人类的

2012年龙年祭鼓节跳场(龙日),龙滩寨,"宝冒"(掌坛师)们在场里作法事 清镇市文旅广体局(姚海英 摄)

起源、迁徙等传说,具有重要的史料价值。

从艺术的角度看,它是人类口头文学的重要组成部分,具有独特的民族风格和地方特色。

从科学的角度看,古歌中记录的生产生活活动、民俗禁忌、传统工艺是苗族先民与自然和谐共处、人与人和平相处中所积累的生活知识。

由于受到汉文化的影响,现在的苗族年轻人学唱古歌的越来越少,加上现有歌师年龄越来越大,而古歌采用口口相授的方式进行传承,在传承过程中,由于部分古歌基本是在族人去世时才进行传唱,部分古歌段落已逐渐丢失,现在能唱完全本古歌的歌师已所剩不多。

2010年,簪汪古歌为省里专家所发现,而引起重视,但苦于难于寻找到对该族语言能注音翻译的人员,使整理工作一度陷于停顿。2013年,在省、市专家的帮助下,先后四批次,从修文、清镇选送人员前往"亚鲁王工作室"学习注音、翻译,但古歌的注音、翻译工作的难度仍是异常艰难。要更好地对这黔中腹地难得的民间文学进行抢救性收集、整理、保护,还需投入更大的人力、物力支持。

卷二 传统音乐

省级非物质文化遗产

布依族土歌

布依族土歌之婚俗迎客歌（陈锡林 摄）

布依族能歌善舞，歌手众多，在春节，“三月三”“四月八”“六月六”，以及各种喜事庆典方面都会看到布依族人载歌载舞的场面。布依族土歌是布依族的一部百科全书，反映了布依族先民的宇宙观、思想感情和审美趣味，也在一定程度上客观地再现了远古社会的历史风貌，荟萃了布依族人民的思想文化精华。具有民俗研究价值。2015 年被省政府列为第四批省级非物质文化遗产代表性项目名录。

布依族分为三个土语区。属于第二土语区的贵阳的各县（市）区、乡、村寨基本都传唱土歌。贵阳市南明区的四方河、沙冲、二戈寨、木头寨、水坝、云盘、罗吏、柏杨等地村寨至今仍在用布依语或汉语传唱。贵阳市南明区地处云贵高原东北部，是贵州省省会贵阳市的中心城区之一。全区总面积 209.34 平方千米，总人口 83 万，辖 4 个乡 29 个村、18 个社区服务中心和 140 个居委会，是贵阳市布依族主要聚居地之一。“蔡家关→凤凰哨→沙冲→四方河→猪场坝→二戈寨→大土→水坝村→营盘村→木头寨→罗吏目→鱼梁河”这 20 多千米长的布依族自然村寨，曾经都是布依文化保存完整的地区，这些布依族人聚居的村寨，不少村民还在说布依话，着布依服饰，唱布依歌。但受急剧城市化进程的影响，很多村寨已经消失，唯有水坝、云盘、罗吏、柏杨四个村还保存有一定的布依族文化。其中水坝和云盘一带的布依族寨子，布依文化保存完整，村民从明朝洪武帝朱元璋时代起就定居于此，现仍居住着 98%以上的布依族，尽管这里距中心城区只有几千米，但广大村民还唱布依歌,说布依话,着布依服饰,按照布依族古俗祭祀,民族刺绣、织锦、古朴服饰独具风格,“三月三”“四月八”“六月六”等民族风情节气氛浓郁,热闹非凡,独特的民族习俗和文化仍得以保留。水坝、云盘一带,是南明区布依族土歌最具代表性的地区,现有“民族对歌场”“森林纵歌”“版纳园”“古堡风烟”等经常唱布依族民歌,跳民族舞的活动。

布依族土歌是相对明歌而言的,“土歌”即用布依语演唱的布依族民歌,“明歌”即用汉语演唱的布依族民歌。布依族历史源远流长,是百越的后裔。在布依族先民的口传诗歌中就有“鲧”“禹”(公元前 21 世纪夏朝时期布依族祖先)的内容。“禹”创作的布依族土歌很多,其中有“德罡造万物歌”“人类起源歌”等,包罗万象。“禹”之后的布依族先民又在漫长的长河中创造了“古歌”“礼俗歌”“情友歌”“劳动生活歌”“干旱歌”“水淹歌”“牛经歌”。上述古歌虽然历经曲折,但原貌始终未被破坏,世代相传保存至今。

1949 年后,国家实行民族平等政策,古歌获得了很好的保存和发展。1950 年夏天贵州省军区文工团为采集 100 首民歌深入贵阳市南明区凤凰哨采风,而后将布依族民歌《桂花要等贵人来》改编成为《桂花开放幸福来》,国庆一周年庆典之际,凤凰哨的陈素珍、郭金莲两位女歌手带着这首布依族民歌到北京演唱,因为词句美好、旋律动听,立刻引起轰动,迅速传遍大江南北,随后作为中国经典民歌载入史册。

2012 年,由赵焜、苏金凤等用布依语翻译的《桂花开放幸福来》在布依人中传唱,又在《贵州民族报》上发表。

土歌是布依族口头文学和书面文学的共同源头。特别是布依文还没创作之前,在口耳相传的民间文学发展过程中,土歌对后世文学的思想内容、艺术形式和风格产生了很大的影响,体现出了紧密的传承关系。布依族土歌是一种韵文体,也是布依族的古史歌或史诗。歌词一般为七言八句,用比喻手法见物生情,内在含蓄、寓意深刻,生动活泼,委婉动听,颇受人们喜爱而广为流传。清新淡雅中透露出一种田园的美,具有民族民间文学研究价值。

布依族土歌独具特色,其种类有迎客歌、礼俗歌、牛经歌、叙事歌、情歌、酒歌和劳动歌等;演唱形式有独唱、对唱、齐唱和重唱;曲调有“大调”“小调”之分。每逢喜庆节日,歌声昼夜不停。布依族人民喜欢唱歌,各地民歌曲调不尽相同,同一地区的民歌,也因歌词内容、演唱场合和歌唱方式的不同而有不同的曲调。呈现出百花齐放,各具特色的特点。

“土歌”根据唱词的布依语声调行腔,话长音短,话短音少,歌腔多则三十余拍,少则十六七拍,视歌词多少伸缩,没有固定。布依族土歌属口头创作,没有专门的曲作者，唱法随性，不拘泥形式。每句歌腔有“气口”或长音，将之分为上、下句，上句要将高音唱出，下句则从高到低“3216”的音列或变化音列。迂回曲折，悠缓自如。具有浓郁的民族民间音乐艺术价值。

一、布依族土歌分类

（1）迎客敬酒歌：举行各种活动、办酒、喜庆、节日、拦路、拦朝门、席间敬酒等。

（2）办红喜唱：敬酒歌、做客歌、筷子歌、分烟歌、洗脚歌、情友歌、亲家歌、抬爱歌、栽花歌、放客歌等。

（3）古老歌：礼俗歌、造天地歌、十二个太阳、干旱歌、水淹歌、人类起源歌等。

（4）牛经歌：砍牛歌、敬烟敬茶歌、孝歌。

（5）过新年唱：过年歌、丰收歌、赞美歌、欢乐歌、节气歌等。

（6）竖新房：立房歌、亲友歌、抬爱歌、钉门歌、开门歌。

（7）古情歌包括初会歌、赞美歌、恩爱歌、分离歌等。

（8）走亲访友先唱迎客歌，然后唱敬酒歌。

二、布依族土歌的价值

（1）音乐艺术价值。“土歌”根据唱词的布依语声调行腔，话长音短，话短音少，歌腔多则三十余拍，少则十六七拍，视歌词多少伸缩，没有固定。布依族土歌属口头创作，没有专门的曲作者，唱法随性，不拘泥形式。

（2）民间文学价值。土歌是布依族口头文学和书面文学的共同源头。特别是布依文还没创作之前，在口耳相传的民间文学发展过程中，土歌对后世文学的思想内容、艺术形式和风格产生了很大的影响，体现出了紧密的传承关系。

（3）民俗研究价值。布依族能歌善舞，歌手众多，在春节，“三月三”“四月八”“六月六”，以及各种喜事庆典方面都会看到布依族人载歌载舞的场面。“正如《乐记所述》凡音之起，由人心生也，人之心动，物使之然也。”民歌是生活在布依族人头脑中加工反映的产物，具有民族表演色彩。布依族土歌是布依族的一部百科全书，反映了布依族先民的宇宙观、思想感情和审美趣味，也在一定程度上客观地再现了远古社会的历史风貌，荟萃了布依族人民的思想文化精华。

布依族古歌是布依族的一部百科全书，一定程度上客观地再现了远古社会的历史风貌，荟萃了布依族人民的思想文化精华。布依族古歌又是布依族口头文学和书面文学的共同源头。特别是布依文还没创作之前，在口耳相传的民间文学发展过程中，古歌是布依族文学的先导，对后世文学的思想内容、艺术形式和风格产生了深远影响。布依族土歌旋律优美，具有很高的艺术价值。用比喻手法见物生情，内在含蓄、寓意深刻，生动活泼，委婉动听，颇受人们喜爱而广为流传。近年来，音乐家们已将其曲调作为素材，改编或创作成合唱、舞蹈音乐、杂技音乐、影视音乐等，颇受群众欢迎。布依族土歌现在南明区水坝、云盘、罗吏、柏杨等地村寨至今仍在用布依传唱土歌，布依语保存较好，在省会城市中心区域能得以保存，尤显难得。

随着农村城镇化建设的发展，布依族居住地的自然环境遭到破坏，布依族文化受到极大冲击，布依族语言逐渐削弱和消失。新一代布依人继承其传统文化的意识日趋淡薄。再不进行抢救，城市边缘的布依村寨，作为布依族传统礼仪的迎客歌将很快消失。

卷三 传统舞蹈

省级非物质文化遗产

苗族猴鼓舞

苗族"猴鼓舞"(李小毛 摄)

苗族"猴鼓舞",苗族名字叫"大愣矬"(da leng cuo),主要流传于贵阳市南郊的花溪、孟关、青岩、湖潮等地以青色服饰和以绣花服饰为特征的两个苗族支系中。花溪位于贵州省贵阳市南郊,距贵阳 17 千米。花溪为多民族居住地区,居住着汉、苗、布依等民族。花溪地处贵州高原中部,苗岭山脉中段。全境以丘陵为主,间有山丘、盆地、坝子、峡谷。海拔一般在 1000～1250 米。气候冬无严寒,夏无酷暑,年平均气温 14.9℃,年降雨量在 1300 毫米左右。"苗族猴鼓舞"由于其独具的民族特色和不可复制性,受到政府的保护和重视,2007 年被贵州省列为第二批省级非物质文化遗产名录。

一、苗族"猴鼓舞"来源

鼓舞是苗族的一种民间舞蹈。苗族"鼓舞"有悠久的历史渊源。历史上有关苗族击鼓歌舞的文字记载,较早的可见于唐代。鼓舞的表演形式丰富多样,根据跳舞的人数可以分为单人、双人、群体鼓舞三类;还可以根据鼓舞的表演形式分为猴儿鼓、对跳鼓、四面鼓、团圆鼓鼓舞四类,花样繁多的表演形式,应对着不同的节庆氛围,精彩纷呈。苗族"鼓舞"主要分布于湖南西部和贵州东南部清水江流域一带。

由于长期分散居住,以及语言、服饰、风习方面的差异,各地"鼓舞"风格特点和形式各不相同。在湖南省西部的凤凰、保靖、花垣等县有"花鼓舞"(包括后来在此基础上发展起来的男子和女子"双人鼓舞"),古丈等县有"团圆鼓舞""跳年鼓

猴鼓舞传承人唐仕富(中)(李小毛　摄)

舞”,保靖、花垣有“猴儿鼓舞”,在贵州省东南部清水江沿岸的台江、镇远等县有“踩鼓舞”,黔东南地区的台江县和湘西地区个别地方有“木鼓舞”,施秉、铜仁等县有“调鼓”。上述各种形式的鼓舞,在不同的历史阶段各有不同功能,在社会生活中发挥着自己的作用。如原来“木鼓舞”,仅为祭祀祖先、祈神禳灾、娱神、娱祖所用,“调鼓”则主要用于丧葬仪式告慰亡灵,“团圆鼓舞”“踩鼓舞”“花鼓舞”等,主要是在每年春节和隆重的传统节日中娱乐。如今,都演变为节庆活动和人们劳动之余不可缺少的一种文化娱乐形式。功能的转化,也促使鼓舞的节奏及击鼓动作发生更为复杂的变化,而具表演性质。

“猴鼓舞”是一种以摹似猴子动作为主,围绕鼓点而舞的鼓舞形式。它别于单、双人鼓舞的范畴,舞蹈除摹似生产劳动以外,还要随着鼓点模拟表演猴子摘桃、抓痒挠腮、戏鼓等动作,样子滑稽、诙谐风趣。其中夹杂着很多高难技艺,舞姿轻盈敏捷,情绪激扬。此舞既可身穿服猴帽,化妆成猴相表演,也可身着便装,模拟猴儿状表演。

二、苗族“猴鼓舞”的艺术特色

(一)“一鼓一笙”猴鼓舞

青岩一带的苗族所跳的传统猴鼓舞多为“一鼓一笙”。舞者两人,一人击鼓,一人持笙,皆为男性。它是由两个独舞相互伴合而成的舞。鼓声一响,乐声“和”之,有时芦笙为“鼓舞”伴奏,有时击鼓者为芦笙独舞伴奏;跳到高潮时,两舞者都拿出看家本领来使两种舞蹈浑然一体。吹笙者有时为了表现自己的技能,还在丧家院中摆上一张大桌,他时而围着大桌跳,时而滚上大桌在桌面上跳……这种“一鼓一笙”的“猴鼓舞”,不但是一种致哀的礼节舞蹈,还带着一定的演技性和自我表现性。其气氛热烈,演技不凡。

舞者以青色服饰为特征,着黑色长纱巾(约 3 米)缠头成圆盘形,上穿蓝布(或绸)大襟长衫,腰扎黑色长纱腰带(约 3 米);下穿便裤,脚穿布鞋。

青岩一带的苗族所跳的传统“猴鼓舞”有如下艺术特点。

音乐方面:把皮鼓置于鼓架的交叉处上,用绳将鼓环系于木棒上,击鼓者双手持鼓棍。击打特征为击棒、击鼓交替进行。所奏曲调速度平缓,一般以连续的 8 分音符为旋律，并多以最低音“6”为伴奏，一曲到底无限反复。

动作方面：舞蹈动作分击鼓者动作和吹笙者动作。击鼓者动作主要有“正打击鼓”“背打击鼓”“胯打击鼓”等。吹笙者动作主要有“跟步转”“踏步转”。

跳“猴鼓舞”时，大鼓和大桌摆在主家的大院中，击鼓者面向大鼓，持笙者任意在鼓前以肩斜对鼓。在音乐的伴和下，击鼓者随意做“正打击鼓”“背打击鼓”“胯打击鼓”“反打击鼓”“上打击鼓”等动作和转体使背对鼓面舞蹈。吹笙者做连续的“跟步转”动作，在一个三角形内舞蹈，并在“跟步转” 中穿插“踏步转”动作。舞到高潮处，吹笙者上大桌表演“翻、滚、倒立”等高难动作，一直舞到尽兴为止，舞蹈才结束。

（二）“一鼓二笙” 猴鼓舞

这是孟关另一种“猴鼓舞” 表演形式。苗族“猴鼓舞” 主要流传于花溪区孟关乡沙坡村。

“一鼓二笙” 猴鼓舞设舞者 3 人，1 人击鼓，2 人持笙跳舞相伴，皆为男性。这是一种传统致哀的“猴鼓舞”，多由年长的人跳。击鼓者多以各种姿态固定击鼓的一面，两芦笙舞者在鼓的左前及右前随鼓点跳传统的芦笙舞。其气氛肃穆，舞姿凝滞。

舞者服饰特征、音乐特征、动作特征、舞蹈跳法都与一鼓一笙“猴鼓舞”相近，只是在跳“猴鼓舞”时，吹笙者以 1 人为主（另一人随他），有时 2 人动作对称，有时 2 人动作相同。

（三）“一鼓四笙”猴鼓舞

湖潮一带苗族所跳的“猴鼓舞”多为一鼓四笙“猴鼓舞”，这也是一种传统致哀的“猴鼓舞”，多由中年人跳。舞者 5 人，1 人击鼓，4 人持笙而舞，皆为男性。舞者以身着绣花彩片服饰为特征。

“一鼓四笙”猴鼓舞具有如下艺术特点。

音乐方面：把皮鼓置于 3 根木棍为鼓架的交叉处上，用绳将鼓环系于木棒上，击鼓者双手持鼓棍。击打特征为击棒、击鼓、击鼓边交替进行。所奏曲调节奏急促、速度较快，一般以连续的 8 分音符为旋律，并多以最低音“5 ”为伴奏，一曲到底，无限反复。

动作方面：与以上形式的猴鼓舞动作大同小异，相比之下步幅要快些、小些。

跳这种“猴鼓舞”时，大鼓摆在主家的大院中，击鼓者背向大鼓，持笙者在鼓前一字排开。在音乐的伴和下，击鼓者随意做“正打击鼓”“背打击鼓”“胯打击鼓”“反打击鼓”“上打击鼓”等动作和转体面对鼓面舞蹈。吹笙者做连续的“跟步转”动作，并在两两换位舞蹈、“跟步转” 中穿插“踏步转”动作来转换自已的舞蹈位置；有时变成两两对面的“十”字形舞蹈，并两两互换位置。其动作单一，气氛沉重，动律单纯。一直舞到尽兴为止,舞完曲止。

(四)"一鼓多笙"猴鼓舞

这是孟关苗族在建国之后,由传统"猴鼓舞"逐渐衍变出来的一种具有娱乐性的、有女性参加的广场集体舞。此舞只在节日和集会场合中表演。舞者 20 人,1 人击鼓,人数不限的男女青年舞蹈。

"一鼓多笙"猴鼓舞具有如下艺术特点。

音乐方面:把皮鼓置于特制的鼓架上,击鼓者双手持鼓棍。击打特征为击棒、击鼓、击鼓边交替进行。在舞蹈高潮时,则以多种姿态从各个方向击鼓面、鼓梆、鼓边等,音响富于变化,很具特色。芦笙为直管中芦笙。这种芦笙有圆润清丽的音质和华美、深远、飘逸的音色。所奏曲调速度平缓,一般以连续的 8 分音符为旋律,和声伴奏与曲调旋律交替在高低音区出现。一曲到底,无限反复。

动作方面:舞蹈动作分击鼓者动作、吹笙者动作和女舞者动作。击鼓者动作主要有"右手击鼓""跳步击鼓""胯打击鼓""身前击鼓"等。男女芦笙舞动作主要有"甩巾顶胯""横步甩腿""甩腿跳""击掌翻""四步击掌""对脚跳""叉腰顶胯""蹲踏步"(女青年不做此动作)、"踏步翻身 "(女青年不做此动作)等。其中,"顶胯横走"与"叉腰顶胯"等动作都为孟关苗族独有。它在 4 拍之内两次向同一侧作顶胯的动作,既具有特色又具有韧性。舞蹈节奏流畅,速度较快,显示了欢乐的情绪。

这种"猴鼓舞"主要的特点是队形变化多样。有一字横队、两路纵队、八字队形、穿八字队形、跳扇形、双穿花形等,以女舞者的动作为突出,其动作的主要特征是腰胯松弛而具有韧性,左右顶胯而线条平滑。另外,这个舞蹈有明显的高潮。当舞蹈进入高潮后,击鼓者以多种不同的舞姿在鼓前后左右敲击大鼓的各个部位。在这种不同音响的变异鼓点中,芦笙手跳起"翻身芦笙"、女舞者跳起"牵手跳",鼓面声、鼓棒声、乐声、击掌声、银项圈银锁的撞击声合成一片,使整个舞场的热烈气氛达到最高潮。

花溪苗族猴鼓舞表演(刘霞　摄)

综观贵阳地区的苗族"猴鼓舞",虽然形式较多,但大致可分"传统祭祀性'猴鼓舞'"和"自娱性'猴鼓舞'"。"传统祭祀性'猴鼓舞'"至今还在民间流传;而青年人们更喜欢的是"自娱性'猴鼓舞'",因为这种舞蹈的节奏较快,动作丰富,队形复杂,场面欢快热闹。在舞蹈动作、队形、跳法等方面都大大地突破了传统“猴鼓舞”的风格；尤其在动律与韵味方面更有许多有价值的创新，它表现出与传统“猴鼓舞”截然不同的舞蹈特征。这种“猴鼓舞”在政府各有关部门的扶持下，越来越有新的风采。

三、苗族“猴鼓舞”的传承与保护

“猴鼓舞”流传有几百年的历史了，期间断断续续，中华人民共和国成立后恢复正常，属家族传承。距今已传到第五代，主要传承人有王永新、王光强、王开候、唐逢春、唐世富、唐逢成。

随着社会的发展，改革开放以来，出现了打工热潮，村上大多数人到沿海一带打工，基本不再学习跳“猴鼓舞”。人们生存环境的改变及生活方式的变化对学习猴鼓舞也有一定影响，在20世纪七八十年代，只有少部分中年人会跳此舞，如今，很少有人会跳该舞蹈，其面临着后继乏人的困境。

传承人唐仕富在为下一代传授“猴鼓舞”表演技艺(李小毛 摄)

苗族花鼓舞

“苗族花鼓舞”亦称“小尧花鼓舞”，由新场乡尖坡村小尧组村民原创，至今已有一百多年的历史。

“苗族花鼓舞”主要来源于苗族民间活动。经过不断演变至今，现在主要是为丰富精神文化生活、庆祝重大活动为目的，在苗族的重大节日上表演，一般在农历“四月八”或是寨中重大活动上进行表演。由于其独具的民族特色和不可复制性，受到政府的保护和重视，2007年被列为贵州省第二批非物质文化遗产保护名录。

一、“苗族花鼓舞”历史渊源

古时候，苗族人经常被朝廷追杀，为了躲避追杀，他们各自四处逃难，有的躲进深山，过着居无定所的生活。其中的一族人在逃难中，有一位德高望重的老人，从高山上摔下，不幸死在半山树杈上，当他的亲人们发现时已经死了。但是，又无法取回尸体，为了不让鸟和野兽来吃老人的尸体，所以他的族人们就不停地敲打木盆、用竹筒不停地吹，发出声响，以此把鸟兽驱赶走，达到保全尸体的目的。这样经过了很长的时间，直到老人的尸体自然落下埋葬。因为老人死的时间是农历的四月初八，所以每逢每年的这一天，他的后人们都以这种方式祭祖，经过不停地演变，发展至今，木盆被花鼓代替，竹筒被芦笙代替。经过无数代的传承，也就有了今天的花鼓舞。

具有古老历史的小尧苗族花鼓舞

小尧的苗族，是当时被追杀到荆州（贵州）的苗族的后代，他们经过不断的逃亡迁移，最终定居在今天的新场乡尖坡村小尧组。定居下来后，他们仍继续传承了老祖宗祭祀的传统，每年的农历四月初八，以花鼓舞的形式开展祭祖活动，通过很多代人的发展，才有了今天的小尧花鼓舞。

二、“苗族花鼓舞”的基本内容

小尧苗寨是贵州省贵阳市乌当区一个比较偏僻的村寨，但是这里的苗族舞蹈花鼓舞却是非常有名。男的吹芦笙，女的敲花鼓，互相穿梭，配上节奏不时跳跃，让人有些眼花缭乱……“花鼓舞”是苗族人民欢度农历“六月六”“八月八”“赶夏”“赶秋”等传统节日时，必有的自娱性舞蹈。届时，在举行盛会的广场中央，架起一面由三人负责敲击的大鼓。由两人持双槌敲击鼓皮，一人持单鼓槌敲击鼓梆，参加集体作舞的人们，没有人数和男女限制。作舞之前，击鼓者用本民族语言歌颂发明木鼓者的功德，以此作为对祖先的祭奠。然后，众人便在鼓点的伴奏下围鼓成圈翩跹起舞。这些舞者的基本舞姿多来自于各类生活动作的模拟，其中还加入一些武术成分，使舞蹈动作柔美而刚劲。表演样式多变，男女舞蹈动作有别，贴近生活，大致分为劳动生产动作、生活动作、武术动作和模仿动物动作四类。

花鼓舞的特点是两位击鼓者在旋转、翻身或跳跃下表演多种对称性舞姿的同时，还能敲奏出和谐而统一的鼓乐。一男一女“双人舞”时，则是两人同打一端鼓，两人虽动作一致，但一人打鼓一人陪衬。

花鼓舞伴奏也有区别，分双敲边和音敲边两种，有的地方还会用锣或锑、大号、唢呐、二胡等乐器伴奏，演奏时气氛热烈，能将舞蹈推向高潮。

（一）主要舞段

花鼓舞表演动作千变万化，大体有劳动生产动作、生活动作、武术动作和模仿动物动作四类。男子鼓舞动作有“鳖鸳伸腿”“肩荷担”等，女子鼓舞动作有“美女梳头”“穿衣整容”“烧茶煮饭”“巧媳织锦”“春稚推磨”等。

苗族花鼓主要舞段有桁跋吠—对挝、桁嘿吠—前后过挝、硌斗—勾一甩、栌哪基—空笙步、含机步、拯企—挲纱步、斗茬—侄立、斗茬筛跟斗—跟斗倒立、仙女散花、倒挂金钩。

（二）相关器具及制品

相关器具主要有鼓、芦笙、并配有苗族服饰。

鼓分大鼓，小鼓。大鼓直径 70～80 厘米，边上无花无色，一般是用黄牛皮制作的长形素鼓，不加任何修饰。小鼓又叫花鼓，直径 20～30 厘米，边上配红色的圆形花边，所以又叫花鼓。芦笙按长度分长号、中号、小号，一般是自己制作，长号芦笙（1 号芦笙）达 5 尺长。中号芦笙（2 号芦笙）达 3 尺长。小号芦笙（3 号芦笙）达 2 尺长。

舞者服饰为女装，下身穿折裙和围腰。花鼓舞的女式装扮很是绚丽，底色是蓝色，五彩的绣花是村民们自己动手绣制的传统图案，头上还有一个头饰——“牌帕”。小尧苗族服饰有着独特的民族文化背景。褶裙上的彩色线条，是一条条河流，一条条山路，背牌上的回环式方形纹，是曾经拥有的城市，并有街道、有城墙、有角楼，那披肩上的云纹、水纹、棱形纹，是北方故土的天地和一丘丘肥沃的田土，花带上的“马”字纹和水波纹，是苗族祖先迁徙时万马奔腾过江河的壮观气势……苗族服饰的图案，是穿在身上的一部民族史书。苗族服饰，作为一种存于其文化传统和生活模式的重要构成部分，是历史来源与文化因子在传递、衍化过程中绽开的物质和精神花朵。通过本身的系统将象征符号与意义结合起来并使之意义符号化。

三、“苗族花鼓舞”的艺术价值

“苗族花鼓舞”是以鼓和芦笙为主进行表演，道具简单，无固定场所玩要，场面热闹，气氛欢快，是苗族同胞流传下来的集体创作的结晶，它生长在农村，深深扎根于基层民族地区，承载着苗族同胞的历史文化信息和原始记忆，富有地方特色和民族特色。

正在表演中的乌当小尧苗族花鼓舞

“苗族花鼓舞”是珍贵的民间艺术，它生长在农村，深深扎根于基层民族地区，富有地方特色和民族特色，对民间艺术的传承有着广泛的意义。

“苗族花鼓舞”是苗族历史演变的传承的发展，承载着苗族同胞的历史文化信息和原始记忆，将成为苗族同胞民间文化传统得以保持和延续的重要因素。

“苗族花鼓舞”有着不可替代的艺术价值，它是苗族同胞民间文化的大荟萃，是包括音乐舞蹈的大展演。

“苗族花鼓舞”对促进地方各民族团结，构建社会主义和谐社会具有十分重要的意义。

“苗族花鼓舞”一直由寨中杨姓、马姓为主进行传承，至今从不外传。同时，由于地方经济困难，对苗族花鼓舞的投入力度不够，导致目前处于停滞阶段。加之现有的传人大部分年龄过大，当地年轻人外出务工的人较多，熟悉鼓舞的人较少，导致目前濒临失传。

卡堡花棍舞

“卡堡花棍舞”主要流传在贵阳市乌当区下坝乡卡堡和岩底苗寨的一种民族舞蹈。下坝乡位于贵阳市乌当区东北部,是贵阳市近郊海拔最低的乡镇。下坝乡是一个多民族聚居的乡镇,主要有汉、苗、布依等民族,其中少数民族4050人。花棍舞主要分布于下坝乡谷金村上卡组及龙里县新庄一带。2007年被列为贵州省第二批省级非物质文化遗产代表性名录。

一、卡堡苗族花棍舞的历史渊源

花棍舞起源于明朝初,花棍舞最初主要用于纪念“印苗”的祖先、召唤亲人或婚丧嫁娶。后来,经过当地民间艺术协会和市、区文化部门的专家进行改进、创新逐渐成为独具特色的迎宾礼仪舞蹈,成为一块璀璨的民族民间艺术之瑰宝。

居住在岩底苗寨的民族自称是从江西迁移来的花苗,他们的民族舞蹈——花棍舞,原名叫跳花鼓,是在原来跳花鼓的基础上经过挖掘、改进而形成的。原舞蹈的主要道具是一个大鼓,这个大鼓有着源远流长的历史,在本寨人手中就珍藏了1000多年。

据寨中老人说,跳花鼓的历史虽长,但没有文字记载,只是一代又一代的吟诵下来,这其中还有一段美丽的传说:相传在唐朝,唐僧去西天取经,在回来的途中经过一条大河,船到河中心时,被一只巨大的鳌鱼抵翻,经书掉进河中被鳌鱼吞进肚中。唐僧师徒抓住鳌鱼,剖开鱼肚,取出经书,但经书已经被弄湿,无法看清经文。这时,汉族和苗族同胞来到岸边,抬走鳌鱼。汉人得了鱼头,把它做成鱼头鼓(即佛家用的木鱼),在鱼头上敲打,每敲一下,鳌鱼就吐一个字,后来鱼头就演变成今天“木鱼”。苗民得到鱼身和鱼尾,把鱼身做成大鼓,鱼尾做成芦笙,边敲大鼓边吹芦笙,把经文的内容也吹出来了,并且将这鼓和芦笙当作娱乐和庆典及重大仪式上的祭祀器具,后来慢慢演变成如今的乐器。

卡堡苗族特有的舞蹈花棍舞,以金钱棍为舞蹈道具。花棍舞便是他们在生产生活劳作中创造出来的,主要起源于狩猎和御敌。每年正月,岩底苗寨举行跳花场,这是他们最讲究、最热闹的娱乐活动。春节,人们在一座平坦、宽敞的山顶上立一棵树,在树枝上挂上许多花线、花包之类的东西,把树枝装扮成五彩缤纷的花杆,在花杆上打许多小疙瘩，把跳花大鼓吊在花杆上。一切准备就绪后，苗寨里一位德高望重、有知识有文化、能歌善舞的主持人宣布跳花场开始后，男女老少围着花鼓，手持长竹，一边跳一边对歌，一边敲鼓一边跳舞，跟主持人对歌的人，每对上一首就解掉花线上的一个疙瘩。正月跳花场也是青年男女相亲、谈恋爱的主要场所，他们通过对歌、跳舞认识后，相互送花包、香包、花手帕等信物，算是定情物。

苗族花棍舞产生于苗族的传统民俗中，发展于20世纪80年代，是从“打钱棍”发展而成的舞蹈，它的发展可分为三个阶段：第一阶段是中华人民共和国成立前，人们作为消遣的自娱性活动，一般只在手上耍而很少有下肢动作。第二阶段是庆祝中华人民共和国成立时形成的集体性舞蹈。卡堡苗族还把此舞带到他们的风俗活动——跳场之中去。这时的舞蹈动作已有了套数，金钱棍也用红色或红绸扎花进行装饰，并因此得名花棍，它为卡堡古老的苗族风俗活动增添了新的内容和色彩。第三阶段是近十年发展起来的，表演性大大增强，当地民间艺人在此舞中加进了唢呐、芦笙、锣鼓等乐器为之伴奏，编排出一套套的动作，使它形成整体性舞蹈节目而显示出文艺性来。此时的花棍舞在卡堡苗族中已发展成为一个新的舞蹈形式。特别在20世纪80年代末至今，已经是名声显赫，成为代表贵州少数民族民间文艺的“两花”之一（另“一花”是新场乡小尧花鼓舞）。

二、卡堡苗族花棍舞的基本内容

（一）表演形式

下坝乡谷金村卡堡苗族花棍舞，苗语称“夺蕊鲷”（dozuidiao），又叫金钱棍，是苗族男女青年用钱棍为表演道具的一种独特的民族舞蹈，表演人数不少于8个，越多越好，但必须是双数，一般4人一个小组，男女同台演出。它的表演程序为：先以单队或双队的形式用行进性的动作舞到场中形成圆圈再排成横队，然后进行组合性表演，高潮时表演显示舞蹈水平的技巧性动作，最后跳着收场。

在表演前，由寨老们焚香点烛举行传统的祭祀仪式。接着唢呐、芦笙、鼓钹齐鸣，人声鼎沸，队员们身着节日盛装，踏着轻快跳跃的步履上场。妇女将黑色的长纱巾一层层地挽在头上像一顶宽帽子，配上镶有花边的百褶裙和黑绑腿，显示出一种古朴典雅形象。由唢呐手所奏乐曲指挥舞蹈节奏的变换和队形的组合，一首乐曲为一套动作伴奏，曲变舞变。舞者右手执花棍，用棍的两端击打两胯两肩双脚和用棍头棍尾击打地面。不同的“击打”使舞姿变化万千，各种不同击点的巧妙组合又使舞者形象生动活泼，舞步流畅优美；有时他们围圈而跑向圆心，如“百鸟朝凤”，有时又俩俩绕圈，如“双雀戏水”，他们边跳边转，胯下的百褶裙舒展开来像一只只开屏的孔雀。高亢的音乐中夹着清脆的小铜钱的撞击声。

“苗族花棍舞”动作

“苗族花棍舞”动作特征是：“送肩、转胯；腰活、腕柔；腿快、手灵；膝屈、脚踮。”刚柔相济、节奏灵活，富于变化。表演过程中，队形时而方、时而圆，不断穿梭，交换演员的位置，并有上下肩头等高难度的表演动作与技巧。舞蹈用“金钱棍”击、点、相击、转棍、拍棍等棍法击打身体的衣、肘、胯等部位和以棍击地，舞蹈的特殊韵味就在身体的波动中表现出来。基本步法中的“点走步”和“走点步”为卡堡苗族花棍舞独有，它要求“脚尖点地”与“向前迈步”的配合要协调自如。

（二）卡堡苗族花棍舞的道具与服饰

花棍舞的道具以花棍为主，唢呐、大鼓、钗、大帮锣配乐。

苗族青年小伙子身穿绣有大小方形图案（相传为印苗祖先的印章图）的青色长裙，头戴小花帽。苗族女生用头绳、发辫与靛蓝色的纱布在头上盘成一个罗圈，直径约 20 厘米，再戴上银耳环、银项圈，身着绣有大小方形图案的青布百褶裙，在大鼓、唢呐、大号的伴奏下翩翩起舞。

印苗服饰

（三）传承谱系和代表性传承人

“苗族花棍舞”作为印苗特有的民族文化，已经形成固定的舞蹈表现形式，拥有较为突出的代表性艺人。据目前掌握的资料及当地年老村民介绍，能歌善舞的演员有 30 人左右，但都没有专门的师傅传授舞技，他们都是在年幼时，父母特意培训，有兴趣的自己模仿别人，相互学习舞技。代表性传承人为王从昌，1955 年生，男，高中。

三、“卡堡花棍舞”的艺术特征与濒危状况

花棍舞艺术发展中形成了以下特征：①伴随民俗活动产生和发展而形成的对民间习俗的依存性特征；②苗族花棍舞在演奏时以唢呐为主、以鼓指挥，因而构成唢呐主奏、以鼓振节的导乐性特征；③苗族花棍舞调式和板式显出一种特有的简约美和质朴美。

除此而外，还具有以下特征：一是武舞性。演职员的排列组成类似军事编排，动作如军事行动，整齐划一，与古战阵相似。二是自娱性。花棍舞产生于民间，演出活动走街串村，弥补了人民生活中的不足，有自娱娱人的特征。三是动作性。花棍舞的动作节奏明显，从肩到脚都得到活动，从整体上形成统一的舞蹈动律。

随着社会的不断发展，卡堡花棍舞赖以生存、发展的环境发生了变化。主要表现为：①一些传统民俗日益淡化，花棍舞的主要活动阵地逐渐缩小，传统节日逐步由现代节日代替，花棍舞的展示平台日益减少。②一些能歌善舞的演员随着年龄增长逐渐退出舞台，姑娘相继出嫁，而许多年轻人因家境贫困不愿学，会花棍舞的人越来越少，难以组织演出。③随着经济的发展，人们文化生活日益丰富，审美需求提高，对花棍舞的兴趣愈来愈淡。一些演员外出打工，参加演出活动也愈来愈少。花棍舞的发展举步维艰，濒危状况难以改变。

花棍舞引入校园

为了传承和发扬民族民间文化，下坝乡中心小学将花棍舞引入讲堂，用民族文化这把“金钥匙”开启学生的智慧之窗。2002 年 9 月，由学校陈祥华等认真筛选整理，编写了课程《花棍操》，2003 年 9 月，《花棍操》正式进入课堂讲授。2007 年 11 月，《花棍操》获贵州省教育科研所评为全省地方课程二等奖，并制作成视频在贵阳市课程改造展示活动中参加展播。学校创建的花棍舞队，曾参加过贵阳市第七届少数民族活动会开幕式演出和贵阳市“四月八”巡游演出等大型活动。

苗族芦笙舞

芦笙舞,又名“踩芦笙”“踩歌堂”等,是一种以男子边吹“芦笙”同时以下肢(包括胯、膝、踝)的灵活舞动为主要特征的传统民间舞蹈。芦笙舞是南方少数民族最喜爱、分布最广泛的一种民间舞蹈,大多在年节、集会、庆贺等喜庆时刻表演。2007年列入贵州省第二批非物质文化遗产代表性名录。

一、历史溯源

关于芦笙舞的起源,苗族有朴素和美妙的传说。相传盘古开天地之时,大地一片荒凉。那时,苗族祖先是靠狩猎飞禽走兽作衣食的,为了解决捕获鸟兽的困难,当时一个心灵手巧的小伙子,在林中砍下树木和竹子,做了支芦笙模仿鸟兽的鸣叫和动作,吹跳起来以引诱各类鸟兽。从此,人们每出猎均有所获,于是芦笙舞就成了生活的必需而世代相传。

关于芦笙舞活动的历史,过去文献中多有涉及,从已出土的西汉铜芦笙乐舞俑分析,芦笙舞至少已有 2000 多年的历史。明清以来,更广见于文献和志书之中。明人倪辂《南昭野史》有“每孟岁跳月,男吹芦笙、女振铃合唱,并肩舞蹈、终日不倦”的记载。足见芦笙舞早已是苗族人民传统节日活动的重要内容并风靡一时了。

二、芦笙舞的分类

过去,芦笙舞除在举行祭祀活动时跳之外,举行婚礼,丧葬仪式或新屋落成时也跳。后来,每逢年节、欢庆丰收和男女青年进行传统社交活动时都跳。它具有宗教、民俗和文化娱乐等多种性质,在苗族人民的社会生活中起着不同的作用。按其活动内容和性质,一般可分为自娱性、习俗性、表演性、祭祀性及礼仪性 5 种。

自娱性芦笙舞最为普及,因对舞者年龄、性别不限,故参加人数甚众,通常在草坪、河坝或山坡空地上活动。常见的活动形式有两种,一种是男的吹小芦笙、女的持花手帕,男一圈、女一圈的把一群吹大芦笙的舞者围在中间,踩着乐曲的节奏轻轻地摆动着身体绕圈而舞。有的地方还有高达丈余的特大号芦笙和各种长短不一的芒筒(一种用大竹筒制造的低音簧管乐器)在旁伴奏。另一种是由一对以上的芦笙手作领舞,众人(多为女性)尾随其后围圈而舞。动作随领舞者吹奏的曲调而变化。

习俗性芦笙舞又分为两种，第一种是每年过“山节”跳，这是男女青年联欢和选择配偶的佳期，这天所跳的芦笙舞，古时就称为“花”“月”，多在月明风清之夜进行。有这类习俗的苗族山寨，一般都设有“跳月”的月亮场或“跳花”的花场。这类芦笙舞尤以黔东南地区盛行的“讨花带”和黔中地区盛行的“牵羊”较有代表性。第二种在广西融水一带。舞时手挽手、身体前倾、顺圈往前跳，动作比较简单。参加舞蹈的人数常见为 12 人，队形呈 3 人一横排、4 人一竖排的长方阵。

表演性芦笙舞

表演性芦笙舞一般以竞技的方式进行集体比赛，以吹奏乐曲多，舞蹈时间长，声音谐和、优美，动作和步法丰富取胜。个人竞技，或以动作的节奏多变，疾急激烈见长，或以能否完成高难度动作取胜。表演性芦笙舞内容非常丰富，有的以炫耀高难度技巧以博取观众的赞叹。如“滚山珠”“蚯蚓滚沙”等。有的以模仿禽兽的习性、神态以表现生活的谐趣，给人欢愉。如“牛打架”“斗鸡”等。

祭祀性芦笙舞通常是在木鼓、铜鼓的伴奏下跳的。舞者多为中、老年人。吹奏的大芦笙长达三尺至丈余。过去，这类芦笙舞只在“吃牯脏”（杀牛祭祖）时才跳。在庄严、肃穆的气氛中，表现出对祖灵的尊敬和怀念，动作稳重、迟缓。随着社会、文化的进步，现在苗族已很少举行这种有原始宗教色彩的祭祖活动了。因此，这类舞蹈现已不见了。

礼仪性芦笙舞也因其活动时的内容不同，而具有不同的活动形式和特点。凡属男婚女嫁、新屋落成等喜庆活动，则以动作跳跃、轻快，气氛热烈欢腾为特色。舞者也多在堂中起舞以示祝贺。在丧葬的仪式上，芦笙舞蹈的作用主要是对死者家属的安慰和向死者致哀。在这样的场合，除在入棺仪式上有跨过棺木的跳跃动作外，其余动作均沉稳而有节制。

三、艺术特色

芦笙舞从音乐到舞蹈，都蕴含着一种沉缓、凄楚的情绪。如“探路步”“上河滩”“望家乡”等舞段和动作，据说是苗族古史传说中苗民负重在泥泞的路上行进，倒骑于牛背上遥望家乡并观看后面的同胞是否赶上逃难的队伍，以及怀念因渡河死去的人们等等场景的再现。举足维艰的动作,配上呜呜咽咽如泣如诉的哀怨笙声,舞蹈给人一种凝重、悲怆之感。仿佛是一种历史的追忆,仿佛是在向人们展现一轴活的历史画图。

四、地区分类

(一)芦笙舞·锦鸡舞

锦鸡舞是苗族芦笙舞中别具一格的一种民间传统舞蹈,发源于贵州省丹寨县排调镇境内,主要流传于苗族"嘎闹"支系中穿麻鸟型超短裙服饰的排调、也改、加配、党早、麻鸟、羊先、羊告、也都和雅灰乡境内雅灰、送陇等苗族村寨。有天下第一锦鸡舞之称。生活在这里的苗族同胞长期以来发挥自己的聪明才智,与大自然奋力抗争,创造性地发展和保留了诸如锦鸡舞等民族优秀的传统文化。在优雅的芦笙乐曲中,人们模仿锦鸡的动作翩翩起舞。在这一地区,无论男女老少均能跳锦鸡舞。尤其是遇到起房建屋喜庆节日时,当芦笙吹起,人们听到后相继拢来,纷纷加入,围成圆圈起舞,欢乐无比,热闹非常。

芦笙舞·锦鸡舞

(二)芦笙舞·鼓龙鼓虎-长衫龙

鼓龙鼓虎-长衫龙苗语音为"打容打阻-阿冗",是贵州苗岭山麓小花苗聚居区贵定县新埔乡谷撒村所独有的一种苗族芦笙舞蹈。谷撒村苗族自古以来崇拜龙,龙能呼风唤雨、龙能使人间风调雨顺、五谷丰登。勤劳勇敢的苗族人民,每逢收获季节,就用歌舞庆祝丰收、表达爱情,并把自己装扮成龙的模样,身穿黑色长衫,头顶龙面斗角图腾、插野鸡翎,口戴髯口,拴红色银饰腰带,手执粗长芦笙管,自吹自跳。长衫龙这种苗族芦笙舞过去仅在丧葬和祭寨神仪式中表演,现在则每逢重大节日集会、婚嫁、立房、跳月等传统

芦笙舞·鼓龙鼓虎-长衫龙

民族活动都要表演此舞。长衫龙苗族芦笙舞相传300多年,具有广泛的群众性,舞蹈反映了苗族人民热情质朴、雄浑遒劲的性格和气质,表达了苗族同胞心中的理想和希望。

(三)芦笙舞·滚山珠

苗族芦笙舞·滚山珠

苗族芦笙舞滚山珠原名"地龙滚荆",苗语叫"子落夺"。它流传在贵州省纳雍县猪场苗族彝族乡,是苗族人民世代相传的芦笙舞蹈之一。堪称一颗璀璨的高原明珠,它集芦笙吹奏,舞蹈表演,杂技艺术为一体。头戴野鸡翎帽,身着绣花白褂,脚着麻耳草鞋,或时以头为足,或时以人攀肩,在盛满水的碗与碗之间,边吹芦笙边进行舞蹈技巧表演,被国家文化部领导赞为贵州高原明珠。

这个舞种中蕴涵着的不屈不挠的民族性格是一份宝贵的精神财富,它激励和引导人们不断前进,永不为困难所压倒。

苗族斗角舞

"苗族斗角舞",又称"苗族舞蹈",是表现两头牛斗角的民间舞蹈,流传于贵州省贵阳市修文县,是苗族同胞祖辈传下来的娱乐方式。修文县苗族斗角舞于2009年列入贵州省第三批非物质文化遗产名录。

修文县久长镇下堡村苗族斗角舞蹈是当地苗族人民在独特的地理、自然环境中,经过长期的生产、生活形成的,这里的苗族舞蹈不但有酬谢祖先、娱乐人的精神功能,还包含了苗族的迁徙史、生活史、精神崇拜等多重内容,特别是在其舞蹈中体现了人们传说中对苗族祖先蚩尤的崇拜,其文化内涵非常丰富,具有重要的历史价值、艺术价值。下堡花苗同胞的舞蹈主要特点是在其叙事性和史诗性的表达。

舞蹈形式:一个老者面对东方,边吹芦笙边舞蹈,中间四男子围成一个小圈把老者围着,双手手持牛角,埋头单跪,头对着牛头的方向默语,男子两旁分别由两组女子组成,女子头盖黑布,坐于小板凳上,双手放于膝盖拍打。同时,一男子听着芦笙,手拿鼓棒击鼓与苗家祖先通灵。其间,一女子向着东方半跪着,用苗语唱着歌曲,神色凝重,乞求祖先的保护。

修文苗族斗角舞　修文县文广局提供

舞蹈主要是以男为主,女为辅的表现方式。斗角舞通过一群男子将水牛角放于两耳上侧,用以表示他们是蚩尤的后代,通过对牛的相持对峙、步履稳沉、机警彪悍、翻滚、叠罗汉等技巧和竞技动作的模仿,表现出苗族人民在遇到敌人英勇善战,遭遇困难险阻,无所畏惧的精神。展示了苗家人吃苦耐劳的精神面貌。

音乐形式:斗角舞节奏以快慢结合,舞蹈音乐没有固定的节拍,是随着舞者的舞动而变换音乐的节拍和旋律。女子用击鼓配合。

舞蹈特征:①在下堡苗族的舞蹈中是通过舞者的节奏来控制音乐的节奏,而不是舞者按音乐的节奏来进行舞蹈动作。②这里的舞蹈多带有叙事性、纪录性。区别于其他苗族舞蹈。③下堡花苗的舞蹈都在舞蹈中运用了道具(如牛角、芦笙等)。④在舞蹈中表现了对牛的动作模仿,体现了对祖先蚩尤的崇拜。

下堡苗族同胞通过舞蹈表现了对祖先蚩尤的崇拜,对于一个没有文字的民族来说,用歌曲和形体语言相结合的方式记录了本民族的发源,这对于研究这一支苗族的文化是不可多得的史料证据。下堡苗族通过对牛的动作模仿生动的表现了苗家男儿吃苦耐劳的精神面貌,以及对祖先的崇拜,既酬神又娱人。

由于在舞蹈中表现了这一苗族分支中对蚩尤的祭祀,与其他分支祭祀传说中苗族的人类创造者央公、央婆有着一定的区别,从而使这一舞蹈具有了史诗性的历史价值,是我们研究苗族史重要的实物资料。

下堡苗族同胞通过舞蹈用形体语言对祖先崇拜和怀念。舞蹈中我们不但看到了苗家儿女能歌善舞的一面,更能从舞蹈中看到苗家人内心对祖先的崇敬思想。

修文县苗族“斗角舞”的表演,使人联想到古书中关于古代百戏中“角抵”的记述。古书《述异记》记载了古代冀州的“蚩尤戏”:“其民两两三三,头戴牛角而相抵,汉造角抵戏,盖其遗志也。”由此引文可以说“斗角舞”是古代的角抵戏的遗存。下堡村的苗族舞蹈应邀于1995年参加“北京龙潭庙会”演出,引起巨大的轰动;1996年9月应日中友好交流协会的邀请,同中国艺术团一起到日本东京交流演出,演出时间达一个月,演出以苗族歌舞为主。获1996年创作的苗族舞蹈作品奖。2000年中国凯里国际芦笙大赛上荣获第一名,贵阳市第七届少数民族传统体育运动会上获表演项目一等奖。

由于下堡苗族是一个苗族的分支,在此居住的人口较少,这支苗族的文化其传承面就小;加之现在的年轻人多出外打工,学习这种传统舞蹈的人就更少,使这一传统舞蹈面临失传的境地。

卷四 传统戏剧

省级非物质文化遗产

黔 剧

黔剧是流行于贵州省的地方剧种，流传范围主要在贵州省贵阳、毕节、遵义、安顺、黔西南等地区。它的唱腔，主要是继承发展了文琴民间说唱艺术的传统。它的表演是在吸收、借鉴昆剧等戏曲表演的基础上，又学习当地各民族的民间表演艺术，逐渐形成了自己独特的风格，演员一般比较年轻。

黔剧《秦娘美》剧照

一、黔剧的历史沿革

黔剧的前身是贵州扬琴。贵州扬琴，亦称贵州弹词、文琴，是一种以扬琴为主要伴奏乐器，分角色坐唱的说唱艺术。清嘉庆年间，贵筑县的颜词徽，清道光五年(1825年)兴义的张国华等人，曾在诗文中提到贵阳有扬琴的活动。今人俞百巍经过多年的研究认为，扬琴"在清康熙年间就开始在贵州流行，至今已200多年历史"(《关于贵州弹词和文琴戏》)。光绪年间，云南扬琴、四川扬琴、四川清音、湖南常德丝弦等相继传入贵州，促进了贵州扬琴的发展。光绪九年(1833 年)，王石青、蒋发三、丁小瑞三人在贵阳建立扬琴“三友社”，在“文音茶社”里公开演唱。之后，黔西于光绪十一年(1885 年)成立“文音俱乐社”，织金于光绪十五年成立“庭院乐府”，安顺于光绪十六成立“相悦茶社”，毕节于宣统三年(1911 年)成立“同乡娱乐会”，1921 年前后，遵义、安顺、盘县、铜仁、都匀、兴义、安龙、独山、大方、贞丰等地相继出现了扬琴班社。经过多年的演唱实践，贵州扬琴逐渐成熟定型。据《贵州弹词汇编》记载，最早的贵州扬琴唱本是《二度梅》，于光绪十六年由王石青编撰。

中华人民共和国成立后，一般以黔西、贵阳文琴戏的老艺人们所在地传承，没有女旦角老艺人，都由男旦角口传心授，主要教唱腔。黔西县有魏绪文、封炳坤、邓少宗、李少之(男旦)，贵阳市有桂百铸、罗绍梅、包净六、司秀云、李光乾(男旦)等代表人物。之后，各地成立了专业和业余剧团，就由文化主管部门举办各类培训班。1960 年、1983 年由贵州省艺术学校开办了两届黔剧班，进行黔剧传承培训。

1950 年，大定(今大方)县的扬琴艺人为配合“清匪反霸”运动，用贵州扬琴的曲调为秦腔剧本《穷人恨》配曲，用当地方言演出，开创了黔剧的先声。此剧用扬琴、三弦、胡琴伴奏的调子，传达悲喜的剧情，歌曲台词通俗易懂，受到广大群众的欢迎。1952 年秋，黔西县扬琴艺人徐有三、封炳坤、李绍芝、魏利亨等，将婺剧剧本《百日缘》配以贵州扬琴唱腔，用当地方言道白，模仿京剧、川剧的表演、锣鼓，演出获得成功，并取名为文琴戏。尔后，徐有三又将贵州扬琴的传统曲目《搬窑》整理改编成文琴戏排练，在该县武神庙为第一次区乡干部会演出，熟悉的乡音土语引起了观众的共鸣，这次演出被黔剧界认为是黔剧的诞生。

1954 年春，黔西县成立了业余文琴剧团。为了满足群众文化生活的需要，黔西县业余文琴爱好者在 1953 年试将这种坐唱曲艺搬上舞台，作为戏曲形式演出，受到群众热烈欢迎和党政领导部门重视。

为建立文琴戏的观众基础，该团在以后的两年中，到全县 70%～80%的乡镇演出，受到普遍欢迎。随后，该团又到临近的金沙、织金两县演出，为观众喜闻乐见，并激起两县扬琴艺人的仿效。

文琴戏和黔西业余文琴剧团的出现，引起了文化主管部门的重视。1956 年 5 月，黔西县人民政府批准成立黔西县文琴剧团，贵州出现了第一个专业文琴剧团。

1957 年后，各地在黔西县文琴剧团的影响下，相继成立了专业或半专业文琴剧团，并于 1959—1960 年举行了两次文琴戏会演，黔西县文琴剧团作为贵州的地方剧种出访了四川，到成都、重庆演出。从 1960 年后的二十多年来，黔剧先后创作、改编、移植、上演了大量剧目。其中，改编侗剧优秀传统剧目《秦娘美》，1960 年拍摄成舞台艺术影片；创作的彝族历史故事剧《奢香夫人》，在国庆三十周年献礼演出后，曾荣获中央文化部戏曲创作、演出一等奖。其他如创作的现代戏《山高水长》《血披毡》《考幺女》《把关》，历史剧《汉宫女皇》，以及整理改编的传统剧目《搬窑》《珍珠塔》《三难新郎》等都受到观众喜爱。

1960 年 2 月，文琴戏正式命名为黔剧，组建了贵州省黔剧演出团。同年五年，周恩来视察贵州时观看了该团演出的《卓文君》《西厢记》选场，同年 6 月，该团带《秦娘美》《张秀眉》《红旗食堂》《女矿工排》《搬窑》《佳期拷红》《葬花》等剧目至京演出，尔后又赴上海、杭州公演，均受到欢迎和好评。1960 年 8 月在贵州省黔剧演出团的基础上成立了贵州省黔剧团。

1960 年，贵州省黔剧团、遵义专区黔剧团和毕节专区黔剧团，联合排练了《半把剪刀》《团圆之后》《珍珠塔》《双玉蝉》等其他剧种的优秀剧目，并创作演出了《山高水长》《人民办案》等现代戏。1965 年 9 月，贵州省黔剧团的《山高水长》，遵义专区黔剧团的《考幺女》，毕节专区黔剧团的《把关》《开锁》等剧，均赴成都参加西南区话剧地方戏会演。

二、黔剧的艺术特点

黔剧音乐是在贵州扬琴说唱音乐的基础上，经过不断改革，并从贵州地方其他戏曲剧种及民族民间音乐中汲取素材，逐渐发展而成的。

（一）唱腔

黔剧唱腔用贵州方言演唱，以贵阳官话及黔西话为代表，属北方语系、西南官话，其声、韵、调都有自己的鲜明个性。黔剧唱腔由基本唱腔和其他唱腔两类组成，形成了以板式变化为主，单曲体为辅的综合体制。

1.基本唱腔

黔剧的基本唱腔均属四句式板式变化体，唱词以七言十言为主，并按尾字平仄偶句押脚韵的规律，形成严格的上下句式。

基本唱腔在贵州扬琴的七个常用唱腔的基础上，按板式变化体进行归类和发展，形成多系统基本唱腔格局，有扬调腔、二板腔、二黄腔三个腔类。

（1）扬调腔。扬调腔在扬调的基础上发展形成，由扬调、苦禀、反调三个唱调构成。

（2）二板腔。二板腔在二板的基础上发展形成，由二板、宫二板两个唱调构成。

（3）二黄腔。二黄腔包含二黄一字、二黄快一字、二流三个黔剧传统板式唱腔，又在此基础上发展了二黄垛板、二黄摇板、二黄散板、二黄干板、二黄倒板、二黄夺子等板式。

2.其他唱腔

其他唱腔包括贵州扬琴的部分小调、在民族音乐和黔剧唱腔素材中创作和发展的新腔、合唱与伴唱,共三部分。

黔剧唱腔的连接灵活自如,其连接类型有:基本唱腔扬调腔、二板腔、二黄腔内各板式的连接;基本唱腔与另一基本唱腔的连接,如扬调腔与二黄腔的连接,二板腔和扬调腔的连接;基本唱腔与其他唱腔的连接包括小调、新腔和未归入基本唱腔的传统唱腔;基本唱腔与合唱、伴唱与连接等连接形式。

(二)角色行当

1.生行

生行是对男性角色的泛指,无论是青年、中年、老年,正面人物或反面人物,均由生行演员扮演。在现代戏中,通常情况下仍是如此,在特殊情况下有所突破,生行分为小生和老生。

2.黔剧的旦行分花旦、闺门旦、青衣、彩旦、老旦、武旦

花旦,是青年女性中的正面角色,多是天真活泼、聪明智慧,性格直率、大方、善良的人物,如《珍珠塔》中的彩萍,《牡丹对课》中的白牡丹,《武则天》中的上官婉儿,《团圆之后》中的柳氏,《秦娘美》中的婢娘、婢妹等。

闺门旦,多指未婚的青年女性,有闺阁千金,也有小家碧玉。这些人物有的雍容华贵;有的知书达理;有的多愁善感;有的宽容大度;有的机智聪慧;有的志向远大。《珍珠塔》中的陈翠娥,《人面桃花》中的杜宜春便属此类。

青衣,多为已婚的中年妇女,这类人物大都稳重端庄,如《奢香夫人》中奢香、刘淑珠、马皇后,《团圆之后》中的叶氏,《搬窑》中的王宝钏等。

彩旦,是性格诙谐、风趣,或刁钻、古怪、刻薄势利的女性人物,如《珍珠塔》中的方朵花,《拾玉镯》中的刘媒婆。

老旦,是剧中的老年妇女,如《六离门》中的洪母,《半把剪刀》中的曹母等。

武旦,有武功的女性,这些人物多是性格豪爽,胆识过人的妇女,如《盗仙草》中的白素贞,《潘安》中的杨娇娇等。

3.丑行

黔剧丑行扮演的人物多种多样,有心地善良,语言幽默,行为滑稽的好人;也有奸诈刁恶,悭吝卑鄙、口蜜腹剑、人面兽心的恶棍。分为官衣丑、褶子丑、童子丑、武丑四类。

官衣丑,指穿官衣,戴纱帽的公卿大夫、文职官员,如《殷小姐娶妻》中的补天阙,《怪孝记》中的县官等。

褶子丑,指纨绔子弟、风流公子之类的人物,如《老爷世家》中的大少爷等。

童子丑，指少年男性，如《双下山》中的小和尚。

武丑，指擅长武艺、性格机警、幽默风趣的人物，如《挡马》中的焦光普，《刘四姐》中的侯七等。

4.净行

指性格鲁莽、豪放、相貌特异的人，如《花田错》中的周通，《团圆之后》中的洪如海，《秦香莲》中的包公等。

三、黔剧的艺术价值

贵州省有着2000多年的古老历史，创造出丰富多彩的民间戏剧，在汉族地区流行着黔戏、黔剧、花灯剧、地戏等，在少数民族聚居地区流行着侗戏、布依戏等。黔戏又称之为贵州梆子，唱腔丰富，富有浓郁的地方色彩；黔剧是由贵州弹词发展而成的，主要剧目有《秦娘美》《张秀眉》等；花灯剧又称灯戏，由民间歌舞“花灯”发展而来，剧目有《蛇郎》《典型人家》等。

在众多具有贵州地方特色的剧目相互作用、影响和渗透下，在黔剧形成和发展过程中，黔剧逐步形成了自己独特的语言、音乐、表演、行当、化妆、服装、道具、布景装置等，而最具地方特色和艺术价值的，当属黔剧语言。

黔剧《大学生村官》剧照

黔剧语言十分考究，以贵州官话为自己的基本语言，不仅讲究抑扬顿挫、轻重缓急、喷口有力、吐字清楚，而且讲究正确使用贵州官话“四声”“四呼”“五音”。为了更好地展现黔剧语言的地方特色、独立个性和语言风格，黔剧语言分为“黔韵白”“黔白”两类：“黔韵白”是具有旋律性的格律式韵白，讲究音乐性和节奏感；“黔白”是在生活语言上稍加润色的舞台语言，听起来亲切、朴实、自然，却又不是生活语言的照搬，具有鲜明的艺术性。各行当角色根据剧本的整体需求，按照有利于刻画人物性格、塑造人物形象的角色要求使用不同类别的黔剧语言。

黔剧诞生于中华人民共和国成立之初。1960年月2月，中共贵州省委正式命名文琴戏为黔剧，并同时成立贵州省黔剧团。同年6月，新兴的地方剧种黔剧为在全国得到公认，省黔剧团带着《秦娘美》等四台大戏和一台小戏赴京汇报演出，得到国家领导人、文艺界专家、艺术家的肯定和认可。

黔剧《奢香夫人》剧照

经过200多年的演变和发展，黔剧从流传于民间的说唱艺术，逐渐嬗变为具有鲜明地方特色和演出风格的地方戏曲剧种，通过博采众长，不断吸取民间其他艺术的养分，结合贵州独特的民族民间文化及黔剧自身的发展要求，形成独具贵州民族文化特色的优秀的民族文化遗产。

不过，这朵“奇葩”却在此后一段时期几近销声匿迹。在文艺形式多元化及信息传媒日新月异态势下，地方戏曲的演出市场受到极大冲击，日前贵州省只剩下贵州省黔剧团唯一的专业剧团，处于濒危状况，主要表现为：

（1）业务主要人员，特别是编剧、导演、作曲断代，无继承人；主要演员也非常缺乏，特别是这些年还没有不断培养负有盛誉的艺术人才。不论哪个剧种的发展，都同它拥有为观众所熟悉、所喜爱的优秀演员分不开，也就是拥有年轻的黔剧代表人物。今后，黔剧艺术的发展，必须有下一代黔剧演员接班，并且是后来居上，一代比一代强，只有这样，黔剧艺术之花才能大放异彩。

（2）对原民间弹词本及唱段唱腔的整理、修改、移植、加工，目前还处于空白，还需发现和培养此类专门人才。

（3）演出服装、道具、灯光、音响及乐器等硬件，大都是20世纪六七年代留下来的，设备已经陈旧老化，特别是灯光更为突出。无法从舞美、音乐、音响等方面为演员的表演增添光彩，这是黔剧濒危状况最为严重的一项。

（4）无固定演出场地，由于租用演出场地费用高，经费有限，无力支付，故而排出一剧也难以形成公演。

（5）经费严重不足，使得许多业务工作无法开展，故而特需请将黔剧定为公益性事业，加大政府投入，方能在抢救黔剧的同时，改变黔剧濒危状况。

花灯戏(贵州省花灯剧团)

贵州花灯戏是广泛流行于贵州各民族中的一种戏曲艺术形式。它起源于明朝洪武年间“调北征南”时传入贵州的元宵闹灯习俗,由地灯(有固定程式的花灯歌舞)和灯夹戏(地灯程式中夹演的花灯小戏)发展演变而来,是贵州形成最早并世代相承的地方戏曲剧种。

贵州花灯戏流布贵州省各州、县和少数民族地区,分黔东、黔南、黔西、黔北四路。

黔东路:铜仁、印江、石阡、思南、德江、江口、松桃、玉屏、沿河 9 个县;也流布于黔东南苗族侗族自治州的镇远、黄平、麻江、丹寨、锦屏等县。

花灯戏《枫染秋渡》剧照

黔南路:独山、平塘、荔波、福泉、都匀、贵定、惠水、长顺、罗甸、龙里、瓮安、三都 12 个县(市)。

黔西路:安顺、普定、镇宁、关岭、紫云、平坝、清镇、修文、开阳、六枝、盘县、水城、黔西、织金、大方、毕节、金沙 17 个县(市)。

黔北路:遵义市、绥阳、湄潭、余庆、凤冈、务川、道真、正安、桐梓、习水、赤水、仁怀 12 个县(市)。

音乐分戏曲板腔类、锣鼓灯调类、花调子类,属曲牌连接和板腔的综合体;行当原只有一丑一旦(俗称唐二、幺妹儿),后逐渐发展有生、旦、净、丑等;花灯戏的表演载歌载舞、活泼明快,以丰富的花灯舞步、套路和扇帕技法为基础,创造了独具特色的表演程式;道白采用贵州本土语言,通俗易懂、风趣幽默,尤以唐二“聊(lia)白”最受观众欢迎。贵州花灯戏有深厚的群众基础,是贵州广大市井乡民用以酬神祈福、自娱娱人的文化载体,是农村百姓接受传统道德教育的重要方式。20 世纪 50 年代以来,随着专业剧团的相继建立,剧目空前丰富,音乐也从主要为曲牌体发展为曲牌体、板腔体和综合体三者并存的音乐体制。

贵州花灯戏具有雅俗共赏的艺术魅力，并且深深植根于广大群众之中，是城乡人民喜闻乐见的民间艺术形式；是极具艺术价值和文化遗产价值的传统戏剧。它具有饱满的激情，激昂的音乐，曼妙的舞蹈。花灯音乐、花灯歌舞在花灯剧中的恰当运用，使观众通过大开大合的气势和气韵流畅的节奏，在艺术享受中体会到花灯剧的魅力。正是因为贵州花灯戏的独特性，被列为贵州省第二批非物质文化遗产保护名录。2011 年，贵州省花灯剧团的《花灯戏》被列为第三批国家级非物质文化遗产保护名录扩展项目。

一、贵州花灯戏的历史渊源

贵州花灯戏原系一种古老的民间艺术，源远流长。据《贵州花灯史话》载："贵州花灯艺术是源于中原"。具体说来，贵州花灯戏起源于明朝洪武年间"调北征南"时传入贵州的元宵闹灯习俗。其形成发展可分为四个阶段。

（一）早期形态的贵州花灯戏

贵州花灯戏的早期形态为跳地灯。地灯是不择场地就地围场而跳的花灯歌舞，它有一套繁简随意的表演程式，简述为送灯贴——说吉利——盘灯——请神——开财门——唐二聊（lia）白——请妹——唱调子——辞神等。灯调高亢婉转，曲间曲尾多有衬字、衬句，俗称"飘带"。唐二、幺妹儿持扇帕表演，锣鼓、唢呐伴奏，一领众和，喧嚣欢愉。地灯分春灯、寿灯、贺灯、茶灯、愿灯等，在唱灯仪式中酬神娱人。

早在"社火"时期，花灯的活动主要摆在每年农历正月初一到二月十五之间。据传这是"土地爷"巡视各地的日子。人们为了祈求神灵保佑"风调雨顺，国泰民安"，由各村各寨德高望重的长者牵头，组织爱好花灯艺术的村民举行各式各样的迎送"土地爷"的花灯表演活动。

大约到了明朝年间，随着大量戍边屯垦的军队和外省移民纷纷入黔，在促进贵州社会稳定，经济发展的同时，也影响了"社火"中的花灯活动从内容到形式的转化。由原来单纯的、无偿的迎送"土地爷"，祈求神灵保佑，逐渐转化为向官府、驻军、商铺及农村的富裕人家拜年祝贺。受拜的一方，无论你情愿与否，为图个开年大吉，或多或少都要以钱米答谢玩灯的艺人。慷慨的富裕人家甚至以烟、酒、茶、肉热情款待。这一时期的花灯，已由原来的自娱自乐，演变为娱人为主，且具商品化雏形的民间艺术。

（二）确立时期的贵州花灯戏

在地灯表演活动中，艺人渐次加入有故事情节的内容，称"灯夹戏"。这类夹于灯中的戏，最初只是地灯中的一个环节，随着灯班演技的熟练与提高，夹于灯中的戏逐渐衍变为花灯传统小戏。代表剧目有《打头台》《巧英晒鞋》《刘三妹挑水》《三会亲》等。这一部分花灯传统小戏，唱词、念白、曲调、舞蹈都与地灯相依相融，伴奏中加入拉弦类乐器，主奏乐器为筒筒。据史料考证，清朝同治年间，贵州独山花灯艺人莫美儒演出的《蟒蛇记》《金铃记》，可视为花灯戏确立期的佐证。

花灯艺人表演的花灯传统小戏《打头台》

据清康熙至道光年间的地方志记载，福泉、遵义、开阳等地当时已有花灯歌舞流行，每于上元节，扎各式纸灯，由儿童作时新妆，踏歌和乐，谓之"闹元宵"，或男妆唐二，女妆懒大嫂，手持巾、扇，双双起舞，称为"跳花灯"。1915年《瓮安县志·风俗篇》载"问以杂剧者"，说明至迟此时就已有花灯剧了。贵州花灯剧在贵州省内有不同的叫法，黔北、黔西一带叫"灯夹戏"；独山一带叫"台灯"；思南、印江等地叫"高台戏"或"花灯戏"。清道光年间，花灯由原来在室内演出变为院坝搭矮台演出，称之为矮台戏。清光绪十八年，思南人罗芳林从云南还乡，在家乡罗家坝搭了一正规的舞台，把土家矮台戏搬上了高台演出，高台戏由此而得名。

清末民初，贵州花灯从人员的组合到节目内容，表演形式都有较大发展，各州各县都出现了组织结构较为稳定，行当分工较为专业的灯班（有的地方叫"一浢灯"），灯班分文武两场，武场有吹唢呐、敲锣鼓的锣鼓手，挑灯举幡的灯幡手；文场有一生一旦，生角叫"唐二"，旦角叫"幺妹儿"（由男角扮演）。有专为主角帮腔的"吼班"。一班之主叫"灯头"，大多数由男主角"唐二"兼任。灯头除了负责全班人员的业务训练，传授灯技，编排节目外，还要担负对外联系出灯事宜。平时，这些灯人仍以务农或从事小手工业生产为主要的谋生职业。只是到了逢年过节或平时有婚、喜、寿、诞红、白的主家上门请灯之时，灯头才临时把搭档们召拢在一起，说灯出灯。旧时的花灯为何无女主角其原因很简单。当时的封建统治阶级，一向视花灯的通俗为"庸俗"，把花灯中的情歌情调看作是"有伤风化"。有的地方的官府对妇女玩灯是明令禁止的。在民间也一直流传着"好男不怀春，好女不扮灯"之说。

（三）成熟时期的贵州花灯戏

随着灯夹戏的发展，花灯艺人开始从神话传说、历史故事、流行唱本、传奇演义中取材，编演连台大戏搬上高台演出，通称"台本戏"。台本戏内容丰富，情节复杂，行当从"二小""三小"增加到净、末、老旦、彩旦等。表演手法除沿用扇、帕和花灯舞步套路外，还借鉴川剧、辰河戏、湘剧、滇剧等剧种表演手段，形成了花灯戏独特的表演程式。音乐曲牌强调戏剧性，各种人物行腔在原有曲牌基础上都有了扩展，已趋向填词配曲和板腔雏形的综合体。台本戏剧目较多，如《红灯记》《滴水珠》《秦香莲》《二度梅》等。它标志贵州花灯戏已经发展到较成熟的阶段。

到了20世纪二三十年代，花灯剧、花灯歌舞如雨后春笋，蓬勃发展。有的艺术势力较强的灯班，还把川、滇、湘等大剧种的大本戏和连台本戏移植上演。其影响也由此逐渐扩大。甚至在省城贵阳也出现了灯班的足迹。演出的场地也由过去的农家院落、集镇场坝走上了临时搭建的灯台或祠堂庙宇的旧式戏台。演出的程序亦作了大胆的创新。每次正戏出台前，先由锣鼓手"打闹台"，待观众在锣鼓声中入场之后，再由"唐二"出场"用白"（一种带韵脚的念白），有的地方把这种程式叫作"打头台"。当"唐二"把程式性的段子说完之后，便押韵地见啥说啥。据说，一个文采、口才俱佳的"唐二"，可以一个人闹个通宵达旦。而且当中没有重复的内容，重复的台词。已故花灯艺人刘坤就曾有个"用白半夜不冷场"的传奇经历。由于"用白"的语言通俗、诙谐，说的又是百姓最关心最想听的内容。因此，无论时间多长，观众热情不减，掌声、笑声连绵不断。在传统花灯中，"用白"称得上是无与伦比的绝活。

在花灯剧取得长足进展的同时，花灯歌舞也不甘示弱。这一时期，各地的花灯班都推出了名目繁多的新灯。如贺灯、愿灯、寿灯、狮子灯、新闻灯等。20世纪30年代，遵义地区的花灯艺人蔡恒昌、李祖德还各自新创了歌颂红军北上抗日的"红军灯"（《红军送我一盏灯》《红军送我一把壶》）。这两台灯最值得一提的是，它第一次注入了新的思想内容，第一次冲破了"好女不扮灯"的禁区。节目中，出现了身着彩服，手执花扇、手巾，翩翩起舞的年轻妹子。这一大胆突破，令观众耳目一新。古往今来，在贵州各地流传着这样一句话："宁可过年不穿新，不可过节不观灯"。人们对花灯为何如此喜闻乐见，情有独钟，其主要原因是，它形式多样，语言生动诙谐，乡土气息浓郁，贴近百姓生活，始终为传播文明，针砭时弊，满足百姓多元文化的需求，发挥着无可估量的巨大作用。贵州花灯戏，遍及贵州全省广大汉族地区和部分少数民族杂居地区，是贵州人民尤其是广大农民群众喜闻乐见的民间戏曲艺术。

（四）发展时期的贵州花灯戏

再鲜艳的花，没有园丁的精心呵护，亦会枯萎、凋零。同样，贵州花灯戏虽然深受百姓喜爱，但由于封建统治阶级长期的歧视、封杀，到了中华人民共和国成立前夕，花灯已处于濒临失传的境地。20世纪50年代，贵州省委、省政府，为了抢救这一艺术瑰宝，在深入、广泛地对贵州花灯作考察的基础上，遵循党的"百花齐放，推陈出新”的文艺方针,决定报经国务院备案批准成立省级职业性花灯剧团。于1956年秋,全省第一个省级专业花灯剧团——贵州省花灯剧团正式挂牌。紧接着,安顺、遵义、铜仁、毕节、都匀、独山等地都相继成立了地、县一级的花灯艺术表演团体。各地成立业余花灯队百余支,花灯戏演出活动方兴未艾。

省花灯剧团演职人员深入社会向民间艺人学习花灯戏

这一时期的新文艺工作者深入民间,收集了大量的花灯音乐、舞蹈、剧目的原始资料,并整理汇编成册。贵州省花灯剧团成立于1956年5月。剧团创作演出的《七妹与蛇郎》,从20世纪50年代一直演到90年代,成为剧团的保留剧目。《平凡的岗位》于1966年年初应文化部邀请进京演出,之后在全国巡演,第一次把贵州花灯艺术介绍给全国广大观众。80年代创作演出的《灯班传奇》获第二届贵州省戏剧文学一等奖,《典型人家》获全国戏曲现代戏汇演优秀演出奖,《桔乡情》获贵州省戏剧文学二等奖。90年代创作演出的《乌江云,巴山雨》在全国地方戏曲交流演出中,获优秀演出奖、优秀编剧奖、优秀音乐奖、优秀伴唱奖、优秀伴奏奖、优秀表演奖等。

贵州省花灯剧团对全省东、西、南、北四路花灯的音乐、舞蹈、剧目进行了归类研究,集四路花灯为一体,并用以指导艺术实践,排演了不同风格的四路花灯代表剧目,承担辅导全省专业、业余花灯艺术活动的责任,贵州花灯戏进入了前所未有的发展期。

二、贵州花灯戏的基本内容

贵州花灯戏是集歌、舞、乐为一体的综合性艺术,它是反映贵州人民生活和社会风貌的重要民族民间艺术载体。

(一)花灯戏音乐

贵州花灯戏的音乐律制,多为五声音阶,常见宫、商、徽、羽调式,少见角调式。贵州花灯戏东、西、南、北四路花灯音乐风格各具特色:东路以羽调式旋律为代表,南路以商调式旋律为代表,西路以徽调式旋律为代表,北路以有旋律的朗诵调见长。

贵州花灯戏音乐复杂多样,归纳起来有:①戏曲板腔类。此类音乐多为徽、商调式,上、下句对称结构,有前奏、间奏、收腔,亦有若干板式变化。可快可慢、可繁可简。适应性极强。②锣鼓灯调类。此类曲调众多,节奏性强,是花灯戏音乐的重要补充。台灯中的路调、行程调、对口调等,调式多样,曲式少见对称结构,由衬词形成的长、短不一的衬句(俗称“飘带”)增强了曲调的流动性,如果多曲连缀,可形成较丰富而长大的结构。③“花调子”类。它是山歌、俚曲、民歌、小调的总称,曲调风格各不相同,曲式结构多样。其共同特点是一个调子只表现一种特定的内容情绪,在花灯戏(贵州花灯戏)中大多作为曲牌使用。

贵州花灯戏的曲调有的戏剧性较强,也有的源于抒情性的民歌小调,其中“绣荷包”最为闻名。贵州花灯戏在流行过程中逐渐打破了“灯、扇、帕”的歌舞程式,角色行当也不再局限于“二小”“三小”,而有了净、末、老旦、彩旦等的划分。在表现情节刻画人物时,板腔与曲调综合使用,形成了丝弦灯调系、台灯灯调系和锣鼓灯调系,音乐表现力更加丰富。

(二)花灯戏表演

贵州花灯戏的表演是以唱、做、念、舞为手段,虚实结合为特征,辅以扇、帕为技巧的戏曲表演形式。它的表演离不开贵州花灯舞蹈步法、动作套路、手势形态。如:野鸡步、梭步、矮桩步、栏杆腿、风摆柳、犀牛望月、黄龙缠腰、雪花盖顶、膝上栽花、羞指、大小花扇、盖扇等百余种。这些动作套路为贵州花灯戏表演提供了大量的动作素材。

在艺术创作过程中,对大量素材进行整理、归纳、提炼,概括为:象形动作、典型动作、写实动作、虚拟动作、技巧动作、情绪动作、主体动作与修饰性动作等等。花灯舞蹈及动作套路,不再是一般性的舞姿,它已作为塑造人物形象的戏剧性动作而保留,使花灯戏(贵州花灯戏)的表演更加规范、完整。

(三)花灯戏语言

贵州花灯戏语言采用贵州本土语言,它幽默诙谐、风趣滑稽、构思奇妙、想象丰富,善于运用谐音、歇后语、打字谜等手法,集贵州方言之精华,溶乡土气息于一炉。值得一提的是唐二“聊(lia)白”,唐二是贵州花灯戏中一个特殊的艺术形象,在表演中的“聊(lia)白”妙趣横生,叫人百听不厌,尤其是一些针砭时弊的段子,临场发挥,随口道来,与观众交流共鸣,同欢同乐。可以说,唐二“聊(lia)白”是地方戏曲中独一无二的舞台语言特色。

三、贵州花灯戏的艺术特色

(一)多样性

(1)种类多样:贵州花灯戏因各地风俗、语言、曲调、舞蹈的不同,形成了黔东、黔南、黔西、黔北四种不同的风格,称“四路花灯”。

(2)题材多样:贵州花灯戏不仅擅长演出反映农村题材的生活小戏,还可演出民间传说、神话故事、现实生活等各类题材的大戏。

(3)体裁多样:贵州花灯戏擅于喜剧、轻喜剧、正剧等不同的体裁。

(4)表演形式多样:贵州花灯戏集唱、做、念、舞为一体。音乐有戏曲板腔类、锣鼓灯调类和花调子类。舞蹈动作套路有上百种,扇帕技巧丰富多彩。语言采用贵州本土语言,通俗易懂,尤以唐二“聊(lia)白”中的插科打诨,令观众百听不厌。

(二)完整性

贵州花灯戏从“地灯”演变到“台灯”,经过漫长岁月的发展,特别是20世纪50年代以来,一改旧时“口传心授”的排演方法,建立并完善了导演制,按舞台表演艺术的规律,规范了剧本、音乐、舞美的艺术生产流程。演员的表演,在继承花灯表演动作和套路的基础上,创造并形成了独特的花灯表演程式。音乐已形成曲牌连接和板腔的综合体。对四路花灯戏的综合研究成果显著,各地花灯史、志编撰成书。花灯戏(贵州花灯戏)已趋于成熟和完整。

(三)群众性

贵州花灯戏有着鲜明的草根文化特征,特别适合表现市井乡民的生活,它载歌载舞、形式活泼,每逢婚丧嫁娶、年节庆典都要演灯、观灯,广大百姓能舞会唱,演出中常出现观众自发参与,一领众和的动人场面。贵州花灯戏已成为贵州城乡广大人民群众生活中不可或缺的组成部分。

四、贵州花灯戏的传承谱系

花灯戏(贵州花灯戏)的传承方式有四种:师徒传承、家族传承、兴办班(社)、友朋互传。从明朝洪武年间“调北征南”时“元宵闹灯习俗”传入贵州开始,花灯戏即在贵州开始传承,但因年代久远,传承谱系不详。

根据民间花灯艺人提供的历史资料,清晰地传承谱系可追溯到清朝同治年间,以印江罗文昌组建的“罗家花灯班”等班(社)的出现为第一代,列表如下。

第一代:东路:罗文昌、任发宾、董明高

南路:莫美儒、罗老长

西路:颜迎春、王应堂(北路无考)

第二代:东路:吴家成、王亭美、王亭汉、杨普清

南路:岑子明、石玉成、蒙锡昌、陆树奇

西路:李云台、胡厚先、颜玉山、胡光兴

北路:蔡云亭

第三代:东路:邹啟明、邓元和、雷泽云

南路:刘坤、刘天兰、孟安平、罗俊卿

西路:颜玉州、邓华光、陈志和

北路:薛炳章

第四代:东路:王如和、杨光华、杜文胜、罗成模

南路:徐旺贞、杨莲娣、杨宝书

西路:陈淑惠、王安秀

北路:蔡恒昌、李祖德、夏全洲

20世纪50年代,为繁荣文艺事业,基于贵州良好的花灯艺术基础,选调了东、西、南、北四路花灯的优秀人才组建了贵州省花灯剧团。他们不仅承担着本团的培训演出任务,还肩负着对全省各地花灯艺术活动的教学培训、指导传承,培养了一代又一代的传承人,使得这一地方艺术在贵州得以世代相传。贵州省花灯剧团实际上已成为花灯戏(贵州花灯戏)的传承、发展基地。

这批花灯艺术工作者,为了发展贵州花灯事业,以高度的事业心和责任感,以毕生的努力,深入到贵州广大农村,虚心向各路花灯艺人学习花灯的唱、做、念、舞。通过科学记谱、录音、摄影、文字记录等方式,将花灯戏(贵州花灯戏)的音乐、表演、舞蹈、唸白、剧目等资料收集、整理、分类,进行研究创作,他们充分掌握了贵州四路花灯的特点,成为贵州四路花灯总的传承人。经过50多年的艺术实践,形成了花灯戏(贵州花灯戏)的声腔唱法、表演程式、伴奏方法、语言规范等。使之成为一个成熟的地方剧种,载入《中国大百科全书·戏曲曲艺卷》和《中国戏曲志·贵州卷》。

现将贵州花灯戏第五代及之后传承谱系列表于下:

第五代:潘名挥、张志、程素辉、张秉熊、黄承美、吴天硕、叶银斐、冯茂华、曹莉芸、罗江禹、张孝先、谭祖云、陈曼君、罗世侠、汪幼玲、王传德、曾用礼、周本立、陈克清、李时春、赖汉培、聂荣斌

第六代:江崇勤、汤黔宁、谢世廉、杨谓潜、杜华兰

第七代:严华萍、邵志庆、张黔霞、汪信山

五、贵州花灯戏的重要价值与濒危状况

(一)重要价值

花灯戏(贵州花灯戏)在长期的历史演变和发展过程中,已经和贵州各族群众的文化审美心理及精神需求产生了血肉相连的联系,成为人们表达某种文化心理和社会意识的重要民族民间艺术形式。在贵州各地社祭赛会活动中,贵州花灯戏具有鲜明强烈的求神祈福内涵,是喜庆年节活动中祝愿丰年吉祥的主要文化艺术

载体。因此,农村各地“走村串寨唱花灯,锣鼓响处人如潮”的演戏观戏活动,不光是一种参与人数最多,涉及人群最广的文化娱乐,还是整合村与村之间、人与人之间、人与神之间,以及人与自然节令之间关系最有效、最重要的文化形态,也是偏远地区的群众接受人伦道德启发,普及中国传统文化教育的主要方式之一。

因此,贵州花灯戏除具有风格独特的艺术价值之外,还具有丰富的民俗学、民族学、文化人类学价值,是贵州民族民间戏剧文化的百科全书。它以活泼明快的艺术形式,独特鲜明的地域特色,丰富朴实的内容架构,表达了中国农民乐观的情态、健康的欲求、浓烈的审美、朴实的祈愿和美好的追求,是正从我们的视野中淡去的中国农耕社会最具代表性的民族民间戏曲艺术之一,是一份值得我们十分珍视的文化遗产。

(二)濒危状况

20 世纪 80 年代中后期,由于多元文化的冲击和信息传媒的迅速崛起,文化生态发生变异,观众的审美情趣出现转移,花灯戏(贵州花灯戏)和其他地方剧种一样遭受冷遇,出现了贵州省仅存一个花灯戏专业剧团(贵州省花灯剧团)的尴尬局面。更为严重的是,一大批造诣资深并具有传承能力的老艺术家,都因年事过高,相继退出舞台或谢世。编、导、演、作曲等主创人员后继无人,出现了严重的断代现象,濒临人亡艺绝的边缘。很多花灯艺术的珍品大有失传的可能,亟待国家的保护和支持。

花灯戏(花溪区、开阳县)

花灯戏是广泛流行于贵州各民族中的一种戏曲艺术形式。花溪花灯歌舞具有雅俗共赏的艺术魅力,并且深深植根于广大群众之中,是城乡人民喜闻乐见的民间艺术形式。它具有饱满的激情,激昂的音乐,曼妙的舞蹈。花灯音乐、花灯歌舞在花灯剧中的恰当运用,使观众通过大开大合的气势和气韵流畅的节奏,在艺术享受中体会到花灯剧的魅力。正是因为青岩(花溪)花灯戏的独特性,2007 年被列为贵州省第二批非物质文化遗产保护名录;2009 年,贵州省花灯剧团和开阳县与镇远县、金沙县共享被列入贵州省第三批非物质文化遗产第一、二批省级扩展项目名录。

一、花灯戏的历史渊源

花灯戏由花灯歌舞发展而来,俗称灯夹戏、花戏等。贵阳的玩灯习俗最早的记载见之于康熙年间田雯编辑的《黔书》,是清末民初形成的一种地方戏曲形式。在流行过程中因受当地方言、民歌、习俗等影响而形成不同演唱和表演风格。

青岩跳花灯之跳灯　花溪区文广局提供

花灯是吉祥的象征,幸福的象征,是山乡人民古朴心愿和纯真感情的颂歌,他们的欢乐、痛苦,他们纯朴善良的品格和美好的希冀,都在花灯中得到表现。

花灯戏源于民间花灯歌舞,起源于唐朝,是广泛流行于中国各地的一种汉族曲艺。其突出特征是手不离扇、帕,载歌载舞,唱与做紧密结合。据《贵州花灯史话》载:“贵州花灯艺术是源于中原。”花灯戏来自民间,剧本人物少,情节比较简单,唱词和道白,通俗易懂,唱腔都是吸收民歌小调的特点,欢快明朗,表演动作活泼风趣,歌舞味很浓,多以表现生活的小喜剧见长,充满了泥土的芬芳。花灯于明代传入贵州。据《贵州文化志》载:明王朝建立后,于洪武年间实行“调北征南”,“调北填南”制度,花灯随着大量汉族移民的到来而逐渐传人贵州。花灯进入贵州后,吸收了贵州本土的语言、风格、音乐曲调等,形成了风格独特的贵州花灯。花溪跳花灯是从清朝开始流传,以歌颂当代故事,宣传好人好事为主(花灯会中还有龙灯——舞龙)。开阳县的花灯戏为清朝时期传入,与邻县的花灯大同小异,属于黔北花灯剧种。开阳花灯的唱腔、道白、舞蹈、音乐伴奏等演出形式都有巴蜀文化的痕迹,以楠木渡镇最为典型,禾丰、双流、花梨一带的花灯稍有差别。

二、花灯戏的艺术特色

在贵州少数民族中,流行花灯戏的主要有布依族、土家族、仡佬族、苗族等民族。他们吸收花灯后,经过一定的民族化改造,成为本民族的戏曲艺术形式。

(一)基本特征

(1)功能特征:通过花灯戏的唱法,让人们了解历史和民间流传的故事,分辨是非,让人们互相帮助,客观上起到了稳定社会秩序,增强人与人之间交流的作用。

(2)娱乐特征:花灯在花溪日常娱乐生活中扮演着重要的角色。逢年过节和农闲时间跳花灯已成为人们休闲的娱乐方式。

（二）道具

花灯戏的道具十分重要，在花灯戏中起到画龙点睛和烘托气氛的作用。

道具：纸质花灯、锣、鼓、花灯服（唐服）、龙灯服装、扇子、头花、二胡、花冠等。

（三）传承谱系

（1）师徒传承、家族传承。

（2）代表人物：李培信，男，70岁；陈天利，男，60岁。

（四）唱腔

花灯戏的唱腔分两类，一类是初具雏形的板腔，艺人称其为"灯戏调子"；一类是曲牌，艺人称为花调子。在一出戏中，板腔和曲牌可混合使用，形成一种综合体制。板腔的板式较为单一，只用若干个上下句反复演唱，最后用一个"收腔"结尾。常用的灯戏调子有出台调、行程调、路调、骂调、哭板、一字调、阴二黄、四平调等。常用的花调有四小景、月调、送夫调、巧装调、送茶调、五更调等。常用伴奏乐曲有：游台、大开门、小开门、禄位高升、扫花台等。常用锣鼓牌子有：三六九、扑灯蛾、半边月、金线吊葫芦、牛擦痒等。花灯主要使用筒筒（胡琴类拉弦乐器）月琴等弦乐及锣鼓等打击乐器伴奏。演出时手执折扇和手帕，灵活运用各种步法、手势及耍扇、耍帕等技法，形成清新活泼的艺术特色。花灯名目一般有五种：点灯（化装上街演唱）、庆贺灯（结婚、上寿、乔迁、上梁、小孩剃头时唱）、太平灯（春节贺新年时和平时唱）、送子灯（没有儿子的人家接灯班唱灯，祝贺早生贵子）、还愿灯（许愿的人家如愿以偿后，唱灯还愿），后两种灯都带有迷信色彩，中华人民共和国成立后很少采用了。演出的程序一般有9项：跑报、说春、打扫财门、参神、踩华堂、破五方、吹白、出台和唱灯调。花灯常用的乐器有锣、鼓、钹、勾锣、胡琴、二胡、月琴、笛子、箫等。传统曲目有《小姑梳头》《五更绣荷包》《采茶》《乾隆下江南》《七仙女下凡》《烟花告状》《梳油头》等。

三、花溪花灯戏

跳花灯在青岩民间习俗中占有重要地位，大多宣扬劝人向善的行为方式，是民间文学在民间的重要传播途径，贴近群众，大大丰富了基层人民的精神文化生活，并为当地培养造就文艺人才提供了条件。笔者到花溪青岩找到花灯传承人许丽荣调研了解，花灯在花溪有悠久的历史，一般在正月间过年时表演。每年大约在10月开始节目准备，花灯扎灯成本在3000元左右。正月初二亮灯，请扎灯师傅为花灯"开光"。参加表演花灯的全凭个人自愿，收入很少，有时候还倒贴钱。因为制作花灯的道具均需自备。村寨如有要求表演花灯的，由村民凑钱，一般每场200~300元表演费不等。

作者到花溪青岩与花灯传承人许丽荣访谈调研(李小毛　摄)

花溪花灯多为双人舞,一男一女,如是折子戏则可达5~6人表演。花灯表演动作有“鸡钻翅”“编鱼上水”“蜘蛛牵丝”“牛摆尾”“膝上栽葱”“门斗转”“开朝门”……基本步伐为“十字步”。花灯表演完毕后,还要请道士做道场,最后将花灯放在河边烧掉。

花灯表演主要有两种,一种是专门组织的开光灯,另一种是民间的太平灯。花溪花灯音乐(俗称灯调、灯曲)有30~40个调,也由单一的地灯音乐“二小戏”歌曲连接体形式,发展为结构较为复杂,具有板腔雏形和曲牌戏曲性的“台灯”音乐,形成了以“九板十三腔”为代表的曲牌连接体体制;花灯小戏角色也由“二小(小丑、小旦)”发展到“三小”(加入小生)打破了原来“二小”那种喜剧性角色体制而多为正剧与喜剧相结合的角色体制。花灯舞蹈动作由原来的要棍弄棒,花拳绣腿,发展到加入真正的武术,在“破五方”名目中,有“八卦夺刀”“徒手夺刀”等武功表演。

花灯传承人许丽荣在表演花灯
贵阳市非遗中心提供

一旦(幺妹),各执花扇手帕,舞时不唱、唱时不舞,发展成大型花灯歌舞的艺术形式,并在花灯歌舞的基础上加入故事情节,发展成形式复杂的花灯戏。

花溪区所辖的青岩镇,是具有600多年悠久的历史的闻名古镇,以其明、清古建筑保存完好形成独具特色的人文景观而著称。青岩有花灯班10多个,其中属南街、北街的灯班最有名气。每年春节前，人们根据表演内容着手组建灯班，推选灯头，集资扎灯，习曲练舞，择吉日迎拜台。正月初一至正月十五跳灯。正月十五是一年一度的花灯活动高潮，有游灯、迎灯等活动。正月十六为酬谢“五圣菩萨”或“四大神圣”而举行化灯仪式，跳花灯即告结束。

跳花灯在花溪区民间习俗中占有重要地位，大多宣扬劝人向善的行为方式，是民间文学在民间的重要传播途径，贴近群众，大大丰富了基层人民的精神文化生活，并为培养造就文艺人才提供了条件。

四、开阳花灯戏

开阳县的花灯与邻县的花灯大同小异，属于黔北花灯剧种。清朝以前，开阳县北部之楠木渡镇、宅吉乡以乌江为界与当时属于四川的遵义一衣带水，舟楫相连。在历史、地理、文化、风俗习惯受巴蜀文化的影响较大，所以开阳花灯的唱腔、道白、舞蹈、音乐伴奏等演出形式都有巴蜀文化的痕迹，以楠木渡镇最为典型，禾丰、双流、花梨一带的花灯稍有差别。

20 世纪 50 年代开阳县祖阳村演出的花灯戏《憨二回门》 开阳县文广局提供

开阳县花灯戏分布的范围十分广泛，从南到北，由西及东皆有花灯戏的传承活动。封建社会士大夫阶级认为“庸俗”，难登大雅之堂。农家终岁辛劳，仅有此娱乐，故有识之士只要加以改良，取其精华，去其糟粕，发扬光大，使这一民间艺术是更具生命力。1949 年以后，花灯这一广泛的民间文化娱乐活动受到党和政府部门的重视，县文化馆长期抓这一项活动。在保存其传统的内容的精华外，使其内容更新，突出歌唱共产党，歌唱新中国，歌唱时代新风尚。开阳花灯，这一大众文化的民间艺术还登上了社会主义的文艺舞台，1955 年“全省工农兵民间民族文艺会演”，开阳县南江乡新场俱乐部演出队以大型传统花灯剧《生扯拢》参加演出，并获得三等奖。开阳县楠木渡镇被贵州省先进文化镇和贵州省花灯艺术之乡。

（一）开阳花灯戏的基本内容

开阳各花灯队是一种自发性的民间组织，靠各家各户集资筹办，称为灯会。每支花灯队由公推会首主持，每逢农历春节前夕安排玩灯事宜，先扎制宫殿式的排灯二盏,宫灯、角角灯(又称二十八宿)、虾形灯、鱼形灯,以及所谓"闲灯"共二十四盏。以禾丰,楠木渡的彩扎花灯的工艺水平冠全县之首。一支花灯队有乐手六七人,跳灯演员 2~4 人,以及演出折子戏的演员七八人。管事、外交等一干人马多至二三十人。于大年初一开始玩灯,挨门接户,或舞之于市,至元宵方散,曰收灯。玩灯的程序先是会首成员把"名片"送至接灯人家,安排定花灯来朝贺的日期,让主人家有所准备,一般要备香蜡纸烛糖食果饼来接灯。花灯朝贺后,主人家还要打发利市钱。灯会的收入,除开支灯会的经费之外,将余下的作为下届灯会基金。或充实衣物、道具;或用之为公益事宜,如买锅碗瓢盆,供村中红白喜事之用。

花灯来至接灯人家时,主人家先是将大门紧闭,唱灯者在锣鼓的伴奏下唱很多吉祥如意、发财致富等内容的歌词,谓之"开财门"。一直唱到主人家称心满意,便敞开大门,让其进家跳花灯。"开财门"的唱词分两种,一称"小财门",又叫"四季财门";另一种叫"开大财门"。无论大小财门的唱腔与锣鼓伴奏都是一样的调子,唱完两句,敲打一次锣鼓伴奏。"开大财门"一般是在乡中较有声望之家唱的,内容较广。其内容包括古今历史故事、传说等,历时一个多小时。在开财门中如遇到外乡的玩灯高手,就躲在大门里头来"盘灯",有意考考这只灯会的水平。如棋逢对手,互相斗智斗勇,盘灯一幕就十分精彩,一问一答,灵机应付,休现出民间艺人的文化与才智。唱得主人家眉开眼笑着打开"财门",迎花灯队进家。花灯进屋后,参拜主家香火,绕堂三周"满堂神灵齐参拜,主家堂屋要花灯"。如有家资富裕者或迷信还愿之家要"坐台",闹通宵,演出传统的花灯折子戏。五彩缤纷的花灯交相辉映,观众甚多。先由穿小红背心、红裤子,头戴红泡花的生角称唐二的出台亮相聊白,滑稽有趣,引人发笑。

随之,唐二与身穿花裙,头戴花冠的旦角称幺妹子的开始跳花灯舞。特别是在富有挑逗韵味的笑骂锣的指挥下,其他锣鼓押着节奏,唐二挥扇,幺妹子舞帕,一往一来,形如蜻蜓蝴蝶翩翩起舞,舞姿优美多态,人称逗幺妹子,逗得观众开怀大笑。舞蹈动作主要有四平步、蹲步、交叉步、梭梭步,二进一退步等步法。舞蹈动作有岩鹰闪翅、蝴蝶穿花、犀牛望月、蜘蛛牵丝、膝上栽花、观音做莲台、蛤蟆晒肚、喜鹊闹梅、彩云追月、门斗转的 30 多个姿势动作。旦角帕法有拥八字、挽螺丝或反转螺丝;有斗帕、浪帕,花灯术语称"乌云盖雪""彩带缠身"等。唐二用扇子的动作与幺妹的帕子动作相似,只不过形态不同而已,二人组合动作是反方向进行的,在跳花灯中也有生旦角,一手执扇一手执帕,变化灵活,富有创造性。

开阳的花灯,除了歌舞外,还有折子戏。在开阳民间流行的花灯折子戏有《逗幺妹子》《韩湘子渡妻》《谢文清南山割麦》《御河桥》等剧目。内容十分丰富,具有浓厚的乡土文化特色。

开阳县花灯折子戏《逗幺妹子》表演　开阳县文广局提供

（二）开阳花灯戏的基本特征

（1）花灯的特点：通俗、诙谐、噱头颇多；舞蹈动作优美而干净利落；伴奏的曲子和锣鼓点子与唱腔、舞蹈动作配合得调皮有趣，具有极大的娱乐性；方言俚语、谚语、歇后语，纳入花灯的内容词汇，用这些浓厚的乡土气息特色的语言，唱天南地北，古往今来，妇孺皆懂。

（2）开阳花灯戏的传承：开阳县境内的各支花灯大多是以地域为单位进行传承，在同一地域内打破了族别和年龄的限制，通过老传幼，父传子，长传幼等方式世代相传。也有极个别的打破地域的限制，吸收各支花灯的长处，进一步发扬光大。

（3）开阳花灯戏的相关道具：排灯、宫灯、角角灯、虾形灯、鱼形灯、闲灯、乐器、服装、戏折子等。

（三）开阳花灯戏的传承和主要价值

开阳花灯戏具有的重要价值，主要表现为：①花灯分为歌舞和折子戏两部分，以舞蹈、折子见长，剧目很多，具有很高的研究价值。②花灯的表演独具特色，它既原始古朴，又是与民俗相依为命的民族民间戏剧形式，具有重要的历史和文化价值。③花灯戏是民间娱乐的重要方式，其发展和传承情况将对农村地区的精神文化的建设起到积极的作用。

五、花灯戏的困境

近年来，随着全球经济一体化的进程，与城市化、工业化一同兴盛的各类流行文化，风靡各布依族村寨，使“花灯戏”等传统文化受到了强烈冲击，各地的花灯戏都面临着与其他传统戏曲艺术同样的困境，剧场演出减少，新剧目编排上演困难，年轻一代的编创演出人员后继乏人。同时，市场商品经济的繁荣，以及各种娱乐方式多元化，花灯已很少能吸引年轻人的兴趣。加之，农村大批青壮年外出经商、打工，他们告别了家园生活，也告别了花灯剧。花灯艺术保护与传承受到了前所未有的影响而日渐濒危。主要存在以下因素。

（1）市场经济的发展，商品经济的繁荣，农村产业结构的改变和现代化农业生产水平的不断提高，人们的生活方式有了较大改变，传统的村落文化失去主导地位，传统社会的农耕文化发生较大的变化，学习“花灯戏”的人越来越少，花灯戏精神娱乐功能逐渐衰退，“花灯戏”面临“自然消亡”的危险。

（2）外来文明、大众传播媒介的普及导致当地民俗活动逐渐改变，“花灯戏”也面临着被社会淘汰的危险。许丽荣带了十几个年轻人学花灯。目前花溪青岩花灯表演队有 30~40 人，年纪最大的有 70 余岁。由于现代社会的发展，年轻人多出外打工，对花灯表演的学习不太感兴趣。

（3）改革开放以来，社会成员流动性的增强，使得拥有悠久历史文化传统的村落文化不能处于主导地位，长期以来维护和支撑着花溪人民传统生活方式的价值观念也正发生急剧变化，传统社会的农耕文化日益衰落，传统戏曲“花灯戏”面临着逐渐消亡的危机，以至这种民间活动逐渐衰退。

文琴戏

文琴，原名扬琴，因以扬琴为主要伴奏乐器的分角色坐唱的说唱艺术而得名，主要流传于黔西、铜仁、遵义、和贵阳市乌当区、花溪区。文琴坐唱又称文琴戏，民间亦称“贵州文琴”“贵州弹词”。早在清康熙年间就流传于贵州，道光年间在贵阳流行。文琴坐唱既可一人唱，也可二人对唱、分角色演唱，后经演变，突破了“坐唱”的形式，既可站着唱，还可以配合舞蹈动作进行表演唱，形式多样。文琴坐唱，呈现出贵州近代文人的精神面貌，折射出贵州近代城市文人的业余文化生活。

1952 年秋，人们尝试着把坐唱形式的贵州琴书搬上舞台获得成功，为纪念清末“文音俱乐社”为贵州琴书的发展所做的贡献，就定名为“文琴戏”。文琴戏，原名“扬琴戏”。由于其独具的民族特色和不可复制性，受到政府的保护和重视，被列为贵州省第二批省级非物质文化遗产名录。

一、文琴戏的历史渊源

文琴戏于清康熙年间传入贵州，清道光五年在贵州流行。据贵阳市乌当区头堡村的几个寨老讲，在明洪武十四年（1381 年），头堡的殷、马、李三姓祖宗随明军付有德的军队征战贵州、云南等地，后在头堡村屯军落脚。在乌当坝后来的“九堡十三寨”中，他们是最先落脚的，所以，他们的村寨子就取名叫“头堡”。在军营文化和祭祀活动中，逐渐有了唱“灯班戏”的习俗。清末，文琴坐唱传入当地，很快被大家喜爱，并将曲牌融入“灯班戏”之中，在内容和形式上丰富了“灯班戏”的演唱。1958 年，头堡村文琴坐唱的传人郭龙生、李兹金等人被抽派到贵阳参加文琴坐唱的培训，回村后经常组织演出，使之发扬光大。同年周恩来总理视察贵州，到东风公社时还欣赏了他们的文琴坐唱，并指示将文琴坐唱发展为地方戏。1960 年，贵州在文琴坐唱的基础上创立了一个新的剧种——黔剧。

文琴戏因以坐堂清唱形式表演，以扬琴伴奏、温文尔雅而得名，广泛流行于织金县等地。溯其渊源，系由弹词演变而来，从四川传入。

文琴戏伴奏

清光绪四年（1878 年）二月，今织金城关新民路“朝门头杨家”有个叫杨凤钧的到四川当武官，先后在督标前营、松中营和维州协任千总、副将等职。在任期间，后娶的汪、张二位姨太均精通扬琴戏，深得其白夫人喜爱，常在府第教其女、媳等演唱，自娱自乐。光绪十年（1884 年）六月，杨凤钧在维州协副将任上病逝，白、汪、张三位夫人及其子女合家于第二年扶其灵柩回籍。此后，凡逢年过节或遇家族亲戚有喜事，三位夫人均率子女媳妇中学会扬琴戏的到庭演唱，以供娱乐。从此，文琴戏在织金有了传播。到宣统元年（1909 年）三位夫人先后去世止，14 年间她们教出了多数为杨姓、少数其他姓的弟子 10 多人，传下了织金民间的第一代文琴戏班子。民国时期，这批人又教出了杨姓子女为多数、其他姓为少数，共 10 多人的第二代文琴戏班子。

清代晚期至民国初年，青岩镇的文化人白卫南、李光全等人将文琴戏传入青岩镇。该戏传入青岩不久便受到人们的喜爱，尽管其演唱场地小（为座唱），观众不很多，但其影响较大，不久有刘盖成、刘孝琪等人参与其中并成为骨干分子。以上这些人既是骨干也是创始人。在 20 世纪 50 年代，李光全到贵阳去教黔剧班学员唱戏，后来在戏校当老师。到 60 年代时，青岩的文琴戏扩大并改名为青岩黔剧队，这个时候，伴奏乐器不光是一架扬琴，增加了二胡、三弦及打击乐等乐器，其服装是川剧队支援的，人员扩大到10多人。青岩黔剧队成立以后，演出了《借亲配》等剧目。

二、文琴戏的基本内容

（一）演唱的形式

“文琴坐唱”始唱古诗，后发展唱有人物故事的书目。其语言生动，结构严谨，讲求刻画人物，故事性强，一个书目是一个完整的故事。演唱形式是分角色坐唱，以生、旦、净、末、丑分行。主要是男性。演唱时，书中的主要人物均是一人一角，其余人物由他人兼带。演唱人数不拘。演唱时扬琴居中，其余人手持乐器围扬琴而坐。虽者到角色到时站立捧本而唱。主要唱腔有二板、三板、扬调（称老三腔）。后来由虽诗逐渐转化为唱故事。在扬调的基础上产生了个性突出、色彩鲜明、宜抒发悲哀伤感情调的苦禀。后来又产生的清板、二黄、二流。还有用于前奏的十八谱、用于收腔的大落板。伴奏主要是伴奏唱腔，伴奏旋律和唱腔旋律相同。实际演唱伴奏中，讲求突出唱词，叫“让字跟腔”。过门奏，词腔由扬琴细声跟腔，行腔和过门处为齐奏。常用乐器除扬琴外，还有琵琶、三弦、二胡、月琴、萧、笛、京胡、鼓、板、磬等，可多可少。文琴坐唱的器乐曲牌：大八谱节拍一板一眼，用作每场的前奏。八谱起自八大谱1~7小节，并将其在第7小节的4个八分音符改为一个二分音符而成，可作每场的前奏。文琴坐唱的唱本均为代言体，用散文、韵文交织结构。散文为对白话，韵文为唱调整和念词之诗。唱词以七言句和十言句居多，念词的诗均为七言句。演唱书目虽是代言体，但书目每折的结束却有一段第三人称的大落板，用于归纳本折所唱内容和提示下折演唱内容。

文琴戏表演

文琴坐唱发展成文琴戏以后，生、旦、净、丑、末俱全。生角分小生、须生、老生；旦角分花旦、摇旦、青衣；净角分文净、武净，统称大花脸；丑角分文丑、武丑，统称小花脸或小丑；末角不分色。所用唱腔也称曲牌，主要的有8个，所唱的板眼各不相同：一名扬调，分快、慢种，快扬调唱一板一眼即2/4拍子，慢扬调唱一板三眼即4/4拍子，情调欢快；二名苦品，唱一板三眼即4/4拍子，情调优伤凄凉；三名二板，分快、中、慢三种，唱一板一眼即2/4拍子，情调优雅动听；四名三板，唱有板无眼即1/

4拍子,情调激昂;五名扣扣,唱有板无眼即1/4拍子,情调激昂;六名清板,唱一板三眼即4/4拍子,情调抑扬刚劲;七名散板,唱自由速度、自由节拍,情调亦任自由抒发,多用于各牌曲尾,故又称“落板”;八名八谱,用于开场、过场和收尾。

(二)唱本及剧目

唱本均为代言体,用散文、韵文交织结构。散文为讲白对话,韵文为唱词和念说之诗。唱词以七言句和十言句居多,念说的诗均为七言句。演唱书目虽是代言体,但书目每折的结束却有一段第三人称的“大落板”,用于归纳本折所唱内容和提示下折续唱的内容。

代表性传统剧目有《秦娘美》《搬窑》《三难新娘》《雷打张继宝》《花田错》等;反映现实生活的代表剧目有《过年》《回娘家》《太阳出来喜洋洋》等。

(三)主要器乐、服饰和道具

伴奏乐器有主要有扬琴、二胡、高胡、京胡、琵琶、三弦、唢呐、排箫、中阮、月琴、笙、笛、碰铃、围鼓、锣、镲等。

(1)贵州头堡文琴戏主要演奏乐器是扬琴,其他响器有三弦、二胡、月琴、萧、笛、京胡、琵琶、镲、鼓、板、罄等。

(2)传统服饰:上身为青蓝色布扣对襟衣,下穿青蓝色大腰裤,脚穿白底布鞋,无帽和腰带。

(3)道具:时有扇子和手帕。

(四)传承谱系和主要传承人

贵阳头堡文琴戏自光绪九年(1883年)被引入头堡至今,传承的主要方式是通过家族传承、友朋互传和师传。

主要传承人:马忠钦,男,1883年(光绪九年);马文庆,男,1901年(清光绪二十七年);马学荣,男,1919年(民国八年);马必芳,男,1933年(民国二十二年);李兹金,男,1934年(民国二十三年);李德玉,女,1956年;朱兴华,男,1987年;李德玉,女,1956年生;朱兴华,男,1968年生。

三、主要特征和价值

(一)主要特征

(1)具有表演的多样性。可以清唱、说唱和坐唱,也能分角色表演。

(2)具有传统性和民族性。凡是传统的唱段或折子,都保留了原有的表演特征,并保留了许多民俗因素。

(3)具有兼容性。用传统的表现形式来反映现实的生活,是头堡“文琴戏”的最大特征。

（二）艺术价值

文琴戏具有特有的艺术价值，保留着说唱艺术的基本形式和民族器乐的演奏技巧，同时它还具有丰富的民俗学、历史学、文化人类学的价值，拥有民族民间戏剧的独特性，它以特有的艺术形式来借古喻今，寄托着人们爱憎分明、惩恶扬善的良好情感，并由此表达出积极健康的审美和对美好生活的追求。

（三）濒危状况

从清朝道光年间到民国年间，是贵州文琴戏逐渐流行发展的主要时期，全省各地都有文琴的活动。

1960 年后，在文琴戏的基础上诞生了贵州地方剧种——黔剧，文琴戏就逐渐淡出文艺舞台。20 世纪 80 年代后，由于多元文化的冲击和信息传媒的迅猛发展，观众的审美情趣发生了变化，文琴戏遭受冷落，处于自生自灭的状态。时至今日，文琴戏表演者大多都在 70 岁以上，有的已相继谢世，有的又年老体弱，传接显得迫在眉睫。再加上现在的年轻人很多都外出打工，不愿意吃苦来学习和钻研其演奏和表演技巧。出现了严重的断代现象和后继乏人的状况，处在人亡艺绝的边缘，大有失传的可能，亟待国家的支持和保护。

文琴戏是黔剧的前身，而文琴戏的前身又是曲艺形式的坐唱琴书，是贵州唯一的地方剧种，其植根于黔西的历史文化中，起到了确认文化身份的作用，填补了贵州无地方戏的空白。它区别于其他的曲艺形式，与北京琴书、山东琴书、四川扬琴、云南扬琴、恩施琴书、武乡琴书、徐州琴书、翼城琴书都有不同，独具贵州特色。

蓬莱布依地戏

蓬莱布依地戏主要流传于贵州省贵阳市白云区牛场乡蓬莱村。贵阳地区布依族是一个以关云长为神祇的民族，有在春节期间进行大型民间祭祀、祈愿民间活动的习俗。活动期间都要表演一种头戴面具，融歌、舞、乐为一体的祭祀、祈愿仪式乐舞。这种祭祀、祈愿仪式乐舞主要流传于贵阳市花溪区的大寨、湖潮、党武，白云区的蓬莱，乌当区的可龙等乡镇村寨布依族聚居地区。蓬莱地戏只跳一天，其内容特殊，表演形式古老。它既具有宋代歌舞“歌者不舞，舞者不歌”的遗风，也具有武王伐纣时期的“前歌后舞”的风格。由于其厚重的民族文化历史与价值，被列入贵州省第二批非物质文化遗产名录。

一、蓬莱布依地戏的历史渊源

蓬莱地戏属北宋遗风，由囤兵带入白云蓬莱地区。据清康熙十四年(1673 年)修撰的《贵州通志》载："土人所在多有之，盖历代之移民。在广顺、新贵、新添者与军民通婚姻，岁时礼节皆同。"又云："岁首则迎山魈，逐村屯以为傩，男子妆饰如社火，击鼓以唱神歌，所至之家，皆饮食之。"[1]这里所叙土人的民俗活动，与贵阳地区布依族的祭祀、祈愿活动基本相符，可知文中所提到的"土人"即是现在的布依族。明清之际，封建统治者向贵州地区大量移民，明洪武年间"调北填南"就是其中最大的一次。这些移民对当地的社会结构、民风民俗有着重要的影响，因而有"盖历代之移民"说法。以此推论，蓬莱地戏属北宋遗风，由囤兵带入白云蓬莱地区。贵阳地区布依族的祭祀、祈愿活动至少已沿袭 400 年左右。

贵阳市白云区牛场乡蓬莱村举行"地戏"的主要目的是迎神驱鬼，保佑人畜平安。其表演形式属傩乐舞范围，表演者均系男性。从乐舞的特色和仪式的规范性来看，布依族的蓬莱地戏保存最完整。据该主事蒙万恒说，蓬莱的地戏是"老早老早就跳起来的"。这项活动原本由村寨自办，到清康熙年间，蓬莱兴修了佛教寺庙永兴寺后，一年一度的活动才转由寺庙方丈主持，活动经费由全寨人捐助，参与活动的人员由各家各户男丁组成，分别参加歌队、舞队、旗队和响班队。

蓬莱地戏的名称叫"杨家将"，表演者均戴面具，称"脸子"。这种地戏与中部地区的地戏略有不同的是：这种地戏不戴青纱头套，其面具造型除"土王"、大童、小童等人物外，还有三国与宋代等历史人物。该地世传所用的面具，在清咸丰、同治少数民族反清武装起义中因永兴寺被战火焚毁而佚，现用的面具，是清同治、光绪年间因永兴寺的重建而重新雕制的，总计三十六面。扮演武将者的服饰，上装在便服外套上"盔甲"，下装着便裤，腰系"战裙"，脚穿布鞋。扮土"王者"则倒背蓑衣，上插红、黑、粉三面小旗。道具计有弓一把，箭数支，木制大刀 12 把，红布黄字长方形帅旗一面，镶齿形白布边的分红、黄、蛋清诸色的军旗 5 面，另有花扇两把，毛巾两条。

表演活动由歌队的歌唱、舞队的武打与舞蹈、大鼓、大锣、大钹、小镲、小锣组成的打击乐三部分组成。歌唱有特定的内容，音调有浓郁的布依族酒歌风韵，打击乐有成套的曲牌，运用时与武打动作和舞蹈步伐环环相扣。全套仪式规范有序，但表演并无严格的程式，舞步质朴自如，招式粗犷诙谐。

---

[1] 清：《贵州通志》卷二十九。

二、蓬莱布依地戏的基本内容

蓬莱地戏分开箱仪式和表演仪式两个部分。

（一）开箱仪式

开箱仪式是蓬莱地戏的首发式，亦是每次跳戏开启仪式，也称开箱请神仪式。开箱仪式于每年的正月初九在永兴寺举行。仪式过去由永兴寺方丈主持，现由寨老主持，由跳戏班掌坛人执行。开箱仪式要杀鸡敬神、点烛祭天，三拜九叩，念开箱词。

开箱词念毕，寨老打开“神箱”，取出帅旗、刀剑和面具，再将面具用艾水擦洗之后，供奉在神龛上。至此，香火不断，只等正月十六祭礼祀、祈愿仪式活动之用。

开箱仪式一般在室内进行，摆神箱、立神龛。跳戏人员在室外列队装备。

（二）表演仪式

正月十六日清晨，人们来到永兴寺，按主事分派好的角色装扮完毕，即开始表演。其程序由寓意迁徙开发历史的“出兵”、描绘天神下凡的“点兵”、体现民族团结的敬奉神祇的“祭山王”祈愿吉祥的“开财门”和驱疫送神的“扫场”，最后到有始有终的“收兵”“关箱”“吃跳戏饭”，整个活动圆满结束。

蓬莱布依地戏之土王登场（陈明　摄）

1.出兵、点兵

表演开始时“土王”登场，用低弓箭步绕场舞跳一周，表示此地乃“土王”地域。接着两名小校站在两军士肩上在场上走几圈，表示大兵压境。接下来杨老令公率两小校登场，表明杨家将出征至此。最后诸葛亮领歌队登场唱颂歌，武将押解“土王”给关云长抬轿，在场中不停歌舞。

点兵则是一折表现天神下界的歌舞。出兵、点兵由“开四门”“点兵歌”组成。

开四门：在激烈有至的打击乐伴奏声中，表现天兵神将打开东西南北四道天门的景象。

点兵歌：把歌队、旗队、响器班排列在广场的中心位置，恰似点兵的帅台，舞队以帅台为中心，围成一个大圈，犹如听点天兵神将。在大鼓的指挥下，展开歌舞表演，场面恢宏严整，具有某种神秘肃杀的气氛。

2.祭山王

山王为当地苗族首领，杨家将后人征南时，相处和睦，结为弟兄，生死相依，共谋家园发达、福及子孙。

祭山王既是祭祀祖先生死情谊，也祀望祖先保一方平安。祭祀人念唱祭祀词，歌队、舞队、响器班相互配合，场面肃穆。

3.开财门

这是将娱神和娱人融为一体的欢腾热烈的大型娱乐歌舞场面。由“开财门”和“坐台戏”两个部分组成。

蓬莱布依地戏之出兵、点兵（陈明　摄）

开财门均在主人（农家）庭院及堂屋进行，先庭院后堂屋，举行开财门仪式，念开财门词，唱开财门歌，跳开财门舞后，主人打开堂屋，举行祭祀仪式，祈福主人人畜兴旺，前途光明。主人在堂屋备有烟酒、糖果、菜肴，供跳戏班受用。诸仪式及表演结束后，主人以少量红钱给跳戏班，以示酬劳答谢。

坐台戏是整套表演仪式最精彩的部分，是活动中舞蹈和器乐最集中的地方。其中具有代表性的舞蹈段子和器乐曲牌是《小儿背剑》。舞者十二人站成面对面的两横排起舞。此舞由十二段舞蹈和器乐曲牌组合而成，它们是《一拜》《小儿背剑》《跪膝》《托刀》《回刀》《扣手》《柳丝刀 》《雪花盖顶》《苦竹盘根》《筛面》《砍四拜》《一炷香》。

4.扫场

这是表演仪式的结尾部分。扫场仪式一般在村寨外路边举行，主要内容是把妖魔鬼怪扫出去，把兴旺福祉接进来。扫场由掌坛师念唱扫场词，歌队、旗队、舞队、响器班相互应和。

5.收兵、吃跳戏饭

收兵仪式和收兵歌舞一边行走一边歌舞，回到原先出兵、点兵场地。歌舞较为欢快热烈，意为胜利收兵，回到家园。

关箱即为整个活动结束。

举行关箱仪式是感谢诸神和祖先，同时要烧香鸣炮，祈福来年。其次是把面具、道具和相关内容什物关进箱里，也意味刀枪归库，好好从事农桑。之后，便是喝跳戏酒、吃跳戏饭，有庆祝圆满之意，村民酒醉饭饱，甚为热闹。

吃跳戏饭是酒和菜不上桌，均围在地上举行，有沾地气之意。

蓬莱地戏的传承以社会性的、松散型、非家族为特征的，在传承过程中以自愿为主，以祭祀、祈福为目的。由老艺人口传心授，在蓬莱村相对封闭传承。

三、蓬莱布依地戏的基本特征和重要价值

（一）基本特征

蓬莱地戏的基本特征是："说、唱、跳（演）"为一体的大型综合艺术形式。蓬莱祭祀、祈愿仪式活动的表演仪式，有"前歌后舞"和"歌者不舞，舞者不歌"的中国古代乐舞的遗风。

蓬莱地戏只跳一天，其内容特殊，表演形式古老。它既具有宋代歌舞"歌者不舞，舞者不歌"的遗风，也具有武王伐纣时期的"前歌后舞"的风格。

蓬莱地戏舞蹈是古老的面具院落舞，其原始而古朴，动律单纯而韵味清新，舞姿明快而寄寓深远，舞步多变而节奏极强。整套舞蹈层次分明，干净利落，有主有辅，有起有伏。

蓬莱地戏的表演者都戴有面具，但不戴青纱头套。所用面具有宋朝人物与三国人物，这一特殊现象是因为在历史上少数民族反清战争中，蓬莱永兴寺因被毁而面具遗失，后来，一云游和尚将水田大庙的十几面三国人物面具送给他们。随着战火的平息，人们的生活、生产逐渐稳定，永兴寺得以重修。人们有新雕了 36 面"脸子"（其中包括十几面三国人物的"脸子"），把外来的十几面"脸子"烧掉。从那时起，宋朝与三国的人物就同台表演了。

蓬莱地戏的道具和面具（陈明　摄）

（二）重要价值

（1）群众价值。地戏的传承由开始的祈福、驱邪降魔作用到现在起到了丰富人们文化生活的作用。

（2）文化价值。对"杨家将"这一历史故事进行了表演。对传承民族文化有重要价值。

（3）研究价值。能借助地戏对历史，尤其是民族的迁徙和相关历史事件进行了解。

阳　戏

阳戏是原始傩戏的一种，傩戏一般分为阴戏和阳戏，阴戏是以祭神祛邪活动为主的一种傩戏，阴戏主要娱神，阳戏则以娱人、自娱和纳吉为主，阳戏脸谱以现实生活中的人物为原型，表演内容多反映劳动人民的喜、怒、哀、乐，是现代戏剧的原始起点和原生状态，在戏剧发展史上有着极其重要的地位，被称为戏剧活化石。2007年被列入贵州省第三批非物质文化遗产代表性名录第一、二批扩展项目。

据说阳戏起源于三国时期诸葛亮平息南部叛乱时在贵州屯兵兵营中军队士兵创造的一种娱乐形式。道具简洁朴实，取自于自然山中的树枝、木棍。面具以纸糊木雕为主，阳戏表演不需要幕台，属于随时随地可以进行，不受限制的一种军队戏曲娱乐表演形式。贵阳市的阳戏主要为息烽流长阳戏和开阳阳戏两种为代表。

一、息烽流长阳戏

流长阳戏主要流传在息烽县流长乡四坪村、水尾村、新中村和营中村及金沙县后山乡部分地区。这里地处乌江库区南北两岸，南岸是流长乡。北岸是金沙县后山乡，流长阳戏因其文化底蕴深厚古朴典雅，唱腔多变，被称为是戏剧的活化石，具有极高的民俗学价值、民间文学价值和欣赏价值，还可随着乌江库区红色旅游业的发展，用于发展乡村旅游。

流长阳戏首先由居住在四坪村平岗堰塘的黄姓祖先黄滔传出，黄滔的师傅名叫徐法行，相传是四川灌县人，明末入黔，和住居大岩头的黄姓族人相处，见黄姓族人皆心地善良，诚实守信，便主动提出教黄姓族人阳戏，于是徐法行便亲自教授起来，黄滔作为徐法行的第一个传承弟子，开始在四坪村一带唱起了阳戏。

息烽流长阳戏和其他阳戏的不同之处，是演戏人不戴面具，这是师祖传下的规矩，只能用颜料和毛笔在脸上画净、旦、丑等角色，称之为开脸，开脸只能由掌坛师进行，掌坛师就是每一代的传人。他不一定要唱好戏，但必须做好法事。

流长阳戏主要是纪念李冰父子修建都江堰而演唱的，供奉的神位是川主、土主和药王，有一则名《三圣登殿》的曲目三圣就是指的川主、土主和药王。

流长阳戏内容丰富，唱腔多变，吹、打、跳、唱齐全并辅之以诙谐，老少喜爱。主

息烽流长阳戏(黄登　摄)

要用于祛病、祝寿、迎娶、祈福、还愿。曲目很多主要有锁孽龙、春兰送酒、李玖看花、收蝗虫、龙对戏、下河东、三星上寿、八仙、假报喜等。正戏有桃山救母、迎神下马、煞帐、开坛礼请、领牲、造棚、亮台、回熟、天官开台、三圣登殿、纠察显灵、敲枷脱锁、催愿加官、赐神、钟馗捉鬼、禳星、回三伯公、施孤、勾愿、奠酒、造船、送神、回神等。器具有关刀、鞭、剑,棍、铙、钹、锣、鼓和服饰等,最具历史价值的是清代遗存下来的司刀,八大块彩服和黄蟒、绿蟒袍,以及光绪年间的阳戏书籍。

二、开阳南龙阳戏

开阳的阳戏与傩戏及贵州省内的其他阳戏有着极其重要的区别,与贵州平坝的阳戏极其相似,它主要是以士兵休闲娱乐为主的一种军营文化。这里的阳戏,被称为“发财戏”“灯夹戏”等。因演员们表演时要穿古装上演,在村民心中具有驱鬼神、除邪恶、贬恶扬善的功能。经过历史的熏陶洗礼,阳戏又与当地古老的花灯相结合,形成了独具地方特色的开阳阳戏。1986 年开展民族民间文化调查时发现开阳阳戏共有五坛(即五个戏班)。其中,南龙乡白沙坡一坛、谷顶一坛、中桥一坛,马场(今楠木渡)镇有二坛。如今全县仅南龙谷顶一坛每年春节期间仍坚持演出。而谷顶一坛也因经济拮据,后继乏人而濒临停演危险,亟待采取措施抢救。

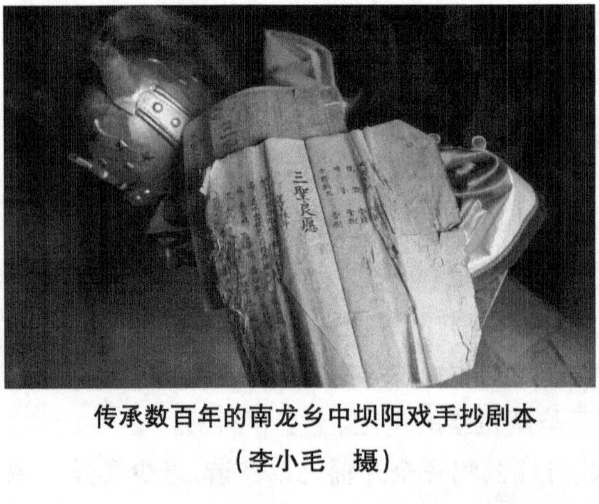

传承数百年的南龙乡中坝阳戏手抄剧本

(李小毛　摄)

关于阳戏在南龙的渊源,当地学者认为,在明代,当时的统治者曾屯兵在附近，后来战事结束，军队就地农耕。这些兵士当中，有两个从江西吉安府来的，名叫李茂高、李茂师，他们曾在家乡的冯家那里学过阳戏，在他们的传授下，阳戏逐渐在这一带传开。关于阳戏的称谓，学术界有多种说法：一说是因为戏种源自江西名叫舞阳的地方；另一说是，戏班每年农历六月要祭拜传说中的二郎神杨戬，所以也称为杨戏……无论名称如何得来，经过数百年的传承，古老的戏曲形式已在贵州深山腹地留存，成为村民们在早春时节自娱自乐的主要媒介。

开阳阳戏，又叫五阳花戏、五阳神戏。随着旅游业的发展，阳戏被列入当地特色旅游表演节目，以吸引各方游客。开阳鲊坝塘乡周围邻近三个寨子：山王店寨、诸葛寨、鲊坝塘寨以品字形排列，显示着当时的军事布阵，阳戏是现代戏剧的原始起点和原生状态，在戏剧发展史上有着极其重要的地位，被称为“戏剧活化石”。

阳戏唱得最为红火的时候在清朝。目前保存最早的剧本为光绪二十五年的手抄本。中华人民共和国成立后阳戏曾经沉沦了一段时间。改革开放以后，复兴坛，贯县为纪念李冰父子而复兴阳戏。阳戏复又火了起来。开阳戏剧有阳戏、阴戏之分，阴戏主要功能是消灾，敬菩萨，具有娱神功用。阳戏主要功效是娱人。阳戏不戴面具，以化妆为主；阴戏则要戴面具，属傩戏中的一种。

开阳阳戏化妆按人物性格要求，加上自己的理解形成脸谱。如韩信为文人儒将，将其化妆为白脸；关羽为武将，忠义之士，因而化妆为红脸。刘正远扮演的戏剧人物为先锋（开路先锋）。

唱阳戏时，先看好日期择吉日安排，准备酒（米酒和甜酒）等物品。酒三瓶，敬酒三巡。第一瓶酒敬戏主（李二郎）；第二瓶酒敬土祖（土地神）；第三瓶酒敬药王。还要备鸡几只，香火纸钱，然后才能唱戏。

阳戏供奉之戏主（李小毛　摄）

阳戏供奉之土祖（李小毛　摄）

右数第3为阳戏供奉之药王(李小毛　摄)

开阳南平乡阳戏的基本程序:①发兵。敬过神灵后,便从敬神处发兵,吹响牛角号,要吹出“伏羲、伏羲”“玉皇、玉皇”的号音。②铺台设帐。③杀猎放牲。④开台。⑤请神。⑥表演。阳戏的表演按折子戏进行,事先写出节目单,列表体现,有开路先锋、霸王别姬、过五关斩六将等。经过排位,列出各个节目的牌位,表演完一出戏,就要烧掉这一出戏的牌位,直至唱完全部阳戏内容。阳戏唱的最长的时间有唱三天三夜的。⑦造船饯送。最后唱完后,安三炷香火,送走神灵。

作者与传承人合影

(右起:徐则平、刘正远、万江)(李小毛　摄)

开阳阳戏戏班传承人合影

在市场经济文化不断发展大潮中,已濒临绝境的开阳阳戏,在当地政府的重视挖掘下,目前已被列入贵州省级第三批非物质文化遗产名录保护。

地 戏

开阳县地戏主要流传在禾丰布依族苗族乡，该乡处于黔中腹地，居于开阳县南部，东与南江乡接壤，南与乌当区的羊昌镇毗邻，西连修文县六屯乡，北接双流、城关两镇，是以农业为主的民族乡。

开阳禾丰乡鲊坝塘寨的地戏表演

开阳县禾丰布依族苗族乡长红村鲊坝塘自然村寨坐落于清龙河边，由大河一、二、三个村民组组成，居住着110户400多口人。整个村寨依山傍水，环境优美，民风淳朴，人民生活祥和富足。鲊坝塘是一个汉族村寨，每年春节期间村民都要演地戏，自娱自乐，同时也是为了驱邪，祈求五谷丰登。这里流传了几百年的地戏被称为戏剧的活化石，表演时人人头戴着面具，有种古朴神秘的氛围。村子里有一座小戏楼，平时存放面具和戏服，过节的时候用来跳花灯。鲊坝塘村的地戏在戏剧发展史上有着重要的地位。目前已被列入开阳县乡村旅游重点表演节目。2009年3月20日，鲊坝塘获中国（贵州）伦理傩研究基地授牌。同年获贵州省第三批省级非物质文化遗产代表性名录第一、二批扩展项目。

一、历史渊源

地戏起源于人类原始傩舞和傩仪，主要以驱邪酬神为目的。傩仪至少在周代已完全形成，唐代达到鼎盛，宋代形成傩戏。明初期，朱元璋派大军通过贵州远征云南，便在黔东、贵阳、安顺等地广建屯堡并大量屯军，当年屯田兵士和南方移民带来了古老的傩戏，逐代流传，已有600多年历史。由于屯田军士的流动性，故而傩戏表演并无固定戏台，均是在地上演出，所以叫地戏。由于明初为防云南土司和贵州水西安氏土司反叛，故滇黔交界的安顺一带驻扎大量军队，因而我省安顺地戏十分盛行。而贵阳等其他地区则十分罕见。开阳禾丰扎坝塘地戏是明初当地周姓祖先周孟忠随军入黔时带入贵阳,后来子孙迁居羊昌。清代,周世甲由羊昌迁扎坝塘,地戏随之传入,至今在当地已有300多年历史。主要唱祛鬼去邪等内容,同时吸收了川剧,花灯戏等的一些唱腔和表演手法,表演时全部戴面具,具有原始古朴的艺术待征。目前其主要的表演的剧目《怒斩龙王》,是根据唐朝时的一个传说故事改编而来,表演道具有多种乐器、面具、象棋、扎制的黄龙等,并且在山坡上有固定的场地,经常参加开阳县的文艺会演。禾丰地戏近年来受到媒体和学者的广泛关注,并出版相应的研究文章和著作,同时还吸引的大批的旅游者驻足观看。在2008年被贵州省文艺家协会授予"中国伦理傩研究基地",充分的肯定了禾丰地戏的价值。

二、基本内容

鲊坝塘自然村至今还保存着被称为活化石的神秘古老的地戏。地戏,俗称"跳神",在中国西南部贵州省的许多地区广为流传,较为集中在安顺一带。地戏的产生据说与明初来自安徽、江苏、江西、浙江、河南等地迁至贵州的屯军有关。明朝军队在贵州设有24个卫、26个守衙千户所。史料上称卫所军士为"屯堡人",有了屯堡人,地戏也就随之而出现了。地戏多是人们用于驱鬼消魔或祈求平安的宣泄,民间又叫跳神。贵州民间传统地戏演出者的头戴用白杨木精心雕刻,造型生动,神态诡秘,颇具贵州民间艺术色彩和粗犷的格调。民间艺人将地戏脸子概括为文将、武将、少将、老将、女将五种脸谱,称为"五色相"。头盔和耳翅的装饰是安顺地戏脸子的突出特征。男将头盔上多以对称龙纹装饰,根据身份地位的不同,有的四五对,有的多达9对。女将的头盔多用"凤盔",纹饰有"双凤朝阳""凤穿牡丹"等,有些还装饰有各种各样的花纹。地戏所演出的剧目都取材于古代话本小说、历史演义或民间传说,如《封神演义》《三国演义》《说唐》等。因此地戏面具名称十分复杂。如《三国演义》戏班子一般都有40~50枚面具。地戏面具大致分为帝王、武将、文官、道人、丑角、动物等类。地戏面具是贵州傩戏面具中数量最多、角色最多、雕刻及彩绘最为复杂的一种面具。地戏面具雕刻以浅浮雕和镂空雕相结合,刻工注重简练、明快,精细而又

行进路上

不烦琐。造型以写实为主,兼又夸张,面部雕刻简洁明快,轮廓分明,个性特征突出。面具的色泽装饰,有贴金、刷银、嵌小圆镜等,再根据角色的特点在面部着色。面部色谱通常用对比较为强烈的原色为主调,然后再在其上勾画各种纹饰。

禾丰地戏部分剧本

与安顺地戏不同的是,开阳县禾丰布依族苗族乡长红村鲊坝塘自然村地戏,经过300多年历史锤炼,吸收了川剧,花灯戏等的一些唱腔和表演手法,戴着别具特色的面具,具有原始古朴的艺术待征,又赋予津津有味的生活气息,群众喜闻乐见。关于开阳县禾丰布依族苗族乡长红村鲊坝塘自然村地戏来源,有这样一个传说:三国时期,诸葛亮领兵收获南蛮国王孟获时,经过此地,并驻兵于长红村诸葛寨,设发号施令地于鲊坝塘。善懂风水的诸葛亮见鲊坝塘寨前空虚,需要修建一所阁楼配风水,才能保人民安居乐业,免除灾难。鲊坝塘原名扎把筒,即因发号施令用的大号名叫扎把筒而得名。阁楼几经烧毁又几经修复便是今天的戏楼。

蜀军走后,此地从此年年平安,岁岁丰收,为纪念诸葛亮,同时,为祈求风调雨顺,国泰民安,每年从正月初九至正月十六,鲊坝塘人都要玩龙花灯,在戏楼内表演自编自导祖传下来的地戏,欢庆佳节。

到开阳县禾丰乡长红村鲊坝村旁就能看到一栋至今保存完好的戏楼,古楼傲视着山谷的气质,折射出它曾经受过历史风雨的洗礼。初来乍到者第一印象就从这栋独具魅力的戏楼开始认识这个山寨、认识这里神秘的伦理傩。鲊坝塘寨上至白发老人下至五六岁孩童,都喜爱地戏。

禾丰乡蚱坝塘地戏以多姓组合而成,实行集体领导、民主管理。村内虽建有固定戏楼,但只有小剧戏在戏楼公演,地戏则在后山松林中上演。鲊坝塘地戏服饰均根据戏中人物的身份,制作特定服饰。其服饰跨度包括唐、宋、元、明、清与民国时期。禾丰乡蚱坝塘地戏班的服饰则远自唐代近至民国,服饰均依角色而定,必须穿着得体,并且所有的角色都佩戴面具。

鲊坝塘地戏取材于一些历史故事和人们的现实生活。保留的精彩古典剧目有《魏征斩泾河老龙》,这是鲊坝塘人春节期间的必演地戏之一。该戏讲述了泾河老龙因违抗玉帝旨意,错施雨量,造成长安城人民惨遭水灾,魏征奉命将其斩为七节的故事。

精彩古典剧目《魏征斩泾河老龙》是鲊坝塘人春节期间的必演地戏之一

地戏的主要乐器道具有大号、小号、大锣、勾锣、小马锣、堂鼓、二胡等器乐，服装、面具、剧本、扎制的黄龙等。

地戏的传承谱系及传承人：地戏在禾丰布依族苗族乡长红村的鲊坝塘组，自从传入至今已有300年历史，在该地区不分姓氏、不分族别都可以学习地戏的表演和乐器的演奏，已经传承了20余代。目前在戏班中，人员由老、中、青三部分合理组成，主要在所属地域进行传承活动。

地戏的主要传承人：①周银芬，男，78岁，汉族，禾丰乡长红村鲊坝塘组。②唐忠先，男，73岁，汉族，禾丰乡长红村鲊坝塘组。③班光红，男，66岁，布依族，禾丰乡长红村鲊坝塘组。

以上几位是地戏主要表演成员，同时还培养年轻一代的传承人，并掌握重要的戏剧表演技巧。

三、地戏的主要特征和重要价值

（一）主要特征

（1）禾丰地戏是只有音乐和表演动作，所有的故事都是通过动作来表现，一定是在地上表演，形式极为古朴，是研究戏剧发展和历史的活化石。

（2）禾丰地戏戏班不但表演地戏，同时还会表演花灯戏、川戏等，因此融合了其他戏剧的表演技法，更为独具特色。

（二）重要价值

（1）地戏的发展是由开始的祈福、驱邪降魔作用，现在主要起到了丰富人民群众的精神文化生活的作用。

（2）地戏所演出的剧目是根据重大事件或历史故事进行改编，进行再次创作形成的剧目，所以具有一定文学价值。

(3)禾丰地戏的服装道具、演唱的剧目、演出的场地等具有自身独特之处,是我国傩戏的重要组成部分,为我们研究其在历史、文学、艺术等方面的作用提供必要的参考。

(4)禾丰地戏是清龙河十里画廊景区重要的文化载体之一,能结合当地的旅游业创造有效的经济价值。

花灯戏(息烽县)

息烽花灯是流传于息烽县10个乡镇的一种传统的群众喜闻乐见的民间戏剧。息烽地处乌江东南岸,贵阳以北,开阳以西,原属修文管辖,息烽花灯受修文县六桶关寨一带花灯影响,同时也受到开阳、遵义和金沙花灯的影响,风格多样,属于贵州北路花灯。息烽花灯各地风格不一样,有各地花夹龙的,有流长的推灯、大吴江开脸花灯和九庄的小调,里面还可以穿插幽默而带生、旦、净、丑的折子灯。也可以配音乐,其中鹿窝乡湖广村茅盖山花灯和花灯锣鼓最有特色,总共有41种锣鼓牌子。息烽花灯内容特别丰富,其中的每个项目都可以进行单独演出,传承久远,具有历史、文学、音乐、美术等多方面研究价值。2015年,息烽花灯被贵州省政府列为第四批省级非物质文化遗产代表性项目名录拓展项目。

一、息烽花灯的历史渊源

息烽地处贵州省中部,省城贵阳市北,贵州第一大河——乌江南岸。东临开阳,南接修文,西北与遵义、金沙两县相望。县城南距省会贵阳66千米,北距历史名城遵义87千米,是黔北及重庆、四川两省市南下出海的重要通道。息烽县人类活动历史悠久,因地处黔中要塞,历来为兵家必争之地,战火不断。公元1628年,明朝廷派兵平息战火,驻兵县境,筑坚城一座,崇祯皇帝取“平息烽火”之意,赐名“息烽”。明建息

流长乡前奔花灯打棍(黄登贵　摄)

烽于襄千户所,隶属贵州都指挥司。清撤卫所并入修文县 。公元1914年,息烽正式建县。息烽花灯起源于唐朝。其中九庄花灯主要受修文县六桶关寨一带花灯影响,同时也受到石硐和流长的花灯的影响,流长花灯受金沙、遵义花灯的影响。息烽花灯从唐朝以来,经历宋、元、明、清、民国,一般在盛世的时候比较兴盛,乱世的时候就会没落,改革开放后,群众文化兴盛起来,息烽花灯也随之不断发展,并成为在村寨参加群众最多,演出时间最长的文化活动。其中鹿窝茅盖山花灯从思南一带传来,总共有41个锣鼓牌子。

二、息烽花灯的基本内容

流长乡前奔花灯逗幺妹(黄登贵　摄)

息烽花灯分流长花灯和九庄花灯两大派。演出之前必须扎灯,扎灯分黄道、黑道。灯分两种:一种神灯,敬神为主;一种愿灯,了愿为主。总体上,无论神灯和愿灯一般在除夕到元宵之间演出,都有出灯、开财门、参神、砍五方、说春、采茶、逗幺妹、辞灯(谢灯)等内容。

息烽花灯出灯和谢灯要做专门的法事,有的地方还要念经。出灯和谢灯一般一个晚上,念经根据各灯班经济情况而定。

三、息烽花灯的主要特征和重要价值

主要特征息烽花灯灯种多,内容丰富,表演技术高,参加群众最多,演出时间长。它通过群众的不断完善和创新,吸收了兄弟乡镇花灯的优秀内容,形成了兼容并包的特色,具有广泛的群众性、娱乐性、观赏性和艺术性。

息烽花灯在表演上集小调等多种民间文艺形式为一体,组合得天衣无缝,其舞、唱、念、打、做、逗,既可有机结合为一体,又可独立进行,自成一式。

重要价值:一是音乐研究价值。息烽花灯包括小调、小唱、鼓经、锣经等唱腔多变、曲目多,具有音乐研究价值。

二是旅游开发价值。息烽花灯中的小调、小唱和逗幺妹、折子灯都具有很强的观赏性和娱乐性,对于开发乡村旅游很有潜力。

三是宗教研究价值。息烽花灯的整个过程都蕴含着十分丰富的宗教内容。

四、息烽花灯的主要传承人

流长乡前奔著名花灯艺人徐明刚当场授传(黄登贵　摄)

徐明刚:(1965年9月—)初中文化,住流长乡前奔村石梯子,是息烽县最著名花灯师,有彭晓书等多名徒弟。

胡吉亮:(1935年9月—)九庄桐梓村人。

周雄文:(1946年4月7日—)鹿窝乡湖广村毛盖山组人,初中文化。教子周鹤。

曾华:(1960年2月24日—)鹿窝乡湖广村毛盖山组人,初中文化。

周鹤(1973年9月19日—)鹿窝乡湖广村毛盖山组人,初中文化。周雄文次子。

黄国政:(1931年4月生—)小学文化,住四坪村麻窝组,12岁开始学习花灯。

黄国建:(1937年10月—)初中文化,住四坪村大岩头二组,60岁开始学习阳戏大二组。

黄朝修:(1940年4月—) 小学文化,12岁跟随父亲黄国斗开始学习花灯。

黄朝恒:(1940年4月14日—) 初小文化,住四坪村大岩头二组,12岁开始学习花灯。

黄永坤:(1950年10月10日—)初中文化,住四坪村大岩头二组。16岁开始学习花灯。

由于现代文化的冲击,喜欢古老花灯传承的年轻人比较少,如折子灯。《砍大五方》《范三郎进京》《兵槨槨讨亲》《金榜》《七仙女配合童永孝子成亲》《李玖看花》和许多传统灯调等演出大都靠老年人,如不及时保护,就有失传的危险。

卷五 传统体育、游艺与杂技

省级非物质文化遗产

布依族铁链械

布依族铁链械是流传于贵州省贵阳市花溪区湖潮乡新民村寅贡村民组,以及平坝、安顺、清镇等周边地区,是花溪湖潮布依族地区的一种传统的男性体育舞蹈。

生活在花溪区湖潮乡新民村寅贡的布依族民众,每年的正月十五跳地戏前,都要举行开箱仪式,寨老净脸净手,在屋内摆设香案,杀鸡敬神,祝福祈祷后才开箱启用。请出脸谱、铁链械及服装道具。表演者着装绕村寨一周,遇到山神菩萨或土地祠,均要停下参拜,称之为“参神”。待参神之后方可进场表演。表演结束后,举行扫寨仪式,再着装绕寨一周,请道具回箱。

2009 年列入贵州省第三批省级非物质文化保护遗产名录。

一、布依族铁链械的历史渊源

据传,南宋时期,由于朝廷苛刻,江西一带百姓奋起反抗,因无兵器,当时的起义首领徐良将两段长 80~90 厘米的硬质木材,用铁链连接作为兵器和朝廷对抗,当时皇帝宋仁宗派朝廷将领王玉连带兵平反,将义军镇压,并将义军的俘虏押解到今天的贵州。由于王玉连是贫苦出生,也很反对朝廷的做法,对同是平民出生的义军的俘虏很维护,和押解的俘虏很快成了朋友,到达贵州后,王玉连将铁链械在当地广泛传播,后人为纪念王玉连,在跳地戏《王玉连》前都要表演铁链械。据族谱载,在跳地戏《王玉连》前表演铁链械,始于在清光绪末年,每年的正月十五跳地戏前,都要表演“铁链械”。现仅存于花溪区湖潮乡新民村寅贡村民组的布依族。

二、布依族铁链械的基本内容

(一)表演程序

铁链械是流传于贵州省贵阳市花溪区湖潮地区的一种传统的男性舞蹈。生活在花溪区湖潮乡新民村寅贡的布依族民众,每年的正月十五跳地戏前,都要举行开箱仪式,寨老净脸净手,在屋内摆设香案,杀鸡敬神,祝福祈祷后才开箱启用。请出脸谱、铁链械及服装道具。表演者着装绕村寨一周,遇到山神菩萨或土地祠,均要停下参拜,称之为“参神”。待参神之后方可进场表演。

其动作特征主要是双手转动两根用铁环连接的木棒,使它在头上、肩上、腰上、胯下、背上,或左、右侧、背后等处飞快转动。

主要动作有“雪花盖顶”“颈上飞花”“苏秦背剑”“黄龙缠腰”“古树盘根”“蛟龙摆尾”“背上飞龙”等动作。舞动时,显示出“威武、彪悍、沉稳、雄健”的风格。

布依族铁链械之蛟龙摆尾

布依族铁链械之背上飞龙

表演结束后,举行扫寨仪式,再着装绕寨一周,请道具回箱。

(二)相关器具及制品

(1)乐器:民间器乐在铁链械中主要是起烘托气氛的作用,所用的鼓是一般民间流传的皮鼓。敲击法较为即兴,主要以“前快后慢”和快速的“滚奏”为表演者伴奏。

布依族铁链械之鼓手

布依族铁链械之铁链器械

(2)服饰:上装,蓝色或白色对襟衣,腰系红绸带;下装,蓝色或白色灯笼裤,脚穿深色布鞋。

(3)道具:铁链械,硬质木棒(直径 6~7 厘米,长 80~90 厘米)两根,用三个直径 2 厘米左右的铁环连接。

(三)传承谱系

作为花溪区湖潮地区特有的舞蹈,铁链械的传承形式以社会性、松散性、非家族性为特征,在传承过程中,以自愿为主,绝大多数的铁链械表演人是因个人喜好而参加活动,以自娱为目的的。“ 铁链械”这个传统习俗因多种原因,曾停止活动。后来随着生活的提高,在长辈的倡导和传授下,重新恢复了“铁链械”习俗。

铁链械在清末是由班世华表演的,其后传给了韦明桥,韦明桥传陈新祥,陈新祥是新民小学的教师,他将铁链械的技艺传给了学生金光中、陈剑东,金光中、陈剑东将“铁链械”的技艺带到了中学,2004 年,学校把该舞蹈作为花溪区湖潮中学校本课程资源开发项目引进课堂后,铁链械更加得到了发扬光大。现由体育老师朱兴林授课,传于王娟、韦世松、陈启菊等。

三、布依族铁链械的艺术特色

(一)基本特征

铁链械是集歌、舞、乐于一体的综合性舞蹈;是布依族现存文化传统的组成部分。他的萌生、发展和最终形成,经历了漫长的历史过程,与布依族的民族史、文化史息息相关。它全面、完整、生动地体现着这一民族、地区的文化传统。他体现和传承着该民族文化传统,具有历史价值,同时也是研究布依族传统音乐、舞蹈、戏剧等艺术发展史的重要依据。

(二)主要价值

“铁链械” 是湖潮地区布依族人民为纪念历史人物而创作表演的,在长期的发展过程中,他所包含的舞蹈动作不仅形成了自己特有的固定模式,而且通过活动本身使技能得到了不断的提高。整个舞蹈显示出布依族人“威武、彪悍、沉稳、雄健”的风格,充分体现了布依族人民的创作天赋和艺术审美观。

(三)濒危状况

近年来,随着全球经济一体化的进程,与城市化、工业化一同兴盛的各类流行文化,风靡各布依族村寨,使“铁链械”等布依族的传统文化受到了强烈冲击。

(1)市场经济的发展,商品经济的繁荣,农村产业结构的改变和现代化农业生产水平的不断提高,布依族人民的生活方式有了较大改变,学习“铁链械”的人越来越少,“铁链械”面临“自然消亡”的危险。

(2)外来文明、大众传播媒介的普及导致当地民俗活动逐渐改变,“铁链械”也面临着被社会淘汰的危险。

(3)改革开放以来,社会成员流动性的增强,使得拥有悠久历史文化传统的布依族村落文化不能处于主导地位,长期以来维护和支撑着布依族传统生活方式的价值观念也正发生急剧变化,布依族传统社会的农耕文化日益衰落,布依族的传统舞蹈“铁链械”面临着逐渐消亡的危机。

古典戏法

中国的戏法历史悠久源远流长,丰富多彩,是中华民族艺术之林中的瑰宝。古典戏法与现代魔术最大的不同在于,后者多依赖声光电等高科技手段和带有机关的道具表演,而前者因其起源于民间的“撂地”表演,更强调演员的手法技巧,以“夹带藏掖”为手段、以“口彩相连”(即边说边变)为特色;现代魔术只能正面观看,否则极易穿帮,而古典戏法则可做到被四面围观而不失托。“戏法的日常用具没有科技含量,戏法发明者的智慧就是唯一的高科技。”

组建于20世纪60年代的贵州省杂剧团继承发扬了古典戏法的传统,使古典戏法焕发了青春,被列入贵州省第二批非物质文化遗产名录。现已入选第三批国家级非物质文化遗产名录。

一、古典戏法的历史渊源

古典戏法属中国魔术中的一种。魔术在中国古称幻术、戏法,中国的魔术距今约有4000年历史。

古典戏法孕育上古时代,形成于汉唐,作为一种艺术形式进行表演,最早出现在公元前108年,西汉武帝刘彻举行了以“鱼龙曼延”(魔术)和“百戏”(歌舞杂技)为主的表演招待国外使臣。“鱼龙”后成为宫廷礼仪一部分;隋唐时期,宫廷魔术与民间魔术并举,繁荣发展;宋代出现了“瓦舍勾栏”的娱乐场所,流浪艺人众多,并产生了著名的魔术团体(如南宋“云机社”)。此时魔术分科也越发精细,并形成了“手法、撮弄、藏厌(挟)”三大体系。

明清时期,魔术鲜见于宫廷,主要存在于民间,分“撂地”(流浪艺人划地为台表演)和“厅堂”(艺人受召于富贵人家表演)两种方式。各地均出现了戏法艺人较为固定的演出场所,如南京夫子庙、苏州玄妙观、北京天桥,以及近代天津的“三不管”等，并涌现出众多著名戏法艺人。古典戏法的传承人王殿英1923年生于曲艺世家，父王振清、胞妹王毓宝均为著名曲艺演员。他16岁拜郭璧臣为师学习古典戏法，表演时口彩相连，风趣幽默；手彩表演技巧娴熟，手法脆、快、帅，“使口”时如话家常，娓娓道来，幽默风趣，亲切自然。相声大师马三立先生曾给予高度评价。

明清时期魔术表演

中国古典戏法历史悠久，分布地域广袤，因文化习俗差异形成不同表演流派。京津地区“戏法”一主一捧，应时应景，抓哏抖包袱，说完变完，常令观众捧腹瞠目。江浙一带南派“戏法”一主二助，有音乐伴奏，表演优美洒脱，集成经典段子用普通话与吴语方言误会，俗称出“洋相”，抓包袱完成表演。清朝光绪十五年(1889年)苏州人唐再丰用毕生精力从集市庙会的民间艺人中(俗称“变戏法的”)，收录了320多套节目，汇集戏法专著一书《鹅幻汇编》，极大丰富民间娱乐和文化积淀。

1951年秦助仁先生应田汉邀请参加中国戏剧研究院曲艺团专职研究中国戏法，大量收集民间素材，丰富中国古典戏法宝库，并把研究的成果实施于表演。改革开放后，第二代传承人秦文华、秦文郁对近百种“落活”作全面挖掘整理，创编了“和合呈祥”。2006年注重培养第三代传承人秦江杰，并整理出“三羊开泰”，于2008年，赴宝丰参赛，秦江杰获中国·宝丰第四届魔术文化节“宝丰杯”全国比赛铜奖。“三羊开泰”寓意时代主题：一是集南北戏法门道于一身，新创藏挟之法，并首次在众目睽睽之下使用三只活羊呈现给观众；二是携带大小数十件器物，重达百余斤，行走自如；三是“落活”利索，一气呵成，常说：变出容易变回难、“回托”再现更不易，如变出熊熊燃烧的“大火盆”，用彩毯一遮，忽然消失，接着再次展示在观众面前；四是与众不同的明出“海”，及脱衣献彩的表演方式，充分体现了“有容乃大”的哲理，解套“无痕”的幽默，获得专家观众的好评。

二、古典戏法的艺术特色

古典戏法有鲜明的技艺性。表演讲究“捆、绑、藏、掖、撕、携、摘、解”技巧，对演员要求极高。演员在表演中着长袍大褂，持方毯；用暗藏袍内的钩、袋、囊、开等八种专用工具携带将要变出的彩物。这些彩物，常有瓷盘、大型花盆、盛满水的内有活鱼嬉戏的鱼缸、熊熊燃烧的大火盆等。演员则要在众目睽睽之下，干净利落出彩，毫无破绽。如果没有深厚的功力和精湛的技艺手法难以胜任。古典戏法与现代魔术多依赖于道具表演所不同的是，在民间“撂地”为生的古典戏法，着重强调演员本身的手法技巧，以“夹带藏掖”为手段、以“口彩相连”（即边说边变）为表演特色；而四周皆观众的表演空间，也要求戏法必须可被四面围观而不能失托，这一点是西方现代魔术舞台化表演无法比拟的。

戏法由“手彩活、抹子活、落活”三部分组成：

(1)近景戏法，古称“撮弄”，行话“手彩活”，在近距离表演的小型节目，近景戏法边演边“溜口”，应时应景编些吉利话，念完变完、手法利索，引起观众惊叹不已。

(2)堂会戏法，古称“单包利子”，行话“抹子活”，是带上简单道具、在喜庆、宴会、小型舞台上表演的中型节目，有音乐伴奏、也编些应景话题增强表演气氛，引起观众的共鸣。

(3)舞台戏法，古称“藏挟”，行话“落活”，是在舞台上表演的大型节目，配有音乐伴奏，如表演需要也“溜口”。舞台戏法分为南北两派，表演形式不同，变出的东西也有所差异，因表演出乎预料，引起观众的喝彩。

戏法的“门道”分为五大门类：

(1)手法门，即手彩戏法。仙人摘豆、天地牌、九连环、大变金钱等。

(2)彩法门，即门子戏法。酒米三变、翻囊、量摔、纸人揣锅、悬人等。

(3)丝法门，即苗托戏法。钓鱼、扇碟碗、纸人跳舞、变鸽、变脸等。

(4)汉法门，即药托戏法。吹烟入杯、烟花、水捞干沙、吃火吐火等。

(5)落法门，即藏挟戏法。十八罗汉、百亮迎门、百鸟朝凤、献彩等。

古典戏法中魔术表演十分讲究手法

戏法的传承极为严格，一般有传男不传女的习俗，也有开堂授徒的情况，一般也限定在亲戚密友圈内。拜师学艺、师父所传授的“门道”多少有益开发思维，但自己勤奋好学才至关重要，树立自己的表演风格，保持中国传统文化本色，才会受到认可。现介绍由秦助仁先生创建、具有百年历史的“古典戏法”谱系。秦江杰师从其父秦文华，古典戏法第三代传承人。从事戏法表演 20 余年，掌握了表演萝圈献彩、十三太保 · 脱衣献彩、明出海等传统戏法。秦文华，师从其父秦助仁、母亲罗飞霞，中国古典戏法第二代传承人，从事中国古典戏法表演 40 余年，全面继承并创作了中国古典戏法套路，能亲自动手制作戏法道具，并创作多个新作品。秦文郁，师从其父秦助仁、母亲罗飞霞，古典戏法第二代传承人，从事中国古典戏法表演 30 余年，全面继承并创作了中国古典戏法套路，能亲自动手制作戏法道具，创新设计并制作杂技道具，与秦江杰同台演出。秦助仁，山东济南人，古典戏法创始人，上私塾时就与艺人交往甚密，受此影响在上大学时就创办“助仁幻术社”。后到日本留学，课余学习东洋幻术、东西方结合的魔术，并受其启示。回国后研究中国戏法起源与发展，认为民间戏法的原生态、原创性必须加以保护。从此，利用担任京浦铁路车辆厂工程师之便，北上拜张宝清、刘凤池为师学习北派戏法，南下拜莫悟奇为师学习南派戏法，1952 年调中国杂技团工作，1962 年受张富忱邀请来贵州支援三线建设。从此，中国古典戏法落户贵阳，传承至今。

三、古典戏法的文化价值

古典戏法属于民间艺术，通过相声性语言，贯穿整个表演，通过手法、上托来完成效果。古典戏法虽没有现代魔术的艺术美更强烈，却是民间艺术者的结晶，体现了我国民间艺术家的智慧。古典戏法艺术根植于人民之中，反映了人民的生活。作为一种中华民族优秀的民间艺术，具有厚重的文化价值，应该加以继承和发展。

卷六 传统美术

国家级非物质文化遗产

苗 绣

贵阳市花溪区位于黔中腹地，贵阳市南郊，距市中心 17 千米。花溪苗绣是相当著名的民族文化遗产，花溪苗族挑花刺绣工艺具有很高的艺术价值和文化价值，2006 年列入第一批国家级非物质文化遗产名录（与黔东南雷山县和剑河县苗绣共享）。其精美绝伦的刺绣技艺和璀璨夺目的银饰让人赞叹不已，已被世人公认为是最精美的刺绣艺术品。

一、精美绝伦的苗族刺绣艺术

苗绣是指苗族民间传承的刺绣技艺，是苗族历史文化中特有的表现形式之一，是苗族妇女勤劳智慧的结晶。苗家妇女擅长纺织和刺绣，由于环境的熏陶，苗族女孩四五岁就跟着母亲、姐姐和嫂嫂学绣花。到了七八岁，她们的绣品就可以镶在自己或别人的衣裙上了。清《开化府志》《广南府志》、民国《马关县志》《邱北县志》都记载有苗族妇女“能织苗锦”之句。

苗绣是苗族文化的重要组成部分，也是中国服饰文化的瑰宝。苗绣以其古老、神奇及文献特性著称。苗族的文化与中华民族的上古历史如此密切地缠绕一起，苗族的刺绣不仅热烈奔放，而且蕴意着神秘悠远的篇章，苗绣中的龙更以其丰富的意象与中华民族的开创历程紧密地联在一起。从这些残存着“人神混同”“人兽混同”“自然物类混同”的原始思维特征的绣品中我们看到，苗族人民营造出的龙是那样的率真稚气、热烈奔放、神奇壮丽、自由不羁。

苗族起源的多种说法之一与神木、鸟有关，也与中华民族的上古神话传说相关，这些上古的图腾意向在苗族的绣品上反映得非常明显，比如那看似双龙戏珠的绣品等。苗族姑娘刺绣亦与传说里的苗民南迁相关联，据说有位叫兰娟的女首领为了记住迁徙跋涉的路途经历，想出了用彩线记事的办法，过黄河绣条黄线，过长江绣条蓝线，翻山越岭也绣个符号标记，待最后抵达可以落脚的聚居地时，从衣领到裤脚已全部绣满。

苗绣（李小毛　摄）

苗绣是独具特色的一种中华刺绣艺术。苗族刺绣有着悠久的历史。唐代时，东谢苗族是“卉服鸟章”，即在服装绣上许多花、鸟图样。明代时，贵阳苗族喜用彩线挑成“土锦”“织花布条”“绣花衣裙”。清代文献记载苗族刺绣织锦的很多，如黔东清水江苗族刺的“锦衣”和绣的“苗锦”。古州苗族刺绣亦多，今榕江县平永地方一户苗族农民至今还保存着两套乾隆时代的男女服装，都满绣彩色花纹。关于贵州、云南、川南、湖南、广西各地苗族绣花、织锦，各种史书及地方志多有记载。可见刺绣织锦是苗族人民美化生活的不可缺少的工艺，是人们一种爱美的体现。

二、苗绣的基本技法工艺

苗绣最讲究对称美、充实美和艳丽美。所谓对称美，就是上下左右不论图形、色彩、空间，都完全要求对称；所谓充实美，就是整个绣品不留空白；所谓艳丽美，就是用色大胆，大红大绿，鲜亮夺目。

色彩艳丽的苗族绣花制品（李小毛　摄）

苗绣主要用来镶嵌服装的衣领、衣襟、衣袖、帕边、裙脚、护船边等部位，亦可用它来缝制挎包、钱包等。一件布料价格平平的上衣，一条普通麻布制成的褶裙一旦镶上了苗绣，便会光彩夺目，身价百倍。

苗绣显示了苗族妇女高精的工艺水平。近些年来，苗绣这朵艺术奇葩已享誉海内外，成为观赏、收藏的艺术精品。

（一）刺绣技法

苗族姑娘、妇女历来以手工刺绣花纹装饰自己，点缀生活。苗绣在长期的演进中，形成了自己独特的表现风格和刺绣技巧。现在，也有不少人采用缝纫机绣花，它虽然速度快，但与手工刺绣效果不可同日而语。

1.材料

刺绣的材料是布和线，它们的种类很多。

（1）布：布有麻布、棉布、丝绸布、化纤布等，有工厂生产的布和苗族村民自己织的布。一般来说，要根据不同刺绣针法的要求，选用不同质地的布料。绣花、插花要求用细薄的丝绸布或化纤布；挑花、串花则要求用较厚实的家织棉布、麻布或工厂生产的经纬纹路较明显的布；捆花、洒花、点花、贴花、粘花、堆花等的布料，则要求不甚严格。

（2）绣线：绣线种类多，有丝线、棉线、麻线、毛线、金线，以及锡线和铜线等。麻线主要用于比较粗犷的绣品；毛线用在网丝格较明显的粗麻布或毛线织的锦布上；金线、锡线、铜线除少部分单独串花刺绣外，主要是辅佐大面积的绣花、插花作捆花或洒花之用；棉线、丝线是供大面积的绣花、插花之用，要求布料细薄光滑，也有作贴花、堆花、补花钉牢而用的。

2.工具

苗族刺绣的主要工具有绷架、绣花针、剪刀、顶针、针夹等。

绷架指小的绣花绷和大的绣花架，一般用木、竹、金属等制成。小花绷主要是用竹或金属制成，它分为长方形和圆形两种。长方形小花绷多用竹料制成，横的两根，长度在30厘米左右；竖的四根，长度在8厘米左右。这种花绷是作绣窄带条形花边用的，如衣袖、裤脚、胸部花边等。圆形花绷是由内外两个竹或金属圈组成，如用金属做的，要用布条缠好。绷圈直径在一尺左右。刺绣时绣布夹在内外两圈的中间，宜绣鞋花、手巾、枕巾、孩帽、荷包等小件绣品。绣花架与长方形的小花绷构造雷同，只是架面大，多四只脚架，一般用木料制成。用它来绣大型绣品，如门帘、帐檐、围床、被面等。

绣花针，以针身匀圆、尖锋锐、尾钝、孔长的为好，利于送针、抽针和穿线。绣针的种类多，铁针以长短粗细分号，针号小则针身粗长，针号大则针身细短，常用的多是7~8号针。绣针大小的选择，应根据绣布的厚薄和绣线的粗细来决定。不用的绣花针，要包在锡箔纸内，或插进干的小蜂窝泥内，以防生锈。

剪刀，以尖端翘起的弯口小剪刀为好，它在剪线时不露线头，并可避免剪破绣布。

顶针，要根据绣者手指大小选择顶针的大小，它是戴在拿针手的中指第二节上,帮助刺绣时推针。

针夹,若绣针过小,个别地方绣线大而密不易取针时,可用针夹将针夹住,帮助取针抽线。

3.刺绣步骤

(1)花样和粘花:在绣帛上画样刺绣的,手艺熟练者,可用毛笔摞墨(颜料)直接画;手艺不够熟练者,就要把绣的布料铺好,在所需绘画的部位放上复写纸,复写纸上摆图案复写。执笔复写时用力均匀适当,若轻了印的线条不清楚,重了印色过浓,易脏绣线,影响色彩。若没有复写纸,可用2B~6B的软铅笔在图案背面,按花的印子涂抹,然后摆在布料上,用复写纸在图案正面着力描绘,就会在布上显出花纹来。用纸花做绣模的,先在绣布选定好粘花的位置,再上绷架,然后将纸花用糨糊粘在预定部位上。

(2)上绷架:在绣布上留出应绣位置,上好绷架,用针引线刺布绕绷架周围均匀捆缝一圈。标准是布绷得紧,没有松弛现象。

(3)配线:绣者可根据纹样的内容及装饰对象,结合配色设计精心搭配好不同颜色、不同粗细的绣线。将备用的线分开存放,一般是夹在书页中,方便刺绣时取用。

(4)刺绣:根据绣布及绷架的大小,或一手在绣布上,另一手在布下配合;或一手拿花绷,另一手反复刺绣。绣时每次穿针不能过长,否则容易打结,影响绣花速度和效果。

(5)绞边缝合:若是单幅绣品,则将绣花布边反向里折,用针线绞边,不断使布线头抽脱。若绣花布块是做其他装饰用的,则需要注意缝合时被装饰品和绣布不起皱纹。

4.刺绣针脚

苗族刺绣针脚,大体分为绣、插、捆、洒、点、挑、串,综合用这些针脚绣法,能使带有幻想色彩绣物跃然而出。有些针脚(如挑、串)则常被人们单独使用,显示特殊的装饰美感。

(1)绣分跨绣、退绣、套绣、圈绣和偷绣等。

跨绣,是整个苗族刺绣的主要针法,以大面积的平行线绣出现。它是沿图案两边的线条起针落针,即在一边线条落针,在另一边线条起针。

退绣,是用于表现花枝窄绣叶及图案边框等的单色较细线条的手法。绣时落针在前,起针后退一定距离,或落针在后,起针在前,斜针循序渐进。针脚可长可短,可稀可密,曲直随机应变。

套绣,对于表现链条式纹样的线条有特殊效果,它是将线引出正面后,在与头一针并齐处把针刺下又向前一针刺出，线压在针头下，就把针拉出，再在线根并齐处刺第二针，这样循环往复绣完为止。也可配合挑、串针脚一起使用。

圈绣，围绕多边形花纹由里向外逐层刺绣，形成多边形调子一致的花朵来。

偷绣，是跨绣的一种特殊形式，是大面积齐针跨绣节约绣线的绝巧技法。它也是沿图案两边的线条起针落针，但其起针落针都同在一边的线条上。即由一边把线抽出后再跨向另一边线条上起针落针。这样往返进行，绣布背面就很少用线了。

(2)插分单插和面插两种。它起到显出不同颜色深浅过渡的效果。

单插，在需要渐渐过渡色彩的地方，以两层或两层以上不同颜色单线互相穿插插针拉线。

面插，在需要粗糙过渡色彩的地方，以两层不同颜色排线互相穿插插针抽线；或以一组同色线插钉到其他颜色线面的中间。

(3)捆分自捆、另捆和组捆。他能起到绣位显出立体感和固定长跨针脚线不易被挂起拉坏的作用。

自捆，就是用本线自己捆自己的针法。它又分套捆和调捆两种。套捆是先刺一个套，再在套上捆钉，它适合小散花的刺绣。条捆是先在正面刺出一长针形成条线，再在条线上捆钉，它适合用来固定长跨绣绣线和显出花叶叶脉等作用。

另捆，是用一根线钉捆另一根线的针法。一般被捆的线比较粗，如金线或用几股合搓成一根大的线或编成的小辫，突出图案的立体感和富丽感。一种是在已绣、插好的部位绣粗线，再以另一线捆钉；另一种是顺着纹样线条铺好粗线，再用细线捆钉；再一种就是将小辫有规则均匀地皱起来。由外向里按花样铺好，后用细线捆钉。

组捆，是用一根线将另一排线分组钉捆的针法。它对于固定长跨针线等不被刷坏有很好的效果。

(4)洒有射洒、间洒和串洒三种，它起到显出细小物体立体感和形成淡淡颜色的作用。

射洒，主要用于在花瓣和花丝花柱钉呈辐射状的针法。

间洒，用于装表平行叶脉等处显出淡淡颜色。一般以钉一长针作一洒针，个别也有钉两长针作一洒针的，钉时每隔一定的距离洒一针。

串洒，用于表现旋绞状立体效果。它是，从布面引出线后，在洒针另一端刺针，钉入引出线旁出针，把线在针上绕数圈，绕得多旋绞状洒针就大，反之则小，然后将针抽出即成。

(5)点分节点和平点两种。它用于由独立的点组成的“点面”“点线”或点缀花蕊。

节点,立体感强,它是串洒针法的缩影,表现在针码短和在针身绕圈少。

平点,它能显出平面的虚实对比,即时隐时现的效果。用针时,一般是连续钉几个起点落点后再抽针引线,再沿花纹钉针,反复钉到完成为止。

心灵手巧的苗族绣花姑娘(李小毛　摄)

(6)挑是依据布面的经纬线的对称网格下针,将线挑成各式针迹,并由这一个个针迹排列整齐而组成图案。根据针迹的不同分为X挑、*挑、V挑等,其中用得最多的是X挑。

X挑,它是挑花的主要形式,其针法一般按布的三四根经纬线钉一对角线。按背面针迹的不同,挑的技法分直挑和横挑两种。为求图案的整齐和风格的统一,一般在同一块布上,只选一种技法。按照挑针顺序的不同,分一次挑成和二次挑成,挑时要根据不同情况,用其中的一种技法或两种混用。

*挑,它是一种装饰性的针法,常配合其他挑花针法图案点缀于中心或四周,也可自行挑出整幅图案,其针法将十挑针迹交叉钉在一起,即直、横、斜交叉挑针。

V挑,又为倒V挑,它亦常做装饰性针法应用,但它在挑针时每个格数的纱线必须是成双的,如四等、六等,才显得对称整齐。

以上几种挑针,在应用时要根据纹样的要求,灵活搭配。同时,为了突出图纹的紧密结实,可用双线或多线合钉出各种针迹来;表现空稀、疏远的地方,则用大小不等的单线挑成。

(7)串是一种比较古老的精细刺绣法,能使绣布花纹表现出表里如一的奇异效果。针法是依循布面一定数目(一般3~5根)的经纬线,按直、横、斜等向运用单线来回穿钉。

(二)粘花、贴花等技法

粘花、贴花、补花和堆花,同属一种类型的手工工艺,在苗族装饰中,或与用线刺绣配合,相映成趣,或单独应用,独树一帜。但它们各有所长,各具风格。

粘花,选用各种彩色布料剪成图案,再用粘胶液粘到装饰品上。特别应注意粘胶液的黏性要好,才能使图样粘牢而不易脱落。

贴花,选用各种彩色布料剪成图样,再刺绣、锁边拼连即成单独的装饰品。

补花,把各种彩色布料片或丝绒缝在装饰品上面,构成图案花纹。

堆花,用浆了皂水的绫罗绸缎等布片剪成小等腰三角形,再把两等脚(一般是小脚)向内折成带尾的小三脚,然后按图样把它们一层一层地堆钉而成。

(三)图案设计

图案内容的选择是人们审美意识的反映。苗族人民忠厚朴实、勤劳勇敢、富有感情,是一个爱好和平,有着美好向往的民族。他们善于运用装饰纹样来美化生活,常常借丰富的物象来反映喜庆、吉祥、人寿、年丰、友谊等生活内容,表达自己的生活感情,反映内心的憧憬。这些物象有兽类的龙、麒麟、狮子、鹿、猴子、狗;花果类的桃李、牡丹、玫瑰、芙蓉、金瓜、石榴;鸟类的喜鹊、凤、锦鸡、鸳鸯、画眉;中文的福、禄、寿、喜、康、日;自然界的山川、河流、云霞、日月、人物、用具、建筑物及传说中的仙人善神和他们的道具等。

来源于生活的苗绣图案(李小毛　摄)

苗绣丰富的图案设计(李小毛　摄)

由于苗族是一个古老的民族,组成本民族的氏族部落很多,并且在很早以前的长期的战乱迁徙中,形成了居住分散、互不同属的状况。他们为了崇拜、铭记自己的保护神,或区别本民族内部的各氏族,都以某一动植物作为自己氏族的代表,装饰自己。所以装饰的纹样,各地氏族有各自的主体内容。一般情况是:蛮氏族以凤为主体,戎氏族以龙为主体,夔氏族以麒麟、狮子为主体,僚氏族以花果为主体,莱氏族以鱼虾、水、草为主体,樊氏族以蝶蛾为主体,盘氏族以狗为主体。近山者多配花、鸟、走兽,近水者多配龙、虾、鱼、藻。当然,随着社会历史的发展和文化艺术的交流,苗族的氏族间装饰纹样越来越相互渗透,但由于图腾崇拜的影响,以图腾为主的构图内容,到近代以至当今仍或多或少地在流传和应用着。因此,图纹设计亦应考虑这些重要因素。

苗族装饰图案内容一般都来源于生活,它在应用时以按照艺术的要求,结合生产制作的特点进行加工处理,大胆而带有幻想色彩,有意削弱或增强其中的一些部分,使之比人们生活中的更鲜明、更强烈、更美好。

三、花溪苗族的工艺特征与价值

1.基本特征

（1）功能特征：苗族服装在苗族社会中所具有的一个特殊的社会功能就是界定婚姻范围，限制婚配对象；苗族妇女服装是苗族社会中识别和认定婚姻集团的标志，这形成了苗族服装独特的社会功能；苗族服饰在苗族社会中有着很大的作用，它具有服装款式的稳定性，特别是固定的人群穿着固定的款式，将苗族社会划分为若干固定的人群。苗族服饰在苗族男女恋爱求偶活动中起着非常重要的修饰作用。

（2）工艺特征：学习纺织、刺绣、蜡染、编织等技术，学习缝制服装是苗族少女时代生活的重要内容，因循传统，掌握基本纹样；师法自然，随心所欲地调动、组合纹样，使构图产生新意是苗族女性乐此不疲的毕生追求。因此，苗族服饰具有设计独特灵活、制作工艺精湛、使用方便、适应性强、图案繁多、色彩丰富、搭配合理、花样超群的特点。花溪苗族挑花制作工艺用十字绣为基本针法，数纱而绣，不用底稿，反面挑正面看的特殊技法，使整件挑花作品显得更加美观精巧。

2.主要价值

（1）研究价值：苗族服饰是苗族文化的载体，其娴熟、精湛的刺绣、挑花等工艺技能包容了深厚的民族文化内涵，表现出强烈的民族感情的色彩和突出的民族特点。

（2）艺术价值：苗族服饰在苗族日常生活、节日庆典、婚丧、宗教仪式中均有广泛运用，由于从小学习，使得技术纯熟、作品精致，有着极高的研究和艺术价值。苗族妇女在简单而有民族特点的服装款式上，贯注了强烈的民族感情，运用精湛的工艺技巧，创造出蕴藏着浓郁民族文化内涵的图案纹样，创造了灿烂辉煌的苗族服饰文化。

（3）社会价值：苗族绚丽多姿的服饰是苗族社会的一种综合反映，它对苗族的生产生活产生了巨大的影响，增强了民族自豪感与内部凝聚力，是辨别苗族各支系的重要标志。

卷七 传统技艺

国家级非物质文化遗产

皮纸制作技艺

在贵州省贵阳市香纸沟景区内有一个千年造纸部落——陇脚村。陇脚村位于贵阳市东北部乌当区新堡布依族乡境内,属香纸沟省级风景名胜区,距省会贵阳市42千米。

香纸沟,沟谷深切,峰峦叠嶂,瀑布飞流。这里不仅有着迷人的高原峡谷风光,浓郁的布依风情。最令人称奇的是景区内保存着目前国内规模最大,最集中的古法蔡伦造纸作坊系统。当地布依同胞就地取材,以竹为料,从伐竹、破竹、蒸竹、沤竹、水车碾竹、竹帘抄纸等72道工艺流程、均显得古朴而奇特,这是一种远古文明,也是一个奇迹,一个秘密。现已被列为国家首批非物质文化遗产保护名录和贵州省第一批非物质文化遗产名录。

一、悠久的历史,远古的文明

造纸术是我国四大发明之一。纸是人类文明的物质载体,它记载着人类历史的足迹。公元105年东汉人蔡伦用树皮、麻头、破布、渔网等为原料造纸,为纸张取代竹帛开辟了前景,为文化的传播创造了有利的条件。

无论生产何种纸品,其工艺流程大体一致,但从草纸、火纸、文化纸到皮纸,工艺程序渐趋烦琐,技术要求渐趋精细。掌握了皮纸生产技艺的工匠,生产草纸、火纸、文化纸自然不在话下;但只生产过草纸、火纸、文化纸的工匠,是无论如何也生产不出皮纸的。因此,只有掌握了皮纸生产技术的人,才能算得上一个真正的手工纸匠。

皮纸具有悠久的制造历史。制造皮纸的原料是楮树的韧皮纤维,楮树皮含有非常适应造纸的木本韧皮纤维。唐代我国就有了皮纸的记载。《八闽通志》称:"邵武造纸,始于唐宋,先制楮衾,后造竹纸。"

由于楮纸历史悠久,又适宜于高级书画用纸,特别受到文人雅士们的重视。有时楮这个字竟成为纸的代称。如张翥(1287—1368年)在为当时的吴兴书画家赵孟頫(1254—1322年)的《木石图》题诗时就写道:"吴兴笔法妙天下,人藏片楮无遗者”。片楮就是片纸之意。明代人徐渭(1521—1593 年)在《画鹤赋》中说:“楮墨如工,反寿终身之玩。”这里的楮墨就是纸墨,意思是说纸墨如果制造得十分精细,做成书画后可供人们一生欣赏。

明代是皮纸制造技术改进的重要时期,也是中国手工纸的集大成阶段。楮纸的制作技术几乎遍及大江南北,各地都有生产,适用于各种用途。这一时期皮纸的产量、质量和加工技术都达到了空前的高水平。据明、清至民国时期修篡的各县县志记载:皮纸名称有楮纸、棉纸、藤纸等。

皮纸最初用于书写,至宋代,皮纸以嫩竹大量造纸后,皮纸的主要用途由书写转化为制造纸伞与斗笠衬纸(均以桐油涂刷成油纸以抗水)或灯笼等用纸,其中以褚皮制造的纸在民间被制造成纸被与纸帐用以驱寒与避蚊。

这一时期还出现了楮纸制造的详细文献记载。明人王宗沐(1523—1592 年)在 1556 年主编的《江西省大志·楮书篇》即是迄今世界上详细论及楮纸制造的较早一部著作。据潘吉星先生研究,其所经历的工艺流程如下。

将楮料水浸数日→用脚踏之,捆成小把→将楮料用清水蒸煮,削去内骨,将楮皮扯成丝→用刀或斧将楮皮丝切短,打成小捆→以石灰浆浸之,存放月余→将浸有石灰浆的楮皮放入锅内蒸煮→将料从锅内取出,放布袋内以河水自然漂洗数日→以脚踏去石灰水→楮皮摊在地上或山坡上日晒雨淋,至色白为止→用脚踏碓或杵臼捣细→在楮料上加滚开的草木灰水沭泡,阴干半月→河水洗料→再次放入锅内蒸煮→水漂→以日光暴晒→用手将次料及杂质剔去→用刀细砍,至柔碎成末→放入袋内洗之→入槽加水搅拌→向槽中加纸药水→打槽捞纸压去水分→火墙干燥→从墙上揭下纸张→整理切边、打包。

这个方法中包括四次蒸煮,其中两次清水蒸煮,两次碱性溶液蒸煮,经过这样处理后得到的纸,洁白如玉,纤维匀细,表面光滑,但需耗费许多时间和人力。除《江西省大志》外,明人彭泽主编的《徽州府志》(1502 年)和宋应星的《天工开物》也有关于楮纸工艺记载。

宋代以后,因皮纸原料不如竹料丰富,且制造工艺烦琐,竹纸逐渐取代皮纸。

贵州为少数民族聚居区,该省的许多地区仍然保留着传统竹纸和皮纸制作的古老技艺,其中尤以贵阳市香纸沟(布依族)、贞丰县小屯和丹寨县石桥(苗族)的制作技艺最为杰出。

香纸沟是一个汉族和布依族的杂居地。香纸沟所产竹纸据传始于明代洪武年间,迄今已有 600 多年的历史。相传在 600 多年前的明朝洪武年间,朱元璋“调北征南”时,越国汪公从江浙率兵进湖南转贵州,带领一支军队来到这里屯驻,为祭祀军中阵亡将士,在此修碾房伐竹造纸做祭品,采摘香叶,用香叶做“香”(因湖南简称“湘”)，为表思乡之情，就地把这里定名为“湘子沟”，后来“香纸”逐渐成为当地的特产行业。地名和特产恰同音，地名也就演变成了“香纸沟”。如今这里的百姓还供奉着“越国汪公”“蔡伦先师”的神位。

清朝乾隆年间，由于香纸沟的名声远播，当地所造纸被皇帝御赐为御贡的“神圣”冥品。当时造纸艺人为表对皇帝、神灵的敬重，整个抄纸过程非常讲究，具体体现在:①选料取材。即所用竹子须当年新竹，砍竹时要举行祭祀仪式，而砍竹用的工具只能用柴刀，忌用蔑刀。意为用柴刀砍竹有“发财”之意 ，用蔑刀砍竹，有“灭竹”之意。②造纸人选。即涉及造纸的人须男性，女性不得参与(因当时人们受封建思想束缚，认为女人有经期，生过小孩，身有不净，若让其造纸，这是对皇帝、神灵的不敬)。随着彭氏家族与当地胡、汪、罗三姓的通婚，该技艺又传到胡、汪、罗三姓户，又因“香纸”被皇帝御赐为“神圣纸品”使用香纸沟的“香纸”，造纸业进入鼎盛时期，造纸户达到家家有作坊，户户有香纸，随着御贡，使香纸的价值一度达到“万纸担米”的最高峰，用现在话说一万张纸约 80 斤，可换取一担米约 330 斤。

20 世纪六七十年代，国家提倡破除封建迷信，香纸沟土纸很少制作冥纸，而是由集体抽调技艺精干的村民专门制作土纸，主要是由供销社收购，批发到各地作为卫生纸用。

党的十一届三中全会后，实行联产承包责任制，各家各户又掀起了古法造纸的热潮，造纸作坊从原来的 30 座增加到 60 座，参与造纸行业达 160 户。

随着科技的不断进步，现代造纸工业也在不断发展，香纸沟古法造纸法并没有因此消亡，相反，这种原始而又古老的造纸技术，在香纸沟就这样一代又一代地延续。整套操作工艺包括伐竹、破竹、沤竹、蒸煮、碾篾、提浆、抄纸、压榨、烘晾等 72 道工序，其成品既绵且韧，有隐形竹纹，还散发出淡淡香气。香纸沟手工土纸制作，工艺古朴，历史悠久，与《天工开物》中所记载的蔡伦造纸术工艺相同，传承了原始的造纸技术，是我国“四大发明”造纸术的活化石。

到 20 世纪七八十年代，随着现代机械制品增多，这种古法造纸在人们的生产生活中，除用于冥品外，已无他用，正走向衰亡，现仅存 8 户人家。1997 年，为保护香纸沟皮纸制作工艺流程，贵阳市政府下拨 40 万元资金，在香纸沟修建一座面积约 230 平方米的古法造纸博物馆。对已被鉴定为一至三级的古法造纸文物实施抢救及保护。

二、香纸沟皮纸制作技艺

香纸沟的古法造纸，正是科学古籍《天工开物》中所记载的“造竹纸”，整套操作工艺包括伐竹、破竹、沤竹、蒸煮、碾篾、提浆、抄纸、压榨、烘晾等 72 道工序，与宋应星《天工开物》所载造纸法完全相同。其工艺古朴，历时悠久，传承了原始的造纸技术,是我国“四大发明”造纸术的活化石。所制成品既绵且韧,有隐形竹纹,还散发出淡淡香气。

香纸沟皮纸生产历史悠久,工艺考究,工序繁杂,从取料到纸成品期间要经过72道工序,历时三个月时间,以下是原料制作及造纸主要步骤。

取料:①砍竹;②弃枝;③栽竹;④破竹;⑤晾晒;⑥捆竹。

蒸竹:①打石灰水;②沉石灰;③装竹窑羁;④密封;⑤加水;⑥加热;⑦放水;⑧取封;⑨出窑;⑩洗竹;⑪装池;⑫发酵;⑬滤干。

碾竹麻:①栽竹麻;②上槽;③碾碎;④制成纸花;⑤回槽。

香纸沟古法造纸之取料(李小毛　摄)

香纸沟古法造纸之蒸竹(李小毛　摄)

造纸:①麻入纸槽;②加水搅拌;③放水;④加清水;⑤放水过滤;⑥加入滑水;⑦打泡浆;⑧搅拌均匀;⑨加入少量清水;⑩撮;⑪刮;⑫荡;⑬上帘浆;⑭下帘叠纸。

香纸沟古法造纸之碾竹麻(李小毛　摄)

香纸沟古法造纸之造纸(李小毛　摄)

压榨:①用木板轻压;②加木头积压;③加石头重压;④用短棒吊压;⑤用大棒重压;⑥用绳子系棒加压;⑦用双脚站在短棒上打压;⑧用木板刮水;⑨用棕丝或布条将水擦干;⑩放榨;⑪取榨;⑫运纸。

擀纸：①用手将右纸垛擦松；②用手将左纸垛擦松；③将纸头擦松；④用木板将纸壳正面轻揉；⑤起纸角；⑥用双手赶；⑦叠纸；⑧拉纸。

香纸沟古法造纸之压榨（李小毛　摄）

香纸沟古法造纸之擀纸（李小毛　摄）

凉纸：①凉纸；②揉纸；③理纸；④压纸。

裁纸：①压纸；②量纸；③割纸；④打纸片；⑤打钱；⑥揉纸；⑦理纸；⑧捆纸；⑨包装成为成品。

香纸沟古法造纸之凉纸（李小毛　摄）

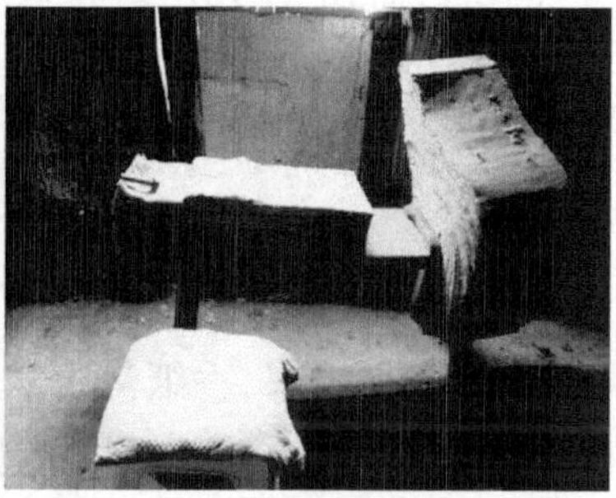

香纸沟古法造纸之裁纸（李小毛　摄）

三、自然天成的香纸沟皮纸文化

（一）香纸沟皮纸制作工艺的文化特征

（1）地理特征：香纸沟位于贵州省贵阳市东北部乌当区新堡布依族乡，全区属亚热带季风性湿润气候，冬无严寒、夏无酷暑。地貌特征为地势隆起的山原台地，地势高，起伏大，有极为发达的沟谷流水地貌特征，区内河流属乌江水系，降水丰富，年均降雨量达 1180 毫米，溪流纵横，为土纸的生产提供了丰富的水资源。

（2）气候特征：香纸沟冷热同季，无霜期长（年无霜期有 290 天），气候温和，雨量充沛，垂直气候差异比较明显，相对湿度达 81%以上，为土纸生产的原材料——

竹子的生长提供了优越的气候条件。

(3)水质特征:土纸色泽的好坏很大程度得益于当地的水质。香纸沟溪流密布,水源充足,植被良好,水质清澈、凉滑,制出的纸色泽透亮。

(4)原材料特征:古法造纸选用的当地"钓鱼竹",肉厚、质密,成浆率高,韧性好,易成型,用其做原料是当地土纸质地优良的主要原因。香纸沟山中生长着成山连片的竹林上千亩,野生刺竹林上百亩,这为土纸的生产提供了丰富的原料。另外,生长着大量的香叶树、桦树、野生猕猴桃。这些植物的叶、藤中含有丰富的胶汁,是制造土纸必不可少的辅助原料。

(5)工艺特征:①土纸从原料加工到成纸所经过的72道工序全由手工完成。香纸沟土纸已有数百年历史,长期以来它的生产技艺全靠父子传承(传男不传女),世代相传。土纸加工技艺,除了靠父子之间的言传身教,还要凭悟性和长期实践的体会及感受才能掌握,难于言表和形成文字。②原料加工大都采用日晒、雨淋、露炼等方法,自然天成,没有具体的理化指标,全凭经验掌握。由此可见,土纸制作技艺确属典型的非物质文化遗产。

(6)产品特征:纸质绵韧,纸面平整,有隐约竹帘纹,色泽金黄、艳丽,吸水性好,因造纸时加入香叶,故作冥纸焚烧时,灰成白色,还带有淡淡清香味。

(二)香纸沟皮纸制作工艺的主要价值

(1)香纸沟手工土纸制作,工艺古朴,历时悠久,与《天工开物》中所记载蔡伦造纸术工艺相同,有72道制作工艺流程,流传至今,传承了原始的造纸技术,是我国"四大发明"造纸术的活化石。

(2)长期以来,香纸沟古法造纸,是当地农户的主要经济来源之一,在当地的经济发展中发挥了十分重要的作用。

(三)香纸沟皮纸制作工艺的濒危状况

(1)由于土纸生产工序繁多,技术难度大,年轻人多不愿学,都愿意外出打工。打工与造纸比较,他们认为造纸的劳动强度大,生产周期长,利润低,不如打工强,故土法造纸技艺已出现传承断代,后继无人的现状。

(2)市场上,各种机械纸对土纸的冲击很大,从事手工生产的农户,为了省时、省力都把其手工生产转向半机械和全机械生产。

(3)香纸沟古法造纸作坊由于近年来受洪灾的危害,大部分作坊已全毁。

(4)作坊损坏的维修成本高,而造纸出售的利润太低,造成许多作坊被荒废,面临濒危状况。

茅台酒酿制技艺

贵州茅台酒厂地处贵州仁怀市茅台镇，位于黔北赤水河畔东岸，在寒婆岭下，马鞍山斜坡上，依山傍水。海拔400多米。属亚热带季节气候。年平均气温17℃。1月平均气温6.9 ℃，7月平均气温27.9 ℃，夏季最高气温40℃，炎热季节持续半年以上。冬暖、温差小、霜期短（年均无霜期达330天以上），最低气温2.7℃。空气湿度70%以上，少风。干热少雨，年降雨量仅800~1000毫米。日照丰富，年日照可达1400小时。

工厂位于赤水河上游青山绿水之间，水质好，硬度低，微量元素含量丰富，无污染。地处峡谷地带，两山对峙，特殊的紫色砂页岩地质结构，土壤为紫色土，土质偏微酸性。厂区绿地率为30%以上，周边自然植被覆盖率达70%以上。由于地处群山环绕的赤水河边，因而形成了冬暖夏热、少雨少风而高温高湿的特殊气候，加上千年酿造环境，空气中弥漫了丰富的独特的微生物群落。茅台这一独特的环境因素造就了茅台酒。

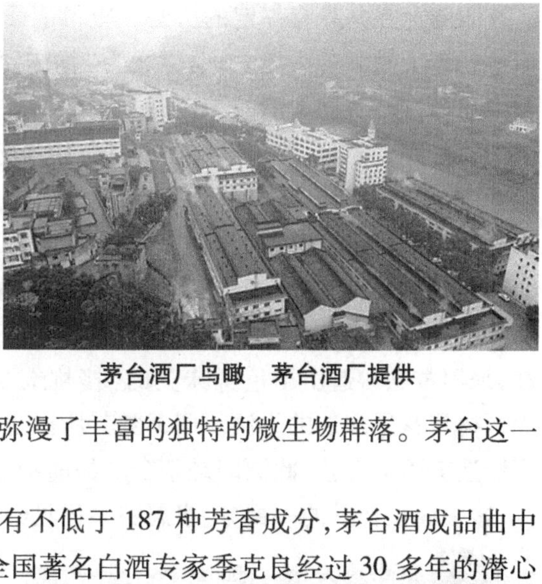

茅台酒厂鸟瞰　茅台酒厂提供

近年，科学研究者发现，茅台酒含有不低于187种芳香成分，茅台酒成品曲中微生物多达300余种。公司董事长、全国著名白酒专家季克良经过30多年的潜心研究和分析茅台酒的生产过程，发现茅台酒采用的开放式堆积发酵工艺，空气成分含量直接作用于发酵质量从而作用于酒的质量。茅台酒厂上空，飘浮着无数十分活跃的微生物群，其中有100多种微生物直接关联到茅台酒的品质，从而形成茅台酒赖以生存的独特的大气环境。加上千年来不断总结出的传统工艺，造就茅台酒这一传世佳酿。离开茅台这独一无二的环境，就不能生产出茅台酒。贵州茅台酒就是中国酒林的一枝奇葩。是独特的大曲酱香型工艺白酒，生产工艺分制曲、制酒、贮存、勾兑、检验、包装六大部分，其传统工艺总结为：端午采曲，重阳投料，一年一个生产周期，其间九次蒸煮，八次发酵，七次取酒，经分型贮放，勾兑贮放，五年后包装出厂。其工艺特点为:两次投料,固态发酵,高温制曲,高温堆积,高温摘酒,以此形成茅台酒独特的酿造风格。我国白酒专家总结称“贵州茅台酒工艺技术是最独特的大曲酱香型酒工艺,是我国人类将微生物应用于酱香领域的典范”。茅台酒的酿制技艺为我国不可多得的独特的重要的文化遗产之一。2006 年列入首批国家级非物质文化遗产代表性名录。

一、茅台酒传统工艺的历史发展

中国酒文化源远流长。我国最早的诗歌集《诗经》记录了西周至春秋中叶的诗 305 首,其中涉及酒的就有 50 多首,《楚辞》亦有 5 篇,唐诗宋词及历史书籍中关于酒的记载则不胜枚举。

贵州茅台酒是中国大曲酱香型的典型代表和鼻祖。茅台酒的酿造历史悠久,从茅台产地贵州省仁怀市的出土文物中,有相当部分商周时代的酒具,说明当时已经有酒的存在并具有一定的历史。史料记载,距今两千多年前的汉武帝时期,茅台当地就有了酿酒的历史,史书称之为“枸酱”酒,“牂舸”酒,至明末清初,以大曲参与糖化、发酵、蒸馏取酒的茅台酒工艺日趋成熟,数百年来,茅台酒工艺在继承和发展中不断完善完美,逐步形成茅台酒传统工艺,至今仍完整延用。

茅台酒的流传发展可从汉、晋、唐、宋、元、明、清、民国至今。

据《史记·西南夷列传》载,汉武帝建元六年(前 135 年),“唐蒙出使南越,食蜀枸酱,蒙问所从何来,曰:‘道西北牂柯,牂柯江广数里,临牂柯江,出番禺城下,夜郎者,临牂柯江,江广百余步,足以行船。’”“史记”明确的记载了枸酱来自于牂柯江,采用古法酿造出了色鲜味美的“楮桃红”酒,用事实向世人再次证明枸酱就是用构树聚花果酿造的果酒。唐蒙觉其所饮之酒绝美而献汉武帝。说明当时已经有了酿造美酒的工艺,此酒即是茅台酒的前身。据考证,枸酱酒产地为现遵义市习水县,过去属仁怀县的一部分,隶属关系详见《仁怀县志》《习水县志》。

20 世纪的恒兴酒厂　茅台酒厂提供

《郐氏族谱》标有茅台村酿酒作坊位置,这是直接的记载。郐氏是明万历二十七年(1599 年)随李化龙进军贵州平播州土司杨应龙之乱后定居贵州。说明 1599 年前茅台早已有了酿酒作坊。

清《黔南识略》载:“茅台村地滨河,善酿酒,土人名其酒为茅台春”。

清咸丰壬子年(1852 年),“成义酒坊”建成,老板华桎坞,所酿之酒俗称“华茅”;另“荣和烧坊”建成于清咸丰壬戌年(1862 年),老板王立夫等,俗称“王茅”;再有“恒兴酒厂”原名“衡昌酒厂”建于民国十八年(1929 年),老板先为周秉衡,后为赖永初,俗称“赖茅”。此三家资本均属私人酒坊,亦为茅台酒厂前身。1951 年茅台酒厂组建后(1951—1952 年)三家烧坊先后归属于茅台酒厂。

二、茅台酒传统工艺流程

茅台酒是独特的大曲酱香型工艺白酒,生产工艺分制曲、制酒、贮存、勾兑、检验、包装六部分。其传统工艺总结为端午踩曲,重阳投料,一年一个生产周期,其间九次蒸煮,八次发酵,七次取酒,经分型贮放,勾兑贮放,五年后包装出厂。其工艺特点为:两次投料,固态发酵,高温制曲,高温堆集,高温接酒,以此形成茅台酒独特的酿造风格。其传统工艺具体过程如下。

第一部分:原料选配

茅台酒以本地特产的糯性“红缨子”高粱为制酒原料。高粱为红褐色,不带青白色,颗粒坚实、饱满、均匀、无霉变、无污染,断面呈玻璃状。其种植过程采用纯天然的农家有机肥,未使用任何化学肥料。高粱的品种和质量对最终形成茅台酒的风格影响很大。与普通高粱相比,本地特产的“红缨子”糯高粱颗粒较小,皮厚,扁圆结实,干燥耐蒸煮,耐翻伴,其水分≤13%,蛋白质≥12%,其中支链淀粉含量远远高于普通高粱,占总淀粉的 99%。其吸水量低,耐蒸煮,不易糊化,这些条件满足了茅台酒逐步糊化,多次蒸煮、翻伴、发酵的需要。

第二部分:制曲工艺

制曲技术是我国特有的一份民族遗产。白酒生产曲的种类较多,按其形状和原料可分为大曲、小曲、麸曲。

大曲可分为三类:按大曲的品温可分为高温大曲、中温大曲、低温大曲;按工艺可分为传统大曲、接种的强化大曲和纯种大曲;按所作用原料生产的产品可分为酱香型大曲、浓香型大曲、清香型大曲、兼香型大曲。

茅台酒是传统的酱香型高温大曲,以小麦为原料。茅台酒大曲有如下特点。

一是生料制作、开放制作。生料制作是茅台酒大曲培养和产品质量的关键所在。小麦自身所带的菌及环境微生物在制作时共同作用,由此而部分形成茅台酒制酒生产的产香、产酒功能菌和茅台酒香气、香味的前驱物质。

开放式制曲有别于其他曲种的制作,开放式制曲最大限度地网罗了环境中的微生物,以增加大曲培养过程中微生物的总量。

二是堆积升温、自然培养、季节性强。茅台酒大曲生产的季节性强,其特点是伏天踩曲：茅台地区夏季气温高，湿度大，空气中微生物种类和数量繁多又十分活跃，十分有利于微生物的生长繁殖，对于高温大曲制作十分有利。

20世纪50年代茅台酒厂，人工背曲进仓发酵与当代人工踩曲后测量酒曲温度（莫绍亭　摄）

茅台酒大曲培养的条件是自然的过程，特别是培养过程中温度的变化也纯属自然控制。曲房采取活页木窗和小青瓦顶自然通风，曲块堆积是采用横三竖三的形式交错堆积，这种堆积方式极易排潮也易保温，以曲块间加稻草调节温、湿度，以四周及顶部加盖稻草保湿、保温。在大曲培养期间品温达到60℃以上时，进行第一次翻仓，一周后再进行第二次翻仓，以降低品温并使曲块发酵均匀。

三是高温制曲，培养周期长。高温制曲是茅台酒生产的重要工作。茅台酒大曲培养品温高、时间长，曲砖要经过40天品温高达60℃以上的培养。高温曲中含有大量的耐高温细菌，几乎没有酵母菌。拆曲将曲块转入曲仓后，还要存放半年以上，才能投入生产使用。通过存放曲块自然干燥，酶活力降低，曲块香味增加。

当代茅台酒厂工人对入窖发酵的茅台酒酒糟进行窖面维护　贵州省非遗中心提供

四是成曲黄、白、黑、糖化率低。在制曲生产的过程中因曲醅的品温不同，自然形成了黄曲、白曲、黑曲。白曲品温较低，是发酵不彻底时形成的，但其糖化率相对较高；黑曲品温过高，是曲块烧坏而形成的，糖化率低并有糊苦味；以黄曲最香，质量最好，所占比例最高，达80%以上。

第三部分：制酒工艺

制酒生产工艺是茅台酒传统

工艺最重要的部分。全年两次投料，多轮次高温堆积发酵、窖内发酵、高温接酒。其制酒生产工艺有如下特点：

一是严格的季节性生产。重阳下沙，一年一个生产周期。即每年重阳（农历九月初九）开始投料，一年为一个生产大周期。

工人在茅台酒厂造酒车间造沙

贵州省非遗中心提供

茅台地区夏季气候炎热，酒醅温度高，收堆、下窖升温过猛，生酸幅度过大，对酿酒极为不利。重阳下沙既避开了夏季高温期，又避开了夏季赤水河洪水期，温度适宜，水质极佳。

二是两次投料。每年农历九月初九重阳佳节，第一次投料，占原料的50%，称为下沙。蒸粮，入窖发酵一个月后出窖，再投入其余50%的粮混合蒸粮，称为造沙，全年投料即告完成。有异于其他白酒四季投料。

三是生产周期长。下、造沙投料完毕发酵一个月后，出窖烤（蒸）酒，以后每发酵一个月烤酒一次，共烤7次，只加大曲不再投料。同一批原料要以过9次蒸煮、8次加曲、堆积发酵、入窖发酵、7次烤酒才去糟。历时整整一年。

四是高温堆积。茅台酒采用开放式凉堂堆积发酵与封闭式入窖窖内发酵相结合的两种发酵方式，有别入其他白酒摊凉加曲后立即入池发酵的方式。

高温堆积　贵州省非遗中心提供

酒醅摊凉　贵州省非遗中心拱稿

高温堆积发酵的工序是茅台酒的独创,是工艺的核心。是糟醅充分利用环境中微生物进行"二次制曲"的过程。

茅台酒关键生产工艺:上甑(莫绍亭 摄)

五是高温接酒。其他白酒要求蒸馏接酒温度为25℃,而茅台酒的接酒温度则要求在40℃以上。这种温度有利于排除低沸点、刺激性的物质,有利于保留高沸点物质,提高酱香型酒的质量。

六是以酒杯养窖以酒养糟。制酒生产除了投料润粮时加水外全年不再加水。下窖时在窖底、窖壁、酒窖内和做窖底、窖面时喷洒尾酒,用以调节糟醅的水分。尾酒更重要的作用是在窖内再次发酵增香,供给乙酸菌、甲烷菌、产脂酵母菌等微生物的碳源及香味物质的前驱物质。

七是合理的酒精浓度。茅台酒的浓度是53度。关于酒精浓度有个经典实验数据,即用53.94毫升酒精加上48.83毫升水,充分混合后,混合液的体积不是103.77毫升,而是100毫升,这时酒精分子和水分子结合得最紧密。

长期贮存是保证茅台酒质量的至关重要的生产工序之一 贵州省非遗中心提供

第四部分:贮存工艺

长期贮存是保证茅台酒质量的至关重要的生产工序之一。

茅台酒按酱香、醇甜、窖底香3种典型体和不同轮次分别于陶制酒坛中贮存3年以上再勾兑出品,长期贮存,愈陈愈佳。

分型贮存,原酒贮存期长。茅台1~7轮次酒经感观评定分香型、等级后,按酱香、窖底、醇甜三种典型体和不同等级、不同轮次入库装坛分型贮存。

轮次酒必须经过三年以上贮存方可进行勾兑。刚烤出的轮次酒具有刺激感,经过长期贮存后,口味变得醇和、柔顺,酱香也更加突出。贮存越久,茅台酒的酒体越柔顺,香气越优雅。

第五部分:勾兑工艺

勾兑是茅台酒生产工艺中最为重要的一环,对茅台酒最终风格的形成和稳定酒质起着极为显著的作用。

茅台酒以不同轮次、不同典型体、不同酒龄的原酒勾兑而成。茅台酒原酒种类较多,有1~7个轮次酒,每一个轮次酒又分为酱香、醇甜、窖底三种典型体,每一种典型体又分为3个等级,另外勾兑时还使用口味独特的调味酒和不同年份的老酒。

在所有的酒中,茅台酒勾兑使用的单体酒种类最多,要勾兑成一种色香味均符合标准的茅台酒,要用100多种单体酒调配,勾兑时绝不准添加任何其他物质,包括香味物质和水,这是世界独一无二的。

茅台酒原酒酒精浓度低,为51~57度,成品酒勾兑时以酒加酒不加浆,有别于其他蒸馏酒,其他蒸馏酒有的原酒酒精浓度高达70度以上,勾兑时再加浆的工艺。

以100多种单体酒勾兑而不添加任何其他物质勾调,且保持产品质量长期稳定,需要高度的勾兑技艺。茅台酒的勾兑是勾兑师们凭着敏感的感觉器官,以精湛的技艺勾调而成。国家轻工研究所对茅台酒进行长期跟踪检测,认为茅台酒色谱骨架很稳定,说明茅台酒批次质量长期均保持稳定。

茅台酒厂包装车间 茅台酒厂提供

三、茅台酒不可复制的秘密

茅台酒生产主要受三大因素控制:一是独特的地理环境;二是特殊的原料;三是独特的酿制工艺。只有这三者的密切结合,才能酿造出品质独特的茅台酒。

独特的地理环境。生产茅台酒一个重要的条件是茅台镇独特的地理环境。贵州茅台酒厂因位于仁怀市西北6千米茅台镇而得名。茅台镇原名茅台村,因建村于赤水河畔台地之上,古时茅草遍地而得名。茅台镇东经106°22′,北纬27°51′,海拔450米。地处峡谷地带,两山对峙,特殊的紫色沙页岩地质结构。土壤为紫红色土,土质偏微酸性。由于地处群山环绕的赤水河边,因而形成了冬暖夏热,少雨少风而高温高湿的特殊气候。这里风速小,水质好,硬度低,微量元素含量丰富,无污染,十分有利于微生物的栖息与繁殖。加之千年酿造环境,致使空中布满丰富独特的微生物群落。

20世纪六七十年代全国有关专家曾用茅台酒制作工艺及原料、窖泥乃至工人、技术人员进行异地生产,所出产品均不能达到异曲同工之妙。充分说明茅台酒与产地密不可分的关系和茅台酒的不可克隆。茅台酒也因此于2001年成为我国白酒首个被国家纳入原产地域保护产品。

茅台酒生产所用原料为本地特产的糯性“红缨子”高粱　茅台酒厂提供

特殊的原料。茅台酒生产所用高粱为糯性高粱，俗称“红缨子”高粱。此高粱与东北及其他地区高粱不同的是，颗粒坚实、饱满、均匀，粒小皮厚，支链淀粉含量达88%以上，其截面呈玻璃质地状，十分有利于茅台酒工艺多轮次的翻烤，使茅台酒每一轮的营养消耗有一合理范围。茅台酒用高粱皮厚，并富含2%~2.5%的单宁，通过茅台工艺发酵使其在发酵过程中形成儿茶酸、香草醛、阿魏酸等茅台酒香味的前体物质，最后形成特殊的芳香化合物和多酚，是使茅台酒酒体丰满醇厚、回味悠长的重要因素。

特别值得一提的是茅台酒富含一定的多酚类物质，适量饮用，不伤肝，能治糖尿病、感冒等疾病。

独特的酿造工艺。如果说茅台酒具有独特的地理条件和独特的原料是自然天成之作，那么茅台酒独特的工艺就是人类的奇妙独创绝技。茅台酒制造工艺概括起来为三高三长。三高为高温制曲、高温堆积发酵、高温馏酒。茅台酒大曲在发酵过程中温度要求在40℃以上。在整个大曲发酵过程中可优选环境微生物种类，最后形成以耐高温产香的微生物体系，在制曲过程中首先达到了趋利避害的功效和目的。高温堆积发酵是中国白酒敞开式发酵最为经典的独创之作，也是其他白酒工艺所不具有的。高温馏酒体现出的蒸馏工艺与其他白酒在固液分离技术上的完全不同，具有独创性。三长指茅台酒基酒生产周期长、大曲贮存时间长、基酒酒龄时间长。茅台酒基酒生产周期长达一年，须两次投料、9次蒸馏、8次发酵、7次取酒、历经春夏秋冬一年时间。而其他名酒则只需几个月或十几天即可。茅台酒大曲贮存时间长达六个月才能流入制曲生产使用，比其他白酒多存3~4个月，这对提高茅台酒基酒质量具有重要作用，而且大曲用量大，是其他白酒的4~5倍。茅台酒一般需要贮存长达3年以上才能勾兑，通过贮存可以趋利避害，使酒体更加醇香味美，加上茅台酒高沸点物质丰富，更能体现茅台酒的价值，这是其他香型白酒不具备的特点。

中华人民共和国成立以来，党中央和各级地方政府一直重视对茅台酒生产的扶持和保护。因此，茅台酒传统工艺得到了良好的发展，工艺资料、记录等都得到较好的保存。由于茅台酒传统工艺对环境的依赖性大，所以，环境保护是公司和地方政府历来都很重视的工作。1972年，周恩来总理明确指示"赤水河上游不准再建厂矿，尤其是化工厂"。因此，茅台酒传统工艺的周边环境基本没有受到污染和破坏。随着人民生活水平的不断提高，贵州茅台酒股份有限公司在生产、经营、管理上狠抓实干，业绩连年攀升，连续七年实现跨越式发展，茅台酒传统工艺也随之发扬光大。

省级非物质文化遗产

高坡苗族银饰制作技艺

苗族银饰锻造技艺是苗族在民间特有的民族技艺，其制作出的所有饰件都是手工完成。银饰的各种式样和图形构造都经过了匠师们的精心设计，工艺水平极高。贵州省贵阳市花溪区高坡苗族自治乡的苗族银饰锻造技艺是贵州非物质文化遗产在传统手工技艺方面的典型代表。高坡苗族银饰制作工艺是苗族社会经济进一步发展出现的一种民间技艺方式，分布在贵阳市花溪区高坡、黔陶范围内，向外扩展到花溪区周边地区，如贵阳市惠水、龙里、贵定县等地。2006年贵州地区和湖南凤凰地区共同成功申报苗族银饰锻造技艺为国家级非物质文化遗产代表作。2007年，高坡苗族自治乡的苗族银饰锻造技艺因其厚重的民族文化历史与价值，被贵州省政府列入贵州省第二批省级非物质文化遗产目录。

一、苗族银饰制作工艺的历史渊源

苗族普遍喜戴银制品，男女皆然，而以青年妇女为最。在宏伟的创世史诗《苗族古歌》中，记载的关于苗族先民运金运银、打柱撑天、铸日造月的传说，大抵是迄今见到的该族最早涉及金、银的口碑资料。至明代，史籍中开始出现关于苗族佩戴银饰的记载，"富者以金银耳珥，多者至五六如连环"。"妇人盘髻，贯以长簪，衣用土锦，无襟，当服中孔，以首纳而服之。"

苗族银饰出现于明代，流行于清代，至20世纪80年代达到一个高潮。明代郭子章的《黔记》卷五九和翟九思的《万历武功录》卷六，就有黔东和黔中苗族"以银环、银圈饰耳"的记载，但数量少。到清代，使用银饰盛极一时，不仅很普遍，而且数量多。如黔东苗族妇女,头戴银花,耳戴银环,项戴银圈,“以多为富”。湘西和黔东北苗族妇女也是“耳戴大环,项带银圈自一二围以至十余围”。贵州中部及云南、川南,用银饰也很普遍,但数量较少。进入民国,苗族使用银饰的仍然很多,制造工艺也更精致纤巧。清代时的“大耳环”,很多地区已改为纤巧玲珑的珠式耳环,项圈、项链很考究制作,并出现精制的银冠、银衣等。

苗族银饰制品——银项链

高坡苗族银饰制作工艺经历了由简单到复杂,由朴素实用到逐渐华美的过程。高坡银饰制作除加工制作苗族嫁妆必需的银饰外,还制作手镯、项圈、耳环等以满足其他民族的需要。迄今,高坡苗族银饰制作仍代代相传,保持着苗族经典的银饰加工艺术。整个银饰制作要通过熔银、焊接、塑模、压、刻、镂、鎏等繁复工序,最后成品。

二、高坡苗族银饰制作技艺

苗族银饰的制作以黔东南和湘西的工艺最高。有的银饰制作工艺很复杂,著名的如黔东清水江、㵲阳河两岸的银花、围腰链、银羽、银泡、银雀、银索、银冠、银罗汉、银铃,湘西和黔东北的银链、银花、银耳环、钗牙签、银铃、银蝴蝶、银牌、银披肩以及祭祀用的银冠等。制作这类银饰费工极大,有的要经过多程序的加工,如制银索,要将银拉成细如头发的银丝,然后集数十根银丝编成每面都呈“人”字形的六棱银索,很多银匠因此损伤了视力;再如一付银角需要 203 片银花焊接而成,而每一片都是要经过手工编制和焊接一点点完成。

苗族银饰工艺是世代相传的,由于生产条件的限制,苗族人对手工的依赖很大,因而练就了高明的手工艺能力,在某些领域,甚至可以说是“天下无双”!苗族的银饰每一件都是独一无二的精工之作,有很高的收藏价值,和机械批量生产的银饰相比,手工银饰真正承载了苗族的文化和传统。

苗族银饰全系手工制作,有 30 多道工序,形成铸炼、锤打、焊接,编结、洗涤等一整套工艺过程。

高坡苗族银饰的加工,全是以家庭作坊内的手工操作完成。有师徒传袭的父子组合,也有夫唱妇随的夫妻组合。银饰制作工序繁复,图案夸张,纹样精美,对苗族的生产生活、历史、宗教等都能具体表现。有追念先祖、记录历史、部落图腾、表达爱情、美化自身的功能。图案丰富,形象生动,是苗族审美价值表现流向的洗礼,具有图腾、宗教巫术、历史、民俗生活的研究价值。

高坡乡批林村罗朝先是主要传承人。

制作的原料是纯银,需要加热炭火,焊药焊接。主要制作工具是鼓风炉、银碗、铁钎、火钳、泥模、小锤、枕墩。成品有银瓢、银铲、银戒指、银手镯、银片、银发簪、银花梳、灯笼耳环、银钎、灯笼耳柱、银雀、银锁、银铃等。

根据需要,银匠先把熔炼过的白银制成薄片、银条或银丝,利用压、錾、刻等工艺,制出精美纹样,然后再焊接或编织成型。

花溪高坡苗族银饰制作技艺之加热炭火

花溪高坡苗族银饰制作技艺之熔银

花溪高坡苗族银饰制作技艺之成形

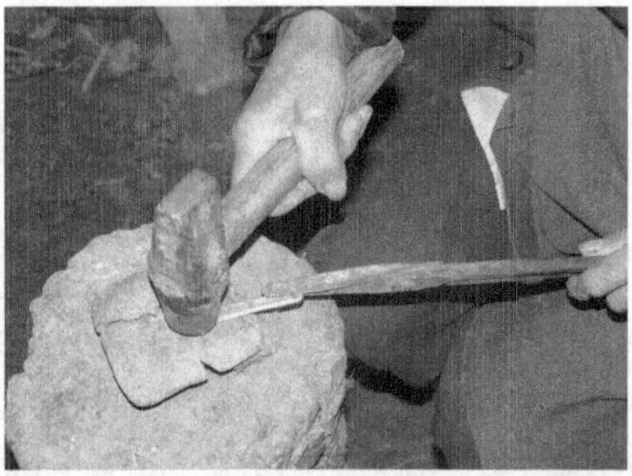

花溪高坡苗族银饰制作技艺之制成薄片

除了在锤砧劳作上是行家里手，在造型设计上高坡苗族银匠也堪称高手。究其原因，一方面，高坡苗族银匠善于从妇女的刺绣及蜡染纹样中汲取创作灵感。另一方面，作为支系成员，也为了在同行中获得竞争优势，高坡苗族银匠根据本系的传统习惯、审美情趣，对细节或局部的刻画注重推陈出新。工艺上的精益求精，使苗族银饰日臻完美。当然，这一切都必须以不触动银饰的整体造型为前提。高坡苗族银饰在造型上有其稳定性，一经祖先确定形制，即不可改动，往往形成一个支系的重要标志。高坡苗族女性饰银，爱其洁白，珍其无瑕。因此，高坡苗族银匠除了加工银饰，还要负责给银饰除污去垢，俗称“洗银”。他们给银饰涂上硼砂水，用木炭火烧去附着在银饰上的氧化层，然后放进紫铜锅里的明矾水中烧煮，经清水洗净，再用铜刷清理，银饰即光亮如新。影响和规定高坡苗族银饰造型的审美观点很多，那么，其中最根本的是什么呢？苗族从古至今都有“以钱为饰”的习俗，史料也显示，“钱”饰与银饰是同时步入苗族服饰领域的。这种通过“以钱为饰”所流露出来的夸富心态，对于高坡苗族银饰的审美价值取向起着至关重要的作用，形成了高坡苗族银饰最基本的三大艺术特征，即以大为美，以重为美，以多为美。高坡苗族银饰种类极其繁多，从头至脚划分为头饰、胸颈饰、手饰、衣饰、背饰、腰坠饰、脚饰7个大类。

高坡苗族银饰锻造技艺历史悠久，形成的饰品链条也已成为苗族社会演进的象征之一。银匠打造的苗族银饰具有文化价值、美学价值和设计的功能价值。其丰富多彩的文化内涵充分体现了苗族人民聪明能干、智慧灵巧、善良友好的民族性格。

现代科学技术的发展，致使高坡苗族银饰手工制作技艺受到很大的冲击，当地人生活方式的改变，更多是利用其他装饰品来美化自身，使苗族银饰的利用率大大降低。

布依族纸染绣花制作技艺

花溪区布依族纸染绣花精美，具有独特个性。纸染绣花用于装饰女性衣物，彰显对美好的追求和对美好生活的向往。布依族纸染绣花制作技艺虽是布依族的传统绣染工艺，但无文字记载，也无史可查。主要流传在孟关、湖潮、马铃、黔陶广大布依族地区，20世纪的60年代以前处于鼎盛时期。2007年列入贵州省第二批非物质文化遗产目录。

花溪布依族纸染绣花制作时用白棉布打底，用毛笔先将要染的花样画于白棉布上，再用白棉纸剪成一指宽纸条，捻紧后缝于所画花纹上。

花溪区布依族纸染绣花图案

布依族的纺织布料中，色织最有特点。色织布需将纱染成彩色。根据汉文献和布依族宗教经典的记载，布依族先民很早就掌握了印染技术，《南史·貊夷》说："林色国，……有吉背者，树名也，其华成时如鹅毛，抽其续纺之以作布，布与绽不殊。亦染成五色，织为斑布，即有花纹的布，有人认为是指织锦，其实也应指色织土花布。"布依族印染工艺有靛染、蜡染和枫香染等。

靛染的第一道工序是漂白，一般不用化学漂白粉。传统的做法是在晴朗的清晨，将需漂白的布摊在草地上，露水浸湿布料，太阳出来后，露水挥发为蒸气，布料上的色素随之挥发。连续数日，布料即变得洁白如雪。布料漂白后，即开始印染。染青布是在家庭的小缸进行的，而染其他的颜色则要拿到洗染专业户。小缸染青布一般是把蓝靛放于小缸中，放适量的水，加适量的石灰、土碱、白酒或酒精等原料，使其化学变化之后，才把白布用清水煮而下缸。下缸后，每天取放三次，三天冲洗一次，三次为一"风"，好的染缸一般只需三"风"不好的染缸则要染四"风"，才能达到上药水的程度。"药"用糖梨树皮和红色刺皮加清水熬成紫红色的水汁，然后把已染上色的布放于紫红色的水汁中浸染，取出晒干，再次放下染缸进行浸染，每天取放三次，三天后，经过最后一次冲洗，晒干后，即成最后一次"上药"的所需要的青布。上药是染青布最重要的工序，就如冲洗胶片的定影和上光一样。其他颜色的印染，先把蓝靛放进大染缸，加适量的水，石灰、白酒、土碱等原料，起化学变化后再放入白布，要多次取放，又要冲洗，直到已染成所需颜色，就用牛皮煮熬成牛皮胶后，再上胶，又用石磙把染成的布滚平，布料就平滑而光亮了。

布依族服饰中，大都镶嵌上刺绣或挑花布片。刺绣工艺在很多地区一般是现将需要绣成的图案用白纸剪出，贴于布料（多为绸缎）上，再用染色丝线绣制。但有些手艺高超的妇女不用图纸，即能在布料上绣出所需图案。图案有龙凤飞禽走兽及花草鱼虫。形象栩栩如生。除用作服饰外，刺绣品多用作枕套、帐沿、门帘、背扇、被面等。挑花是在一般布料上用单色线挑成几何图形或几何纹话的花草鱼虫飞禽走兽。一般用作鞋垫、头巾和手巾。

罗吏目布依族龙制作工艺

永乐乡罗吏村位于贵阳市东郊,距市中心 12 千米,乡政府所在地 8 千米。东、北与本乡柏杨村和黔南州龙里县接壤,南与贵阳机场和南明区龙洞堡相连。罗吏村又称罗吏目,全村辖小寨、新河寨、芹菜田、大寨等自然寨共 4 个村民组,布依族占全村总人口的 80%。罗吏目村是典型的布依族村寨,村民能歌善舞。在每年各类民族节日庆典上,全村老少更是积极参与。其中以舞龙和龙的制作最为盛名,舞龙和龙的制作历史悠久,曾在 1988 年北京国际旅游年舞龙大赛中获第三名的好成绩。2007 年罗吏目布依族龙制作工艺列入贵州省第二批非物质文化遗产目录。

罗吏目村民节目玩龙

罗吏目布依龙制作起源于玩龙,又称戏龙和舞龙。“舞龙”最早源于民间舞蹈“布马舞”。起初舞龙用来求雨的,当时人们以为龙能兴云布雨,每逢天旱时,便舞龙以祈雨。当时还有春玩青龙,夏玩赤龙、秋玩白龙,冬玩黑龙等规矩。在龙的制作上,尤其是在形状和颜色上,也有所区别和改进。

据说在民国年间,罗吏目村民到贵阳钱家寨接龙,对方要求拿猪箩来交换,百般刁难才借。罗吏目村民痛下苦心,寨老召集全村男女老少,共同商量,请来精通此项技能的师傅教其制作,但因投师无门一直没有学会此项技能。在一个风和日丽的好天气,一支舞龙队突经永乐乡罗史村,队伍声势浩大,锣鼓震天。该村一姓唐的村民,一边听其声,一边看其貌,因其聪慧,自学成才。回家后,苦心研究,经过三个月的摸索,功夫不负有心人,终于掌握了扎龙的技艺,世代相传到如今的唐家。

舞龙制作工艺繁杂,制作需 20~30 天。罗吏目布依龙的制作是传统的民族民间技艺,倍受群众喜爱, 罗吏目布依龙过去是由纸制作,到 20 世纪 80 年代为精制的绸布料缝制,绘上花纹,一是美观、大方,二是便于参加各种赛事和庆祝活动。选用上等竹子、杉树手把、青色绸料、花纹纸及其他辅助材料。

永乐乡罗吏目舞龙制作过程之破竹

永乐乡罗吏目舞龙制作过程之制扎龙头

永乐乡罗吏目舞龙制作过程之穿龙衣

永乐乡罗吏目舞龙制作过程之龙头挂红

永乐乡罗吏目舞龙制作过程之宝龙点睛

罗吏目布依族龙制作工艺之蛟龙试舞
以上为花溪区文广局提供

制作龙有“龙头、龙身、龙尾”骨架工序。①龙头的制作:先是用一定尺寸(3 尺 3 寸、1 尺 3 寸、1 尺 1 寸、1 尺 8 寸)来固定杉树手把,特别是在龙头的制作上,头朝上,很有气势,龙口张最大为 2.5 尺。以上这些数据,有着“发财发富”“风调雨顺”的美好愿望。②龙身的制作:每一节龙身是由直径为 1 尺的竹子编制而成,每一节之间，有 3 寸的间隔距离。根据地方风俗，龙的节数为单数。③龙尾的制作：由一条 9 寸长的杉树手把固定后，由人工编织而成。

龙衣的缝制，按龙的长度，选用青色绸料制作。装饰选用加厚的绸纸，将其糊在龙的节上，然后描画龙头、龙宝。将鳞片剪贴或缝制的龙衣上。特别是龙宝是由 20 多个圆圈竹子编织而成，颜色中间为红绸，两边是绿绸，上画有铜钱、花两种配物。颜色搭配以青色为主，以“红、绿、黄、白、蓝”搭配为最佳。1980 年以前的龙为 7 节，1981 年为 13 节，1988 年为 21 节。随着时代的变迁，龙的长度逐步提高，目前为 23 节。

青岩玫瑰糖制作技艺

青岩玫瑰糖制作技艺始于清康熙年间。黄家祖传工艺为其代表。

青岩玫瑰糖采用麦芽、糯米、玫瑰花及优质泉水精心熬制而成。香糯化渣，现经黄家第十代传人黄菊声、黄林声改进配方，使产品甜而不腻，回味悠长，更适合现代人的食用要求。本产品已成为贵州青岩古镇的著名土特产。据《名人与花溪》丛书记载 20 世纪 60 年代初党和国家领导人朱德、贺龙、罗瑞卿、彭德怀等视察花溪时，都亲口品尝了黄家玫瑰糖第九代传人黄建舟师傅亲手制作的玫瑰糖，赞不绝口。2009 年被贵州省政府列为第三批省级非物质文化遗产名录。

一、青岩玫瑰糖制作技艺的历史渊源

青岩镇有深厚的历史文化、建筑文化、宗教文化、革命传统文化、饮食文化、农耕文化底蕴，在数百年的历史中，留下了极其宝贵的文化遗产，以其特有的风格承载着历史。

青岩黄家玫瑰糖始于清康熙年间（1662—1722 年），系黄家祖传工艺，至今已有 300 多年的历史。

二、青岩玫瑰糖制作技艺基本工序

黄家玫瑰糖系传承黄家祖传工艺，用麦芽、糯米、玫瑰花及优质泉水精心熬制而成，现经黄家第十代传承人黄林声改进配方，使产品甜而不腻，香糯化渣，回味悠长。

（一）工序

黄家玫瑰糖制作要经过13道工序，原料很简单，主要是糯米和麦芽，控制麦芽的生长高度和时间，是制作优质玫瑰糖的关键，因为麦芽的高度决定了成糖的甜度，而麦芽成长的时间将会影响成糖的生产，麦芽达到晶莹剔透的时候，最适合制作玫瑰糖。

作者向第十代传承人黄林声调研了解玫瑰糖制作工艺（刘霞　摄）

糯米和麦芽经过打碎了以后便按比例一起下锅煮，用锅铲不断地搅拌，一圈又一圈、一波又一波，重复不停，直至熬成粥状，麦芽糯米粥煮好以后便开始打浆，打浆就是把煮好的米汁榨出来，并且把它榨干净，糖糟越干，成糖效果越好，产量会越高。几个小时后，清清的汁液在锅里不断搅拌作用下，慢慢地变得黏稠起来，这时便要用筷子在锅里粘点成糖放进水中，并用双手拇指和食指不停地拉扯，以此检查火候，这就是成糖的关键的指标，如果火候不到或火候过了，说明玫瑰糖的制作也就失败。拉糖时，拉糖者手也舞，脚也舞，一拉一卷，动感十足，整个动作完成得非常精彩，糖呈长长的、弯弯的、波浪形的，慢慢地变得松软起来，最后把玫瑰花馅包进糖里，美味可口的玫瑰糖便制作好了。玫瑰花不仅成为可口的食品，还为逛古镇的青年男女带来浪漫的含义，增添玫瑰糖的迷人魅力。

黄家玫瑰糖成品

据丛书记载20世纪50年代初党和国家领导人朱德、贺龙、罗瑞卿、彭德怀视察花溪时，都亲口品尝了黄家玫瑰糖第九代传黄建舟师傅亲手制作的玫瑰糖，赞不绝口。美味可口的玫瑰糖对青岩的历史、文化品牌及意识形态有很重要的价值。

（二）相关器具及制品

原料：小麦、糯米、芝麻、引子、玫瑰糖、井水。

制作工具：盆、筛子、锅、簸箕、瓢、拉糖架、切糖刀、拉棒、生芽架、包装机、木铲、木板、胶子、密泉。

（三）传承谱系

黄家玫瑰糖制作起源于江西，清康熙年间（1662—1722 年）传入青岩，第九代传承代表人为黄建州，至今已经流传到第十代人黄林声，属家族传承。

黄家玫瑰糖以它优质产品、良好的服务和信誉，被授予《贵州省诚信私营企业》和《文明个体户》光荣称号，并多次获花溪区、贵阳市包装设计奖，媒体对黄家玫瑰糖作多次报道，称为品牌中的名牌，它成为贵州青岩古镇的著名土特产，成为古镇的支柱产品，旅游必购之物，中外游客和广大消费者的所闻所见，使黄家玫瑰糖深入人心，美名远播。

三、青岩玫瑰糖制作技艺基本特征和价值

（一）基本特征

玫瑰糖味香甜酥脆，美味可口，甜度适中，不上火，属纯天然的绿色食品，不添加任何防腐剂，对人体有很好的保健作用；《食物本草》评述玫瑰："主利肺脾，益肝胆，食之芳香甘美，令人神爽"；花瓣既可以沐浴也可以护肤养颜，是一种天然美容护肤佳品；玫瑰对青年人的爱情故事增添浪漫色彩。

（二）主要价值

一是食用价值。玫瑰糖香甜酥脆，美味可口，甜度适中，不上火；二是文化价值。被称为品牌中的名牌，它成为贵州青岩古镇的著名土特产，系古镇的支柱产品，旅游必购之物，对年轻人还有象征爱情浪漫色彩；三是保健价值。玫瑰花系蔷薇科木本植物，花紫红色，气味芳香，花瓣既可以沐浴也可以护肤养颜，是一种天然美容护肤佳品；四是药用价值。在中药中，别名又叫徘徊花、刺玫花，其性甘微苦、无毒，《食物本草》谓其："主利肺脾，益肝胆，食之芳香甘美，令人神爽"；五是经济价值。玫瑰糖果被称为品牌中的名牌，它成为贵州青岩古镇的著名土特产，成为古镇的支柱产品，旅游必购之物，广泛销售国内外。

随着社会的发展，人们思维观念的更新等因素制约和改变了传统玫瑰糖制作的传播。女孩从小读书，少有时间和精力学习玫瑰糖制作工艺。人们生存环境的改变，以及生活方式的变化对玫瑰糖制作有一定影响，在 20 世纪七八十年代，只有少部分中年人会制作玫瑰糖，到了 90 年代仅有几人会制作玫瑰糖。如今，玫瑰糖制作工艺面临着后继乏人的困境。现代文化形式的多元化冲击，也是一个重要原因。当地人们对玫瑰糖的制作不再重视。改革开放以来，出现了打工热潮，镇上大多数人到沿海一带务工，基本不愿学习玫瑰糖制作。

西山虫茶制作技艺

息烽西望山虫茶制作工艺主要分布在西山乡西山村、田丰村。清代光绪年间修的《城步乡土志·卷五》记载:“茶有八峒茶……亦有茶虽粗恶……茶悉化为虫,故名之虫茶,茶收贮经久,大能消痰顺气。”1518—1593年,李时珍在《本草纲目》中首次记载虫茶的特征和保健功能。1644—1911年,清代《城步县志·卷五》首次出现“虫茶”一词。1979年,《昆虫知识》首次报道用白茶树叶和化香夜蛾生产虫茶。1981年,《中国经济昆虫志》首次报道我国虫茶生产地区。1991年,《林业科学》6卷中首次报道虫茶蛋白质和氨基酸等营养素含量。2009年,西山虫茶制作技艺被列入贵州省第三批非物质文化文化遗产保护名录。

虫茶,又叫白茶、茶精、药茶、龙珠茶、老鹰茶。它产于息烽西望山地区,属于地方特产茶。这种茶与传统的茶叶大不相同,它是由当地农户把野生白茶树叶,采摘发酵,引来一种“化香夜蛾”的美丽小虫,小虫喜食之后,由茶生虫,由虫变茶,呈颗粒状,故名虫茶。虫茶是一种高档、神奇和不可多得的地方珍贵茶种。

生产虫茶的原料之一:白茶树

(李小毛 摄)

这种茶主要出产在贵州息烽西望山山区。从清朝起,这种茶就销往东南亚一些国家,久负盛名。现在这种茶大多用来出口,风靡日本、韩国。虫茶外形很像龙珠,经水冲泡后汤色如茶水,故名虫茶。

先倒上一杯开水,然后投入少许虫茶颗粒(约30粒),起初放入时虫茶颗粒浮于水面,过了一段时间后它就慢慢往下沉,沉下片刻之后,颗粒开始飞絮弥漫,紧接着香味浓郁,清亮似茗。喝了之后,立刻精神为之一振,心底舒畅,令人百喝不厌,交口称绝。

西山白茶与普通茶相比,区别有三:一是绝大多数茶树为灌木,而西山白茶却属乔木,树高可达4米以上;二是西山白茶叶片背面长满白色绒毛,且比一般茶叶宽大,而普通茶叶片厚小碧绿;三是白茶果实犹如红子,因其味甜常被雀鸟啄食,极难留下种籽繁衍,更不可扦插育苗。

西山白茶零散杂生在西望山中，当地农户在其幼苗时连同泥土一起移植于自家房前屋后的田间地头，采摘后经过炒、揉、晒几道工序即可制成白茶上市，即便不经过任何包装，每千克价格不会低于100余元。

而由白茶制成虫茶，生产工艺不但与其他茶叶大相径庭，而且价格更是高得惊人，每公斤价格可达1000元以上。饮用此茶延年益寿，已有上千年历史。虫茶饮用方便，冲泡即溶，色如咖啡，香气馥郁，回味甜爽。据科学测定，西山虫茶所含粗蛋白、粗脂肪、糖类、维生素等营养物质，远远高于普通茶叶，尤其赖氨酸和蛋氨酸含量，分别是普通茶的65.5倍和81.1倍，人称茶中“虫草”，其组合比例达到国际公认的FAO模式。明代医圣李时珍《本草纲目》记载此茶有清热、解毒、凉血等功效，可治腹泻、鼻与牙龈出血等病症，还有防癌、抗衰、降压和健胃等作用。可惜西山虫茶产量极少，年产仅数十千克，尽管每克卖价高达8000元左右，仍远远不能满足国内外市场需求。

西山虫茶的制作工艺完全是一项独特的“生物工程”。其制作过程：

一般在每年春夏之交采摘白茶幼嫩芽叶，适当摊放，用铁锅高温杀青，反复揉捻，后用文火在铁锅内翻炒，反复几次后产生独特香味，然后存放在特殊环境之中，经2~3年的昆虫转化就变成虫茶了。

生产虫茶的原料之一：白茶树叶与白茶树叶虫（李小毛　摄）

虫茶成品=泡茶成琥珀色，具有较高营养价值（李小毛　摄）

工艺流程：首先从山上采来白茶，然后用锅将茶叶进行煸炒，锅的温度大概18～20度，炒三道后，将茶叶放在阴凉干燥处即可，一般要放置2～3年。在虫茶制作中，茶的揉制技术十分重要和讲究，揉制不好，虫茶的成色也就受到影响。茶叶制好后，将精制的白茶装入棕袋之中，加入适量贡米中的糯米，悬挂置放于屋檐下的通风处，室温也很讲究，在26～27℃。以茶叶和糯米的香气吸引一种叫夜香螟蛾的小虫子钻进棕袋内，产卵成蛹，待虫蛹将袋中茶叶和糯米吃尽后蜕壳成蛾飞走，棕袋内即留下一粒粒颜色深黑、细如油菜籽的颗粒状虫屎。这就是虫茶，其制作工艺已有近千年历史，所幸至今尚未失传。当地村民根据大自然的启示，在每年2～10月间制作虫茶，从而生产出大自然“生物工程”的杰作——虫茶。

主要特征为一是原生态、口感好、用量少、有奇效。二是生物茶、降三高、增免疫、抗衰老。三是稀有茶、健胃窍、治便秘、解毒好。

长寿虫茶的特点为“新”“奇”“稀”“特”。“新”即它是一种以原型为体的脱水颗粒茶，是绝对原生态茶。“奇”即奇在它不是一种人工混合物，而是由茶变虫，由虫变茶的这样一种奇观，是生物基因转换而成的一种奇妙之茶。“稀”即稀奇、稀少、稀有：①产地地域不宽；②白茶树生长速度缓慢；③生物基因转换过程长，快不起来；④是生产的数量少，年产仅1000多公斤。总之物以稀为贵。“特”每年产于谷雨时节，即要求特定环境，特殊的条件。

作者（图左）访谈虫茶制作人黄佑德（图右）
（李小毛　摄）

虫茶是将西望山上特有的白茶通过“生物加工”制作而成，已有1000多年历史，制作工艺考究，富含多种人体必需的氨基酸，具有多种药用及保健功能，营养价值极高，色泽、香味、口感均为品茶爱好者所钟爱。虫茶含有茶多酚、单宁、咖啡因，维生素和人体必需的19种氨基酸及止血的活性物质等成分。由于虫茶除具有普通茶的消食，提神，祛烦解渴的作用外，还能降血压，清热解毒，健胃，顺气消肿，经常饮用，对牙龈出血，痔疮出血，鼻衄，腹泻，心脏病等有一定的疗效，所以虫茶实际上是一种很好的保健茶，其主要价值为①药用研究价值。虫茶含有黄酮类、昆虫激素和凝血酶原及多种微量元素。适量泡饮虫茶，能提神醒脑、解热祛毒、收敛止血、降压祛脂、健脾耗胃，对消化不良、鼻衄、痔疮出血、牙龈出血和疖肿有确切疗效，对预防高血压、高血脂和冠心病也有一定作用。②经济价值。从清朝起，这种茶就销往东南亚一些国家，久负盛名。现在这种茶大多用来出口，风靡日本、韩国。现在一般 1000 元 1 千克，如果进行保护开发，能够增加农民收入。

苗族芦笙制作技艺

中国大地上，只要有苗族人的地方，就有芦笙。在贵州各地少数民族居住的村寨，素有“芦笙之乡”的称誉。芦笙作为苗族的“符号”乐器，在苗族同胞日常生活中有着特殊的意义。

一、历史渊源

贵州高坡苗族芦笙制作(李小毛　摄)

芦笙是苗族传统的簧管乐器，在苗族地区广为流传。据文献记载，远在唐代，宫廷就有了芦笙的演奏。当时芦笙被称为“瓢笙”。清人陆次云在《峒溪纤志》一书中，对芦笙的形制和苗族男女“跳月”时演奏芦笙的情景作了具体的描绘：“(男)执芦笙。笙六管，作二尺。……笙节参差，吹且歌，手则翔矣，足则扬矣，睐转肢回，旋神荡矣。初则欲接还离，少且酣飞扬舞，交驰迅速逐矣。”由此可以看到：清代时，苗族的芦笙吹奏技巧和芦笙舞蹈动作极其精彩，以及芦笙在古代苗族人民生活中的作用和地位。

二、制作技艺

苗族芦笙由笙斗、笙管、簧片和共鸣管构成。

笙斗又称气箱，多用杉木、松木或梧桐木制作，以杉木最佳，纹理顺直、质地松软、少疤节，外观呈纺锤形，长 46~56 厘米、宽 4~9 厘米、高 3.5~8 厘米，细端再接一根长 15 厘米左右、外径 1.8 厘米左右的竹管为吹口。制作时，将整块毛坯料从中破为两半，分别挖掏出内膛，待装入笙管后再用胶粘合，外部用细篾箍五至七圈而成。笙斗呈淡黄色，外部涂饰桐油，木纹清晰，外表美观，故有“金芦笙”誉称。

苗族芦笙制作技艺之制作笙管（李小毛 摄）

在笙斗中，呈75°~90°纵向插入两排笙管，多为六管，也有四管或八管者。每管入斗处装有一个呈长方形、梯形、菱形或三角形的铜制簧片，每管近斗处开有一个圆形按音孔，笙管上端管口通透，下端管口堵塞不通。笙管多用白竹制作，白竹的竹径细、竹节长、粗细匀、竹壁薄，通常在直径1.2厘米左右、每节长40~50厘米，是制作笙管的良材，要选生长三年以上、冬至到立春前砍伐的为佳，这时的竹管竹质坚韧、表面光亮、不易虫蛀。各种音高不同的苗族六管芦笙，笙管的高度也不尽相同，最高音笙（民间称五滴水）高7.2~14.5厘米（不包括笙脚，下同），高音笙（四滴水）高14.5~30厘米，中音笙（三滴水）高30~58厘米，低音笙（二滴水）高58~105厘米，倍低音笙（一滴水）高105~210厘米。以c、c1、c2三音为例，笙管高度分别为97厘米、49厘米、25厘米，加上笙脚后为128厘米、60厘米、34厘米，余者类推。

簧片多用响铜制作，《尾蕉丛谈》一书载有“长管之上冒以匏，短管之中置以簧，用响铜为之，恒用火炙，亦古制也。”尺寸依音高而定，以c、c1、c2三音为例，长度分别为4厘米、3.5厘米、2.5厘米，宽度分别为0.25厘米、0.2厘米、0.15厘米，余者类推。簧料下好后，划出簧舌轮廓线，用小凿子凿透，锉削掉毛刺，放入炉火中加热，待到微红时，用钳子将簧框略微夹拢一些，使舌与框之间缝隙缩小，然后放入水中蘸火定型，这种经过“火炙”的簧片，吹奏时省力。簧片也可用黄铜制作，但不及响铜制的发音脆亮。

共鸣管是套在笙管上端的一截竹管，可使音量明显增大，多使用毛竹制作，依音高不同而异，以c、c1、c2三音为例，管长分别为60厘米、30厘米、15厘米，余者类推。以上所述为黔东南地区的苗族芦笙；在黔中、黔南和黔西北，则流行着另一种形制的芦笙。笙管用白竹或笋壳竹制作，下端管口不堵塞，上端用两道竹篾箍紧，笙斗制作时中间不剖开，而是从粗端挖起，直通细端吹口部位，然后用圆木塞把粗端开口堵严，再用数道化篙皮箍住。

苗族芦笙制作技艺之制作共鸣管（李小毛 摄）

演奏时，笙管竖置，双手捧持笙

苗族芦笙制作技艺之成品芦笙
（李小毛　摄）

斗下部，拇指、食指、中指分别按左右两排笙管音孔，嘴含吹口，吹吸均可发音，站、坐、走、跳均可吹奏，形式活泼多样。

芦笙的笙管上端出音孔处，套有稍大的竹管、笋壳、铜筒或用竹篾片折成三角形的小喇叭，可起到良好的音响共鸣作用，使音量扩大、音响洪亮、音色优美动听而丰富多变。笙管穿过笙斗，有一截外露笙斗之下。

整套苗族六管芦笙，从低音到最高音共有大小五种规格，音列按五声音阶排列，发音每种规格为一个八度，音域 A1～a3，共有五个八度。由于流行地域和民族支系的不同，民间有多种芦笙类型：六管六音、六管七音（第六管装两簧）、八管八音、六管五音（一管不装簧）、六管四音（两管无簧）、四管三音（一管无簧）和四管二音（两管无簧）等。每个类型每种音列的芦笙，又都有高、中、低音三种规格，它们的音高分别在三个八度上。

高坡芦笙制作工艺已有 300 余年历史，芦笙制作经过选料、打磨等工序，有大、中、小、儿童芦笙四种类型。芦笙呈方形，笙管和笙斗几乎是垂直的，升斗由方木块构成，伸上笙斗下部的笙管一般有 10 厘米长，管长 50 厘米～3 米不等，并用桦树皮条固定笙斗。管上的音孔为菱形状，区别于其他地区的圆形音孔。孔位与笙斗的距离比其他地区的要高一些，而且笙管上没有任何共鸣器之类的东西。表面装饰十分简朴，仅是杉木和竹子的本色。

贵阳市花溪区高坡乡苗族芦笙
制作技艺（李小毛　摄）

制作芦笙，除了要懂得一定的乐理知识外，还要具备物理知识，了解力学原理。芦笙种类较多，音质各有区别，形体大小也各有不同，要做出合乎需要的芦笙，首先要求制作工匠有长期的制作经验。苗族传承芦笙制作技艺的师傅只用风箱、锤子、黄铜、斧子、凿子、锯子、钻子、苦竹、桐油和石灰（有的已改用乳胶）就能制作出精美实用的各式芦笙。

三、传承意义

芦笙作为高坡苗族人民常见的社交和娱乐工具，广泛使用于当地苗族的重大节庆、丧葬、恋爱及娱乐活动之中，是高坡苗族的一种以音代言的语言体系，芦笙的曲调，与现实生活中苗语声调相一致，吹奏芦笙，不仅是一种娱乐形式，而且代表和反映了吹奏者的思想和感情。

自古以来，芦笙吹奏，都要配合舞蹈，边吹边舞。不过根据各地区习俗的不同，芦笙的演奏也有所差异。这些不同风俗的芦笙技艺，汇聚成一束富有民族特色的艺术奇葩，代代相传，永不衰退。

芦笙不仅是一种单纯的民族乐器，而且是苗族男女青年恋爱生活中的重要“媒介”。因此，芦笙在苗族人民心目中是神圣的，珍贵的，家家离不开它。高坡苗族自治乡在 1982 年曾被贵州省文化厅授予贵州省苗族芦笙之乡。

芦笙是苗族文化的一种象征，苗族芦笙在表演吹奏方面把词、曲、舞三者融为一体，保持了苗族历史文化艺术的原始性、古朴性。芦笙制作技艺历来都由师傅亲手教授，无文字资料留存，且技艺考究，传承比较困难。后来能熟练制作芦笙的艺人已越来越少，精湛技艺后继乏人，面临失传的危险，亟待抢救、保护。

雷家豆腐圆子制作技艺

雷家豆腐圆子制作技艺始于清同治年间。雷家祖传工艺为其代表。

雷家豆腐圆子制作技艺诞生于贵阳市两城区之一的云岩区。贵阳是贵州省会城市，因位于境内贵山之阳而得名。贵阳山川秀丽、景色宜人、物产丰富、交通便利，是自然和旅游资源的富集之地。贵阳气候凉爽，夏无酷暑，夏季平均温度为23.2℃，有“天然大空调”和“避暑之都”的美称。雷氏世居贵阳，清同治时就以开豆腐作坊营生。雷家豆腐圆子历经五代传承，延续了百余年传统制作技艺，深受贵阳人喜爱。1960 年，周恩来总理访问南亚及西亚多国后来贵阳短暂歇息时，豆腐圆子作为当地小吃成为晚宴的一道菜。贵州省、市领导在“省政协会议”“两会”等重要会议期间，豆腐圆子作为当地名小吃成为晚宴一道名菜。此后，雷家制作的豆腐圆子一直按照传统的方法世代相传，迄今已有 140 年历史。雷家豆腐圆子在贵阳及周边地区可谓家喻户晓，尽人皆知，成为著名的特色小吃，也成为贵阳人特有的文化记忆。2015 年被贵州省政府列为第四批省级非物质文化遗产代表性项目名录。

一、雷家豆腐圆子制作技艺的历史渊源

雷氏世居贵阳，清同治时就以开豆腐作坊营生。同治十三年（1874 年）时，由于朝廷兴办“皇会”，通令全国“禁屠”三天，官民均不得以荤腥为食，重要官员还须循礼斋沐，以示隆重，贵阳也不例外。雷家豆腐由于不属于荤腥食品，不在禁忌之例，作坊生意自然就好了起来。为了更好地招揽顾客，经过多次试验，雷万铨和其妻发现通过一种特殊方法制作出来的豆腐圆子味道极其鲜美，即雷家豆腐圆子的雏形。从此，雷家豆腐圆子的声誉不胫而走，一时闻名遐迩，每天从早到晚购买豆腐的客人络绎不绝。甚至还有人为办酒宴前来订货的，也有买来赠送亲朋的。雷家豆腐圆子在解放初期就被编入一首关于贵阳各种著名小吃的顺口溜：“豆腐圆子肠旺面，荷叶糍粑糕粑店，一品大包刷把头，沓臊馄饨太师伴，吴家汤圆金羊尾，富油莲米银汤酽。”这首顺口溜是当时人们对贵阳各种小吃，经过反复品尝，选择评价，得到赞美公认的结果。现如今已被列入贵阳八大名小吃之首，曾在各种小吃评审中获得各项殊荣。2012 年年底，中央电视台《舌尖上的中国》栏目曾将雷家豆腐圆子作为贵阳名小吃介绍给全国观众。

二、雷家豆腐圆子制作技艺基本工序

雷家豆腐圆子对原材料的选用有严格的要求，即精选优质大豆，优质的菜油，优质新鲜的配料，各种调料制成的蘸水。

雷家豆腐圆子传统制作方法为：①精选上等黄豆，并将黄豆泡入水中，将黄豆和水充分接触。②将泡好的黄豆打成豆浆。③将豆浆放置铁锅里煮沸并形成豆花。④使豆花与空气充分接触。⑤让豆花与水分离，脱水后形成酸汤豆腐。⑥特制的酸汤豆腐用手捏碎、捣烂，捣碎之后加入一定比例的雷家秘制香料（盐、花椒、香叶等），充分拌匀后，将豆腐放置在一个密闭的器皿里，温度控制在 15℃，发酵时间大约 30 分钟，待发酵好后再加入葱花等辅料，形成半成品。⑦随后把豆腐按每一个 7.5 钱的重量放在手里打成具有三个手指印的椭圆形胚子装在盘子里。

工艺图一：精选上等黄豆

工艺图二：将黄豆泡入水中

工艺图三：把泡好的豆打成豆浆

⑧待油锅加热到一定程度后，把一个个打成型的豆腐圆子一个个慢慢放入到油锅中。⑨这么多豆腐圆子下到油锅中，就会粘在一起，因此要把粘在一起的豆腐圆子在还没有完全成熟时分开。方法是用两根一米长的细竹条代替筷子，把粘在一起的豆腐圆子在还完全没有炸熟时分开。⑩分完之后就用漏瓢在油锅里不停地翻动着豆腐圆子，以免豆腐圆子受热不均。烹制过程要把握好火候，火候全靠长期的经验积累，才能保证豆腐圆子的口味。炸好之后的豆腐圆子，拿在手里摇晃，就能听到里面有流动撞击的响声。这是雷家豆腐圆子特有的制作技艺，如此才能达到外酥里嫩的口感。⑪待豆腐圆子在油锅里有 1/3 部分浮在油面上，用漏瓢把豆腐圆子捞起，待圆子上的油从漏瓢里沥干之后，外酥里嫩的豆腐圆子即可装盘了，再加上一份由自己秘制的蘸水（折耳根、酸萝卜、葱花、酱油、醋等调制而成），把蘸水灌在豆腐圆子里，味道鲜美。

工艺图四：把豆浆放置铁锅里煮沸

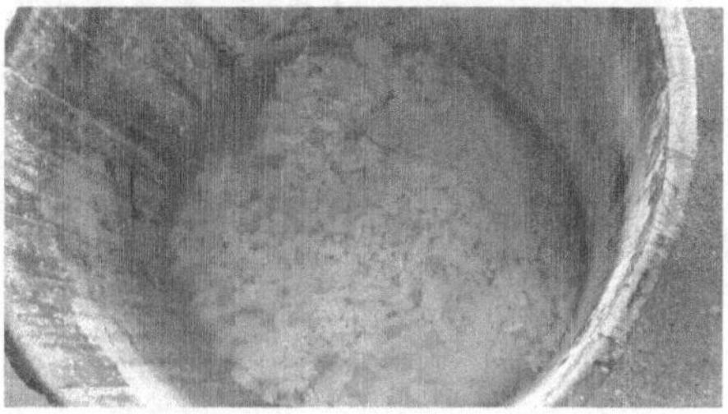

工艺图五：使豆花与空气充分接触

工艺图六：让豆花与水分离

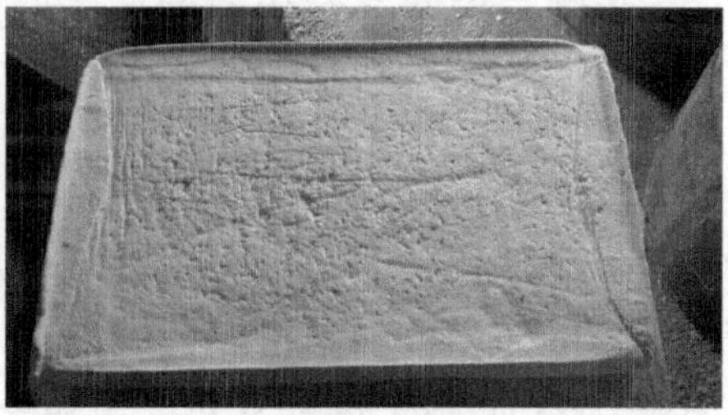

工艺图七：待水分脱掉后形成豆腐

工艺要求：①对原材料的选用要求严格。②半成品豆腐圆子呈白色，搓成椭圆形，带有三个手指印记。③油炸后豆腐圆子呈金黄色，外面酥脆，里面的豆腐就像脑花一样柔嫩。④豆腐圆子外酥里嫩，味道鲜美。

工艺价值:①原材料选用严格,精选优质大豆,优质的菜油,优质新鲜的配料,各种调料制成的蘸水。②制作方法独特,对技艺要求高,造就了"雷家豆腐圆子"制法的极致,成了贵阳著名特色小吃、贵州一道名小吃、进入各大酒店的地方风味菜品。

工艺图八:加入适量配料均匀搅拌

雷家豆腐圆子的制作不但对原材料的选用有严格的要求,而且在制作技艺上有着严格的要求。能做好雷家豆腐圆子,不是一招一式的功夫,是需要较长时间的沉淀和丰富实际操作经验积累而成。随着社会的发展,现代食品的机械化生产越来越多,传统的制作技艺濒临消失,年轻人大都对祖辈传下来的手艺不感兴趣,如不再进行保护,雷家豆腐圆子独特的制作技艺很可能面临失传状态。

工艺图九:制作半成品搓成单个形

工艺图十:将半成品通过油炸形成成品

以上为云岩区文广局提供

三、雷家豆腐圆子制作技艺传承情况

雷家豆腐圆子制作技艺自1874年以来,一直以代代单传的方式在进行着延续,到现在为止。第一代 雷万铨(1874年),雷刘氏(1876年);第二代 雷端藻(1904年),雷朱氏(1912年);第三代 雷从兴(1936年),雷李氏(1937年);第四代雷善国(1978年),俞鸿娟接手(1987年);第五代 雷鸣(2009年),贵州贵阳人,第四代传承人雷善国的儿子,从小受熏陶学习,于2008年正式学会了豆腐圆子,现经营有多家豆腐圆子店铺。第五代传承人雷鸣掌握了全部制作技艺的精髓。

雷家豆腐圆子主要经营地区:贵阳及其周边区域。包括:贵阳市中华南路店,1992年开始经营(由于拆迁现已不存在);贵阳市沙河桥店,1997年开始经营(由于拆迁现已不存在);贵阳市省府西路店,2002年开始经营至今;贵阳市二七路店,2011年开始经营至今;贵阳市福州街店,2012年开始经营至今;贵阳市威西门店,2013年开始经营至今;贵阳市老东门店,2014年开始经营至今。

卷八 传统医药

国家级非物质文化遗产

同济堂传统中药文化

贵阳同济堂是清代后期创建的34家全国有名的中药店老字号之一，是祖国西南地区传统医药中闻名遐迩的老字号，也是1994年中华人民共和国国内贸易部认定的贵州省唯一的一家“中华老字号”。同济堂始建于清光绪十四年(1888年)，乃百年老字号。至今已有120多年历史，在长达百年的时间里，同济堂始终严格遵古炮制，形成了一套严格的质量管理制度和经营理念、方法，形成了同济堂独特的质量文化、诚信文化。同济堂在边远落后的少数民族聚居地区坚持和弘扬祖国传统医药文化的同时，也有机地吸收了当地丰富的少数民族医药精华，形成了同济堂传统医药的特殊风格和传统知识。

同济堂是一家集科研、生产、销售、种植为一体的高新技术药业。以同济堂制药有限公司为中心，分别成立了贵州同济堂制药有限公司制药二厂、贵州同济堂药品配送有限公司、贵州同济堂药房连锁有限公司、贵州同济堂中药饮片有限公司、贵州同济堂文化传播公司5个全资子公司。

同济堂传统医药文化集中体现在“同心协力、济世为民”的价值观，“购药须出地道，制作必须精细，配售必依法度”的质量观和“货真价实”“童叟无欺”的经营理念，“济世活人，急人之急，质量取胜，济世取信”的职业道德，以及同济堂的品牌和特有标记，同济堂传统中药炮制技术，同济堂的医药特色即传统中医药与民族民间医药的融合。同济堂制成的各种成药，对其主治病症卓有疗效，一经问世，口碑相传。同济堂始终以“为民除病，济世为民”为宗旨，把经济效益寓于社会效益之中，也因此兴旺至今。

2008年6月，同济堂中药文化入选第二批国家级非物质文化遗产名录，成为国家重点保护的非物质文化遗产。

一、同济堂中药文化的历史渊源

贵州是一个多民族聚居的省份，除汉族外，居住着苗、侗、布依、水、仡佬、彝、回、土家等48个少数民族。贵州各族人民在长期医疗实践中，结合当地所处自然、社会经济条件及药物资源、生产水平、生活习俗等，创造了民族医药，积累了丰富而独特的防病治病经验。但是，贵州自明代建制以来，由于长期在封建统治之下，加之地处边远，交通不便，文化落后，所以工商业及医药卫生均不发达，丰富的药物资源则未能充分开发利用，没有常设药店，更无药行药市进行经营，甚至迷信盛行，相信“鬼师道士”，以“咒语灵符”治病。直到清朝光绪初年，贵阳才有药材行出现，并始有少数省外药商来贵阳等地推销少量药材，并将贵州天麻、杜仲、天冬等地道名优特色药材运出向外销售，初步形成了一些业务往来。但药店仍很少，规模不大，设备简陋，加工欠佳，且药味不齐，成方率低，常常影响治疗。甚至有的店家见利忘义，竟然销售伪药劣药，如以草席冒充麻黄，杂骨冒充虎骨，官桂冒充厚朴等。这时贵州广大城乡人民仍以中医药及苗族医药为代表的民族民间医药为主，即使是省城贵阳也如此，还出现不少题名“发火柴”的草药店；因其经营的都是未经加工的草药，大多为草根树皮或花叶果种，如同居家所必须备配的“发火柴”一般。

清光绪十四年(1888年)，辞官归里的名绅于德楷与曾任云贵总督、清朝矿务大臣的唐炯相商，两人出资合计两千两白银，创建了旨在崇尚医德、讲求质量、价格公道与服务民众的贵阳同济堂药店。至今已有百余年历史。贵阳同济堂药店位于贵州省省会贵阳市市中心的正新街，店堂仿照外省药号布置，集医疗配方、药材购销、加工炮制与成药制作为一体。于德楷特别重视引进医药人才与省外药业经验，专聘湖北、江西等地中药专业人才来店主事，特请其在湖北汉口的老友黄紫卿赴黔出任该店经理。黄紫卿祖籍江西，通晓医理，熟识药草，并擅长经营与管理。黄到贵阳后，亲见贵州民间多以偏方草药治病，甚至迷信巫婆神汉或游方郎中，到药店问药求医的是很少数的达官贵人或殷实人家。同济堂为打开门路，福利桑梓，实现办店初衷，则力主讲求职业道德，讲求货真价实，严格管理，服务周到，切实做到药品真，品种全，制作精，买卖公平，取信于民。在贵阳同济堂创建及其发展过程中，担任多年经理的黄紫卿与其继任者杨一清、端木文元、曾仁昌、胡兴德等均身体力行，按照贵阳同济堂办店宗旨和经营方针办事，深得贵阳人民好评，鹤立于同行业中，名扬省内外，对促进贵州省中药事业的发展起到一定作用。1956年公私合营后，国家出资收购了这家赫赫有名的私营老店，将同济堂划为国企。一直到20世纪90年代，这家百年老字号已有职工200余人，依旧是名声显赫。2002年年底同济堂药业与贵州仙灵药业成功实现资产重组，取百年老名“同济堂”，成立了贵州同济堂制药股份有限公司。2002年又投入7000多万的资金，筹建了西南地区最大的药品配送公司，并开始对所有同济堂的连锁药店重新装修、整改，同济堂以焕然一新的面貌出现在贵阳市民面前。现在同济堂已是一家集科研、生产、销售、种植为一体的现代中药企业集团，拥有职工1000多人，在全国31个省会城市设有销售网点，2006年销售额达4亿多元，资产达6亿多元。并于2007年3月成功登陆美国纽约证券交易所。

二、同济堂中药文化的基本内容

同济堂传统医药文化传承至今已有127年历史，在贵阳市乃至贵州省境内服务民众，弘扬中医药文化100多年的时间里，与贵州地方民情结合，形成了特有的同济堂传统医药文化，包括同济堂经营理念、同济堂管理理念、有效的方剂、中药炮制技术、中医药传统制剂方法及对民众用药“质优价实，不得二价”“一言堂”“货真价实”“童叟无欺”的担保形式、同济堂人力资源文化雏形等。百余年来，同济堂传统医药文化不但与贵州人民的身体健康和疾病预防、治疗、康复、保健密切相关，而且带动了整个贵州药业乃至商业界的求真务实的作风，为贵州药业及商业的发展起到了良好的模范带头作用。贵州省地处高原山区，药材资源丰富，是全国四大药材产区之一。

同济堂创建后，立足弘扬传统医药，并结合贵阳市及贵州省的实际，逐步形成了自己特有的具有持续优势的传统医药文化。

（一）货真价实，买卖公平

1949年以前的贵阳交易市场，人们一向认为“黄金有价药无价”，贵阳商界生意场中还信奉“一本十利不为贪”“一年不开张，开张吃半年”等，但贵阳同济堂自建店始，第一任掌柜黄紫卿即在店堂正厅大书金字“一言堂”，下面还配上“货真价实”“童叟无欺”的挂牌。其经营的饮片或成药均注意确保药品质量，明码标价，价钱公道，力求买卖公平。病人处方配药或购买成药时，均先由掌柜先生计价，再经复核收款并在药单（即处方）上加盖店章，特别注明多少药味和“称足各包”等字样后，才交给配方人依方拣药各放，调配完毕后以专用特制木盆盛装好方交柜上一一核对，经确认无误后才分包交病家核实发出。这样既防拣错药又防短称缺味，真正做到货真价实，质量保证，老不欺，少不哄，切实为病人健康负责。

（二）医药同堂，热情服务

贵阳同济堂自创建以来，就很重视医药结合，长期延请名医坐堂，满足病人诊病配药等需求。他们在店堂内专辟有候诊室和诊疗室，店堂内高挂着张仲景、华佗、孙思邈、李时珍画像，延聘当时贵阳名医何献琪、严仲麟等坐堂应诊，为平民求医难提供了方便。他们在陈设古朴雅致的店堂内，专设有供客候诊、取药或休息的座位，并有一大茶壶及茶杯等专供服药或渴饮。顾客或病家一进店堂，就觉春风拂面，无论批零购药或买签求诊，均受到热情接待。医生诊治认真负责，立方遣药严谨，煎服药法交代细致，并在处方笺的左角上注明“称足各包”等医嘱。配方用的包药纸上均印有药名、性味、归经、功能与主治,有的还特别注明药性的相反相恶等配伍禁忌,以供病家按照原处方自行核对或供医生复查。

(三)严格炮制,制作精良

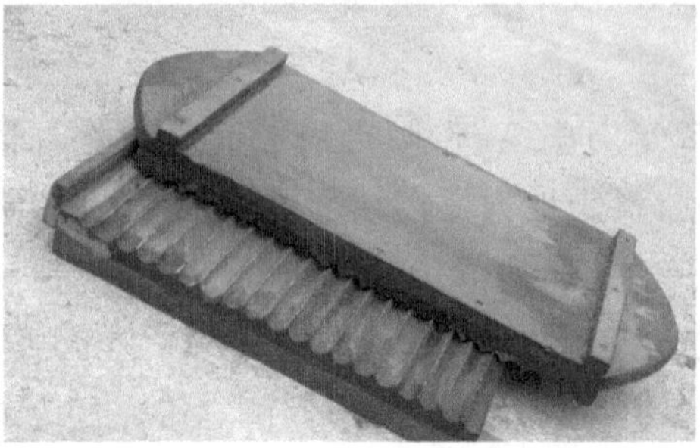

同济堂的制药工具:制作蜜丸的药板、刀橙和药碾

贵阳同济堂药店,特别注意中药的加工炮制与成药制作,并在实践中培养了一批又一批中药加工人才,形成了同济堂自有的一套独特的炮制操作方法。在第一任掌柜黄紫卿的具体指导下,对药材加工炮制严格按照工艺精工细作,改变过去贵州中药业曾出现的不炮不炙或粗制滥造之风。尤以贵阳同济堂的熟地黄、虎骨胶、龟胶、白芍、桔梗、黄精等加工炮制品特别出名。如熟地黄严格九蒸九晒,入坛必按定量即:一斤熟地黄一斤绍酒配制,密封装好,成熟后启封;又如龟胶熬制用火,坚持以油饼作燃料熬制 3~7 天,并严格掌握火候与熬制程度。同济堂对店内经营的药材,均有严格的洗、漂、煮等具体操作规定,并积累了很多具有同济堂特色的炮制秘诀,如对药材炮制中干燥、水浸泡等方法的独到运用等,比如枳壳、白芍、桔梗等,经过上述炮制方法的适当运用,既易于切片,又洁白美观。同济堂药物的炮制方法不胜枚举。此外,同济堂还根据医理药性,在配伍和分量上,依照定例称足,并按君臣佐使,主次分明。在黄紫卿的指导下,同济堂"遵古炮制"的药物,疗效较高,骤增声誉。至今,贵阳同济堂还保持着严格依法加工炮制中药饮片的优良传统。

贵州同济堂的传统制药过程(周婷　摄)

三、同济堂的传承谱系和主要传承人

自清光绪十四年(公元1888年)同济堂创建以来,均以师带徒方式培育人才,传承技艺。同济堂传承谱系从1888年贵阳同济堂创建时的唐炯、于德楷、黄紫卿,到随后的继任者唐继善、唐幼宏、杨一清、端木文元、曾仁昌、胡兴德,再到1956年公私合营后隶属于贵阳药业总公司下的贵阳市同济堂公司,2002年成立了同济堂制药有限公司,公私合营以后,同济堂的传统制药技术和经营理念由同济堂的员工传承至今。

第一代传承人:唐炯、于德楷、黄紫卿。

唐炯(1829—1909年),字鄂生,贵州遵义人(祖籍江西金溪)。道光二十九年举人,训方(树义)子。光绪八年,任云南布政使 ,后曾任云南巡抚,督办云南矿务;光绪三十四年,任太子少保;同济堂创建人之一。

于德楷(? —1914年),字仲芳,贵阳人。其祖为康熙皇帝玄烨赏识而提拔荣任两江总督的于成龙。先辈宦黔,遂举家迁居贵阳城北沙子哨董其坝(今贵阳市白云区沙文乡王家院村董其坝寨)。于德楷在同治年间中举,曾官仕四川知县。光绪年间,于德楷辞官归黔,迁居贵阳市中心正新街。于德楷归里后,曾积极投入贵州的维新变法活动及福利桑梓的公益事业,是当时贵州颇具卓识的知名人士。同济堂创建人之一。

黄紫卿,湖北汉口人,祖籍江西,精通医药又有经营才干。黄到店后,唐、于提出一个干股给黄作为优待。作为同济堂第一任掌柜,提出了"购药须出地道,制作必须精细,配售必依法度"的经营信条。从药材采购、仓库保管、饮片加工炮制、门市配方、丸散膏制作、财务管理及学徒培训等都进行了有条不紊的规范,改善了经营管理作风和服务态度,保证"货真价实""童叟无欺",加强对药材的保管,对药材的加工"遵古炮制"。建立了同济堂独特的一套经营管理的办法,使其很快在省内外得到很好的名声,成为当时我国西南部最具规模的药房。

第二代传承人:唐继善、唐幼宏、杨一清。

唐继善,唐炯之子,从小在店中学艺,严格遵循上一代继承了的经营理念、方法及炮制技术,很好地继承了同济堂的传统医药文化。

唐幼宏,唐炯之子,也是子承父业,从小在店中学艺,严格遵循上一代继承了的经营理念、方法及炮制技术,很好地继承了同济堂的传统医药文化。

杨一清,黄紫卿之徒,1916年黄紫卿病故后接任经理,1933年,因嗜酒被撤职,由端木文元接任经理。端木文元亦是黄紫卿之徒,其接任经理后于两年(1935年)病故。二人均长期师从黄紫卿,很得师传,很好地继承了同济堂传统医药文化。

第三代传承人:曾仁昌、胡兴德。

曾仁昌,杨一清之徒,1936 年接任同济堂药店经理,1939 年主持修复被日军炸毁的同济堂药店,1940 年 6 月 3 日修复完毕并正式恢复营业,同时举办了五十周年店庆活动,为重整同济堂立下了汗马功劳。

胡兴德,亦杨一清之徒,1948 年继任同济堂经理。

第四代传承人:车晓春。

车晓春,曾仁昌之徒,1956 年公私合营后任同济堂经理,并任贵阳市中药业同业工会主任,其任期内,带领同济堂全体员工继续继承和发扬同济堂的历史传统。其任期内,同济堂药店扩大为三个,饮片加工引入了机械操作,传统特色产品肚脐膏、阳和膏、大活络丹、人参再造丸、安宫牛黄丸等在产量上和质量上得到了很大提高,不仅广收本省中草药,而且从全国各地广进药材,经营品种多达 1000 余种。1987 年荣获国家中医药管理局授予的"质量管理检测先进集体"称号,是贵州省唯一获此殊荣的药店。

第五代传承人:王晓春、李辉武、肖胜兰。

王晓春,男,1968 年生,法学硕士,经济师,现同济堂法人代表,董事长,擅长经营管理,极具创新开拓精神。2000 年入主同济堂后,相继成立了贵州同济堂制药有限公司、贵州同济堂中药饮片有限公司、贵州同济堂药房连锁有限公司、贵州同济堂药品配送有限公司、贵州同济堂文化传播公司、贵州同济堂中草药种植有限公司,使同济堂初具集团架构,并成功将同济堂制药推上了纽约证券交易所,成为首家在该所上市的中药企业。

李辉武,男,1949 年生,现同济堂中药饮片有限公司总经理,1967 年进入同济堂做学徒,1987 年以贵州省炮制第一名的身份代表贵州省参加了第一次全国振兴中药技术竞赛,并参加了 2005 版《贵州省中药饮片炮制规范》的编写工作。2003 年起任贵州同济堂中药饮片公司总经理,为同济堂中药饮片厂的建立和保质保量生产做出了突出贡献。

肖胜兰,女,1964 年生,现同济堂药房连锁公司总经理。1988 年进入同济堂,曾在中药饮片加工组、丸药房、门店中药柜配方等岗位工作,1998 年任同济堂总店主任,2003 年调公司门店管理部经理,2005 年起开始任现职。很好地继承了同济堂传统的经营管理作风,使同济堂的门店经营业绩逐年上升。

三、同济堂传统中药文化的主要特征和重要价值

(一)主要特征

大凡意义深重者,现于人前的必定是简朴平凡的语句,然而简朴并非简单、简

陋;平凡也非平淡、平庸。譬如贵州同济堂的核心理念——同心同德同济堂,短短七个字,却需拆字剖析,细细揣摩,如品青榄,久嚼方觉滋味。

先品“同”字,《说文》中谓“同,合会也”,有相同、一样,齐心合力的含义。在中国传统文化中,“同”有圆满、和谐之意;在同济堂,“同”体现了员工与员工之间、员工与企业之间、企业与社会之间密不可分、互为作用的关系。同代表了全体同济堂人的目标一致、决心一致和步伐一致。

在同济堂的核心理念中,“心”与“德”是企业精神的两块基石。“心”表现为良心、善心、诚心、责任心、进取心……对企业,同济堂人以“主人翁”的自豪感对待本职工作,对同济堂的未来之路抱有坚定而执着的信心,将个人成长与企业成长合二为一;对社会,强调人文关怀之心,济世为民之心,以强烈的社会责任心来为国家建设贡献力量。

“德”有道德、德行、品行、善行的意义。《周礼·地官》曰“德行,内外之称,在心为德,施之为行。”讲诚信、公道乃同济堂做人做事之具体表现,“遵古炮制”“秤足质好”,“童叟无欺”是同济堂以德赢天下的金玉良言,也是同济堂人的立身之本。

“堂”字的本义为殿堂,用于祭献神灵、祈求丰年。《说文古本考》说“殿,堂之高大者也”,后泛指房屋的正厅。在同济堂的核心理念中,“堂”有着丰富的引申含义:中国传统文化认为,万事万物都有它的“根源”,否则是长不了的。“堂”是同济堂人安身立命之所,是百年老字号传承至今的根。“堂”赋予企业厚重的文化积淀和精神依靠,从而在现代商业社会的激烈竞争中,依然屹立不倒,经久不衰。

(二)重要价值

(1)历史价值。同济堂成立于1888年,距今已有120多年历史,其位于贵阳市市中心正新街的总店位置至今未变,虽经多次改造装修,但仍极大地保留了其古色古香的主体风格,是贵阳市城中心很少见的一幢仿古建筑,在贵阳市几乎无人不知。同济堂创建于贵州省中药行业的萌芽阶段,在贵阳同济堂药店的创建与带动下,继而兴起的药店都仿效同济堂经营管理,逐步扩大了业务范围,形成与发展了贵州中药行业,120多年来,为贵州人民的健康做出了较大的贡献。

(2)文化价值。传统医药是祖国传统文化的重要组成之一,同济堂自创建以来,严守遵古炮制的店训,在边远的少数民族地区,很好地弘扬了祖国传统医药文化,并吸收了当地民间民族医药的精华,形成了自己独特的一套经营管理及炮制方法,其“购药须出地道,制作必须精细,配售必依法度”的古训,“同心协力,济世为民”的高尚情操,“货真价实”“童叟无欺”的经营理念,“医药同堂、前店后坊”的经营模式,对贵阳乃至贵州的医药行业及整个商业环境产生了巨大影响,至今仍有现实意义。

(3)经济价值。同济堂自成立以来,经营业绩良好,职工待遇优厚。尤其是进入21世纪以来,其迅速发展成了贵州及至全国都有很大影响的制药企业集团,直接解决了近千人的就业,其近三年累计上缴税收就达11037万元,并带动了地方中药材种植、包装、运输等相关行业的发展,为地方经济的发展做出了很大贡献。

(4)社会价值。百余年来,同济堂始终如一地履行其古训堂规,真正做到了货真价实、童叟不欺,逐渐成了当地人民选用中药饮片时的首选药店,其药店规模至今仍是贵阳市乃至贵州省内最大最全的中药店堂,其生产经营已与当地人民的健康息息相关。过去的120余年,同济堂以前店后坊的经营方式为当地人民的健康做出了很大贡献,今天的同济堂,经营范围已涉及中药饮片生产、销售,中药材种植、中西成药研发、生产、销售,药品配送及连锁销售,医药文化传播等。有理由相信,发展壮大后的同济堂,必将会做出更多更大的贡献,实现其济世为民的立店初衷,因而具有很大的社会意义。

卷九 民俗

省级非物质文化遗产

贵阳苗族服饰

苗族服饰是一个流传千年的服饰，其外在表现形式多样，内涵丰富，是我国不可多得的一笔文化财富。贵州省会贵阳是中国西南地区中心城市之一，亦是一个多民族汇聚的地区。贵阳市花溪区、乌当区的苗族服饰在灿若星河的众多苗族服饰中独具特色。2007年，花溪区和乌当区苗族服饰双双被列入贵州省第二批非物质文化遗产保护名录。

身着盛装的贵阳苗族姑娘

（李小毛 摄）

苗族服饰式样繁多，色彩艳丽。《后汉书》中就有五溪苗族“好五色衣裳”的记载，唐代大诗人杜甫也有“五溪衣裳共云天”的著名诗句。苗族妇女的服装有百多种样式，堪称中国民族服装之最。较有代表性的传统“盛装”，仅插在发髻上的头饰就有几十种。苗族妇女上身一般穿窄袖、大领、对襟短衣，下身穿百褶裙。衣裙或长可抵足，飘逸多姿，或短不及膝，婀娜动人。便装时则多在头上包头帕，上身大襟短衣，下身长裤，镶绣花边，系一幅绣花围腰，再加少许精致银饰衬托。苗族男子的装束比较简单，上装多为对襟短衣或右衽长衫，肩披织有几何图案的羊毛毡，头缠青色包头，小腿上缠裹绑腿。苗家姑娘的裙子叫百褶裙，但实际上一条裙子上的褶有500多个，而且层数很多，有的多达三四十层。这些裙子从纺织布到漂染缝制，一直到最后绘图绣花，都是姑娘们自己独立完成，再加上亲手刺绣的花腰带，花胸兜，真是异彩纷呈，美不胜收。

一、苗族服饰概述

苗族服饰是苗族妇女通过自己的作品向社会表达自己及族类的思想感情的一

种重要方式。苗族服饰工艺价值极高,特别是盛装成为苗族女子独特的标志。苗族妇女服饰是苗族婚姻集团的标志。其最重要的识别功能是表明自己所属的婚姻集团,“服饰不同不通婚”成为苗族婚姻生活中一条不成文的规定,因此,对每种不同服饰款式进行研究,能够很好地了解苗族不同支系婚姻的缔结方式。

苗族服饰是在苗族人民不断的历史迁徙过程中形成和发展的,是根据不同的地理环境、自然条件和生活环境形成的不同着装方式,体现了不同支系苗族的生活习惯和生存方式。苗族服饰具有若干款式,若干不同的款式都具有生活和劳动的实际意义,在苗族社会中起着巨大的作用。苗族各个支系服饰图案各有特点。根据苗族妇女服装类型和居住地区的自然环境和地理条件,可推断苗族妇女服装类型是在苗族迁入贵州定居以后才逐步形成。这儿的推断在苗族古歌和民间传说中得到证实。

在《黔西北苗族的服饰》《裙下的江河记号》等民间传说中,都说苗族西迁进入贵州后,“为了让子孙后代都记往苗族的祖籍和美丽富饶的老故乡,便把故乡田土城墙及山水标图作画于衣裙上”;“把黄河、长江的图案绣在衣服的披肩的裙沿上”。这亦说明苗族服饰是一部流动在人们身上的历史。在苗族服饰中最常见一些直线、方块回纹、螺纹、三角形、菱形、水波纹、S 形、漩涡等套色形成的花纹,这些纹样多用来装饰袖口、裙边、衣服下摆及襟沿,它们通常用来表达苗族的迁徙路程和祖居地的原貌。因而一些苗族妇女的裙子叫“三条母江裙”“九黎裙”“七条江裙”。它真实地反映了苗族先民经历战争、饥荒、动乱,从中原、黄河流域、长江流域辗转迁徙到西南高山地区的历史和苗族文化的变迁过程。

除了沉重的迁徙历史,苗族妇女更擅长表现鲜活的现实生活。苗族同胞多居住在自然风光优美的山区,花鸟兽虫鱼随处可见,与苗族人民的劳动生产、日常生活息息相关,为苗族妇女制作服装花纹图案提供了丰富的素材。正是苗族人民世居青山绿水,四季花艳如春,时刻感染着爱美的苗族妇女,随之产生与花媲美的审美心理。久而久之,受其启发,选用最艳丽的色彩把最漂亮的花朵绣在服装上,希望自己一年四季都生活在花丛中。苗族服饰中各种装束的花纹图案千姿百态,不管是刺绣、挑花还是

贵阳苗族服饰上的河流图案　修文县文广局提供

蜡染,都大量使用这些题材,有的注重写实,有的注重写意。最常见的图案有龙、麒麟、蝴蝶、花、鸟、鱼、虫,运用各种不同的绣法使图形变得生动而华贵。苗族历史悠久但无文字,所有都靠口头传颂,丰富的口头文学为服饰制作打开了极大的想象的空间,并巧妙地将传说中的神物和现实中的自然物融为一体,再现历史,呈现生活。

二、花溪苗族服饰

花溪为多民族居住地区,居住着汉、苗、布依等民族,其中苗族人口占全区人口的18.63%。花溪苗族散居于全区100多个村寨,由于自然环境不同、经济发展不平衡等诸原因分化为5个支系,形成现今6种不同类型的服饰。其中,西部的最为精美,旧时外人据其服饰特色称之为“花苗”。其妆饰特点就是已收入“第一批非物质文化遗产名录”的“苗族挑花”工艺。2007年列入贵州省第二批非物质文化遗产目录。

花溪苗族服饰款式繁多,具有鲜明的民族特色,其制作工艺流传于花溪辖区内整个苗族覆盖区域,并与同支系贵定、龙里等相邻苗族村寨有交叉。

身着苗族盛装的贵阳苗族小姑娘 花溪区文广局提供

花溪苗族妇女服装的款式主要表现在上装的衣襟上。若干服装款式系在一段布料上开孔,作为领口,穿着时从头上套下,前襟为一整块;另有若干服装款式的上衣为对襟,分为左右两片,襟线在上衣正中部位,左右两片大襟对称;又有若干服装款式上衣的前襟虽然也分为左右两片,但左前襟大于右前襟,襟线从领部向上,至右肩窝处向下斜至腋下,再从腋间直下。下装主要是百褶裙、桶裙、旋裙等,数量很少,另有部分下装为长裤。苗族服饰具有设计独特灵活、制作工艺精湛、图案繁多、色彩丰富、搭配合理、是苗族文化的载体,其娴熟、精湛的刺绣、挑花等工艺技能包容了深厚的民族文化内涵,表现出强烈的民族感情的色彩和突出的民族特点。同时,妇女服饰是苗族婚姻集团的标志,其重要的识别功能是表明自己所属的婚姻集团,“服饰不同不通婚”成为苗族婚姻生活中一条不成文的规定。因此,对每种不同服饰款式进行研究,能够很好地了解苗族不同支系婚姻的缔结方式。

三、乌当苗族服饰

乌当区下坝乡卡堡村因其地理位置偏僻,交通不便,较好地保留了该支系的苗族服饰。下坝乡是一个多民族聚居的乡镇,主要有汉、苗、布依等民族,其中少数民族4000余人。卡堡苗寨、岩底苗寨、大山布依寨等民族风情景点,构成了本乡丰富多彩、独具特色的民间民俗文化。

卡堡苗族自称“印苗”,“啊也俩嘎”,是苗族的一支独具文化特色的民族,因其上衣的图案而得名的。这些图案以正方形为主要形式,装饰在背部和袖筒上,据说这种图案是苗王的大印,印上是苗王的名字。

乌当印苗服饰　乌当区文广局提供

约千年前,这支苗族被外族人追杀。被迫迁移时,为了识别本族人,苗王用自己的印章,给每个族人盖在背上。这支被外族人追杀的苗族,逃到当时称为黑羊大箐的贵阳。为了生存,他们在黑羊大箐与野兽搏斗,用自己勤劳的双手,开山种地,在这里生存、发展和繁衍后代。为了纪念苗王,也为了识别自己的亲人,后来就形成在上衣上锈这种图案为装饰的民族习惯。

印苗服饰,是卡堡印苗村民作为姑娘结婚时的嫁妆,是只有在欢庆节日时,尤其在表演民族舞蹈时,才穿上的民族服装。服饰与舞蹈相得益彰,服饰为了适应花棍舞中的一些动作,逐渐进行了改进。

清朝乾隆年间(1736—1795年),人们审美情趣逐渐提高,不仅在上衣背部绣上图案,增加了在袖筒上及胸前均绣上三角印图案,衣襟处缝上两条绣花的飘带。

20世纪三四十年代,为了适应本民族的“花棍舞”,不断改进、发展,增加了男女头饰、绑腿、围腰和腰带，并绣上花纹，简单的裙子也改进成百褶裙，上面还染上漂亮的蜡染图案和花纹。

随着现代各种服饰文化的冲击，印苗村民穿着逐渐汉化，印苗服饰作为本民族的民族特征逐渐淡化。加之，印苗服饰制作工序繁多，年轻姑娘不愿意学，认为制作这种服饰麻烦，需要细心、耐心，制成一套成衣至少花费一个人一年的心血，现这种服饰制作技艺目前只有寨中20余个老妇人掌握，面临技艺失传的境地，必须保护传承。

偏坡布依族服饰

偏坡村是贵阳市乌当区偏坡布依族乡的一个村，面积11.93平方千米，10个村民组，292户997人，布依族人口占97%，森林覆盖率62.8%。偏坡村资源丰富，生态环境优美、布依村寨保护完好、布依民族民风淳朴、布依文化特色浓郁。珍稀古树遍布村庄角落，奇特的沟、谷、山、洞、林交映成辉，是贵阳近郊天然大氧吧。农业无污染，无筋棒豆、早玉米、科技刺梨、林下鸡等无公害农产品香甜可口，畅销省内外。

偏坡村布依同胞勤劳俭朴，热情好客，与周边各族同胞和睦相处，长期交往，创造了优秀的布依文化和独特的民俗风情。百年珍稀古树遍布村寨角落，民居保护完好，层叠而上、错落有致。民间文化丰富多彩，民歌、民乐、民间雕刻、民族刺绣、酿酒等独具风格，“六月六”风情节源远流长，远近闻名，布依酿酒、刺绣、民歌等物质和非物质文化极具开发潜力，其中，偏坡布依服饰被贵州省政府列入第二批贵州省级非物质文化遗产进行保护。

偏坡布依族男装款式简单。为对襟或大襟短上衣，内白外青或蓝，着阔口长裤。妇女上穿无领右衽大襟衣，衣长及膝，窄袖，同样着阔口长裤，衣裤皆用绣条镶边，挂围腰，围腰绣有各种图案。服装布料为自种、自纺、自织、自染土布。土布织纹有格子、条纹、梅花、辣子花、花椒、石榴纹、人形纹、蝴蝶纹、“田”字

偏坡布依族服饰

纹、干栏、鱼纹、鸟纹等200余种。布料颜色以青、蓝、黑、白为主。偏坡布依男子平时喜穿草鞋,逢年过节时穿布鞋。布依族女鞋为尖头翘鼻纳底绣花鞋,鞋帮鞋头均有美丽的刺绣图案。偏坡布依族儿童及老人戴帽。童帽有仿猫、免头面缝制的,有仿古代武士头盔和文官乌纱帽。帽前钉一排银制罗汉(当地人称其"银老者")、八仙或"长命富贵"字样,帽后留彩穗和几个银制或铜制小铃铛。老人帽分两种:小帽、纱帕帽。老年妇女通常戴青色或黑色小帽。围腰是布依族女子装束重要组成部分,一般为青色、黑色和白色,围腰上端正中位置有图案刺绣,围腰腰带较宽较长,有精美绣花。布依族服饰多样,各地不一。总体特点是"男朴女繁",衣体宽松。

正在刺绣的偏坡布依族妇女

布依族服饰从形制看可分为多种种类型。而这些类型与性别、年龄、穿用场合有密切关系。

偏坡布依族服饰(贵阳市)

(1)婴、幼儿、少年服饰。刚出生的婴儿用襁褓包裹,由孩子的外婆家制作。幼儿服饰,衣服为无领"和尚衣",无纽扣,在衣服腰部钉小布袋,穿时系上就可。

胸口前围“口水兜”，脚穿软底布鞋。童装中有特色的是帽子，有仿动物头面缝制的，如猫头帽、狮头帽、兔头帽等，帽子的做法很讲究。从3~6岁，男孩上身穿土布对襟衣，女孩则将头发编成小辫拖于脑后，或扎成两个小辫。7~15岁，男孩穿布衣对襟衣着长裤，头戴瓜皮帽、遮阳帽、包花格土布头帕或打光头。少女穿土花布大襟又衽上衣，编一条发辫盘于头上，腰上缠一根绸缎或布料长腰带，手上戴铜制或银质手镯。

（2）青年服饰。16~25岁男青年一般上身穿蓝靛色或靛青色土布缝制的对襟短衣，钉右纽扣，窄袖。下身穿青色或蓝色长裤，头上包花格土布帕，脚穿千层底部鞋或精编细麻鞋。青年未婚女子或举行婚礼后未到男方家居住者上身穿大领大襟镶花三条蜡花袄，两襟及衣边均镶嵌织锦或蜡染图案。领口和漫肩用一枚枚古色古香的印章做花，中间是手工刺绣的花。系围腰，围腰多用白底兰绫和蜡染布做成。长约1米，宽约24厘米，用织锦镶边，边缘有耍须，围腰钉两根镶花绸料飘带，系于身后。还拴一根彩色绸缎腰带。腕带银镯，指戴银戒指。群头为蜡染印章花，印章里有甲骨文字样，其余部分为蜡染太阳花。脚穿绣花鞋、毛边布鞋、精编麻鞋或细耳草鞋等。头上，先用4尺左右的白布作汗巾，再用4尺青布绣成花帕，将发辫盘在花帕外，并以假发和青丝线编成粗辫缠绕花帕，头的后面用一块六七寸见方的桃花头巾搭盖。右鬓边，扎佩各色花朵。

（3）死者服饰。死者落气后，若为男性，包上青丝头帕，穿上蓝靛土布长衫、长裤，有条件的，要缝制一件丝织品长衫，脚穿布鞋。若为女性，穿土布或丝料缝制的短衣长裙，包方格桃花土布帕，脚穿尖头绣花布鞋。除嘴里含的碎银而外，身上穿的不能有金属或骨质品。

偏坡布依族女性服饰

偏坡布依族男性服饰

丧服：与死者同辈或死者的长辈仍穿平时的服装。死者的晚辈则穿白色的丧服。丧服又有男女之分，男装上身为大襟右衽长衫，不钉纽扣，用小步条钉在衣襟边缘，穿时交叉系上就可,衣长至脚背,腰用一根麻线捆缚。头上用一根长约 2 尺的白色土布帕,中间套在额头上,交于后劲,用麻线捆扎在腰带上。下身仍然穿平时穿的裤子,脚上穿白布鞋或白球鞋。女装的孝服上身为白色大襟右衽短衣。不钉纽扣,用小步条相系。脚穿白色布鞋或白网球鞋。腰上拴麻线。头上用白色土布帕盘裹。

苗族跳场(花溪区)

苗族跳场,亦称"苗族跳花场""苗族情人节"(苗语:nu zaī),是苗族同胞最为隆重,历史最为悠久的民族风俗活动之一,其流行地域之广,参与人数之多,是苗族其他节日集会的各种活动难以相比的,具有独特传统文化和民族风俗,跳场风俗广泛流传于花溪区孟关、高坡、燕楼、湖潮等乡镇的苗族聚居地。

苗族跳场由于其独具的民族特色和不可复制性,受到政府的保护和重视,2007年被贵州省列为第二批省级非物质文化遗产名录。

一、苗族跳场的历史渊源

花溪苗族跳花场活动源远流长。苗族跳场来源有各种不同版本,但大意基本相同,资料记载,贵州苗族跳场由苗族英雄人物央洛(音译)兴起。据苗族民间传说,苗族跳场开始于青岩镇新哨村,是苗族英雄人物、苗王(古代苗族酋长)央洛为寻找杀死猛虎,为女儿报仇的苗家后生诺德仲而设。

花溪区桐木岭苗族跳场

古时候,苗族酋长央洛得知打开金山的钥匙在黄瓜中,便种了三窝黄瓜,开了三朵花,结了三个瓜。一天,央洛老人外出,就叫大女儿古勒克和二女儿古勒高在家看守黄瓜。央洛的女儿勤劳善良、能歌善舞、貌若天仙,但因口渴,她们却把打开金山钥匙的黄瓜偷吃了,央洛回家看到少了两个黄瓜,就追问黄瓜被谁摘了。两个女儿谁都不承认,央洛说,你们再不说我就诅咒偷黄瓜的人了,两个女儿还是不承认。于是,央洛就咒骂"谁偷吃了我的黄瓜,就要被老虎咬"。他一咒骂完,两个女儿很害怕,就立刻承认黄瓜是她们吃的。央洛说,"过桥转得来,过话转不来"(话已出口不能追回)。怎么办呢?为了不让两个女儿被老虎吃掉,央洛在一个大塘中心建了一栋房子,要搭上木板才能进出。他叫两个女儿住到里边,自己仍然住在老房子。她的大女儿和苗族青年诺德仲相互爱慕,夜间常常幽会。为了能和自己的恋人幽会,诺德仲就对古勒克说,夜里你要是看到一盏灯和听到鞋子发出的响声,那就是我来了,你就搭上木板让我进来;如果看到两盏灯,又听不到鞋子的响声,那就是老虎,千万不要搭木板。就在他们说话的时候,恰巧被老虎听到。夜里,老虎蒙住一只眼睛,剩下的一只看上去就像一盏灯,老虎来到塘边,用虎抓在地上敲打,模仿鞋子的响声。这时古勒克正在期待着诺德仲的到来,就迫不及待地搭上木板。老虎就从木板上扑过去,把古勒克吃了。这时,诺德仲刚好来到塘边,立即抽出腰刀,砍死了老虎。为古勒克报了仇,救了古勒高。回到家后,诺德仲由于过度伤心,整整睡了十余天。古勒克遇害的第二天,央洛来看女儿,在塘边看到人血,知道出事了,急忙赶到塘中心,只见到伤心的古勒高一个人,古勒高将所发生的一切告诉央洛,老人非常后悔当初不该咒骂。当他看到诺德仲掉在地上的刀壳,不知道是谁杀死老虎救了古勒高,老人心里非常感激这个人青年。于是,央洛决定找到这个青年,并把小女儿相配给他,以报答他。为完成这个心愿,老人请所有的苗族青年来吹芦笙、跳舞。并请他们拿出各自的腰刀来试刀壳,可就是没有一把合适的。最后,央洛和青年们商量,决定用清点人的方法来查找,结果发现青年诺德仲没有来,就派人去请他。经过三次邀请,才把诺德仲请来。诺德仲拿着腰刀和芦笙来到场上,央洛请他试刀壳,大小刚好合适,老人高兴地把小女古勒高许配给诺德仲,古勒高脸上也洋溢着笑容。见到老人和青年人们脸上的笑容,诺德仲捧起芦笙吹奏起来,青年们也跟着吹奏起优美的音乐。大家在场上尽情地吹着跳着,自此以后苗族群众兴起了跳场,以后年复一年的跳,一直延续至今。由于诸多原因,后将跳场活动地点从青岩镇新哨村移到了桐木岭。

二、苗族跳场的艺术特色

花溪各处跳场时间不尽相同,一年 2~3 次不等,其中最具代表性的是桐木岭跳场。每年农历正月初九，当地及周边的苗族群众都身着盛装，带着芦笙，从四面八方汇集到这里，参加一年一度的跳场活动。

桐木岭跳场共分三个程序：踩场、跳场、扫场。

苗族跳场之踩场

（1）踩场。即在跳场活动前，首先进行庄严的踩场祭祀活动。正月初八晨，场主们带着香蜡纸烛和供品来到场上，随行的青年们带来长达丈余的青树栽在场坝正中，作为花树。花树上悬挂着写有“风调雨顺”“国泰民安”的长条红绸。花树栽好后，紧接着是祭场。一场主站在花树下焚香秉烛，敬献供品，祈求神灵保佑。这时铁炮三响，祭场礼毕。场主从花树下取来金色的芦笙，先演奏传统的《开天辟地》和《诺德仲》这两首芦笙曲。曲毕，场主跃上骏马绕场三周后宣布跳场开始，整个场上芦笙与鞭炮齐鸣。早已等候在场外的苗家青年男女，个个身着华丽的节日盛服，佩戴着雪白的各类银饰，吹奏起金色的芦笙，手拿着美丽的绣帕，在银铃声和芦笙曲中，成双成对地下场，环绕花树按顺时针方向翩翩起舞。

（2）跳场。在跳场活动中有不少传统规矩，由各户长者在教育子女时，代代相传至今。

在跳场过程中，一般都是有目的、有对象地进行。他们的一切活动早已由老人安排好了，如果另有心上人而不服从长辈的安排，也有权去找自己的情人一起跳，长辈们对此也不去干涉。

苗族跳场之跳场

通过第一天的跳场，相互若有一定的好感，男青年便会邀请女青年到自己的家里作客。晚上，青年们便陪着客人对唱情歌，向对方表达爱慕之情。在第二和第三天的跳场活动中，如双方情投意合，便在跳场过程中进行庄重的仪式——“牵羊”。

“牵羊”开始，跳场活动便进入高潮。最为壮观的场面出现在花树周围。当某一位姑娘爱上了某一位后生时，便从自己的腰间解下自己亲手绣制的精美腰带，一端拴在后生的腰带上，另一端拿在自己的手中，后生吹起明快的芦笙曲行于前，姑娘跳起轻盈的舞步跟于后，环绕花树数圈。这一独有的求爱方式与黔东南地区的苗族青年的求爱方式完全不同。贵阳桐木岭的苗族跳场活动是女求男。传说是苗族老人央洛，为了寻找杀死猛虎为其女儿古勒克报仇的苗族英雄诺德仲而设的一种方法。

(3)扫场。扫场是在跳场的最后一天(初十)下午进行。扫场仪式较为简单。下午五时许，大家都知道一年一度的跳场快要结束了，情人们将要分手了，只等来年再来相会。因此，情绪更为高涨，后生们的芦笙吹得更加响亮，姑娘们的舞姿更加洒脱。不一会儿，由场主主持的扫场仪式开始。他站在场地正中高声宣布：到明年的正月初八再来跳场。话毕，场主跃上骏马绕场一周，将花树放下，锯为两节，由另外两名场主各持一节扫场类似武术中对打，同时鸣放鞭炮，扫场结束。而青年们在场地上却依依不舍，相互叙说着衷情，互相祝福，互送信物和纪念品，整个坝子里出现了男女青年难舍难分的情景。

苗族跳场之扫场

三、苗族跳场的文化价值

活动中的芦笙舞、芦笙曲都是长辈教给下一辈的，没有文字记录，口授身传来指导。

苗族“跳场”活动具有纪念祖先，追忆故土，增强民族内部凝聚力，传承本民族文化，研究花溪苗族历史的功能，同时，这一活动也为认亲家找配偶，年轻人自由恋爱提供了场所。增进人际间感情联系，加强同族间协作团结；寻求爱情的“媒妁”；继承民族文化传统，培养造就文艺人才；追求美好幸福的历史标志跳场作为苗族的庆典活动，有效地把苗族中各个不同的分支联系起来，不仅作为单纯的娱乐庆典，更重要的是成为苗族之间维持感情关系的纽带，同样它也是年轻的苗族小伙子向苗族姑娘求爱的好机会。同时它还具有纪念祖先，追忆故土，增强民族内部凝聚力，传承本民族文化，研究花溪苗族历史的功能。近年来随着大众传媒的普及，文化生活的改变，新潮娱乐方式的冲击，使“跳场”这种民间活动逐渐衰退。

高坡苗族射背牌

高坡苗族射背牌是高坡苗族独有的一种民俗活动，主要分布在花溪区高坡乡，流传于龙里、贵定等相邻地区的苗族村寨。2007 年，高坡苗族射背牌列入贵州省第二批非物质文化遗产名录保护。

高坡苗族乡位于贵阳市东南端，属贵州省贵阳市花溪区管辖范围，距贵阳市 51 千米，距花溪区政府所在地 31 千米，地处花溪与龙里、惠水三县（区）交界处，总面积 120 平方千米，辖 19 个行政村，121 个村民组，87 个自然寨；耕地面积 15532 亩；总人口 20897 人，其中苗族占 70.9%、布依族占 3%、汉族占 26%。全乡平均海拔 1500 米，境内最高处皇帝坡海拔 1712.1 米，也是贵阳市最高处，属典型的高寒山区，气候寒凉，湿润，风大，多雾。独特的地理和自然环境，使高坡地区的苗族文化形成了一个相对独立的文化圈。文化的相对封闭性，加上民族传统习俗的独特，为孕育苗族古老仪式“射背牌”提供了条件。

高坡苗族姑娘与背牌（李小毛　摄）

每年“四月八”—— 高坡苗族的情人节，“四月八”的中心活动是“射背牌”，这是情笃男女用以公开表白互相爱恋之举，亦是苗族传统的富有情趣的活动。高坡苗族“四月八”，不一定是农历四月初八，指的是农历四月中第一个“亥”日，射背牌是“四月八”的活动高潮。

高坡苗族妇女喜披背牌,是他们独特的服饰习惯。相传原来苗家敲牛祭祖都要将牛前腿进贡皇帝。后因为路远,皇帝表示可免去进贡,并将盖有大印的印布送给苗民。从此,皇帝送的印布成为高坡苗族特殊装戴的黄背牌。高坡背牌分前后两块,上面是四方印章,挑花饰满印章周围,用两条绣花布连在一起,前小后大,套在脖子上。因此,背牌图案核心构件为印章,决定了所有的刺绣图纹都必须在正方形内完成。背牌分盛装背牌和简装背牌。盛装背牌为黄色,尺寸较大,多以丝线绣制,以黄色为主调,间以红色色条,富丽、高贵而庄重,一般高坡妇女一生只有一至两块。简装背牌为白色,多为棉线织绣,简洁、朴素而美丽。背牌是贵州苗族妇女衣服上特有的装饰品,由前后两块布片精工制作而成,前面一块已发展成为现在的胸前胸兜,背上一块便是背牌。背牌在苗语中称为"葛棒",常见于贵阳乌当、花溪、高坡和黔南龙里及六枝、水城等地的苗族服饰上。苗族同胞们出门一般都要装饰背牌。在较富裕的苗家,每一件衣服都要配上一块精美的背牌,在贫困的苗家可能一家人仅有一两块背牌,谁出门谁背上,成为家庭的公用品。

高坡苗家姑娘正在准备背牌(李小毛　摄)

贵阳花溪高坡苗的背牌图案基本上都是矩形的。关于矩形图案的由来有两种传说,均与苗族历史上的战争有密切联系:一说苗族祖先蚩尤原本住在我国黄河流域、洞庭湖、鄱阳湖一带,后来因被黄帝部落打败,撤退途中常有战事发生,有一位苗族首领怕误杀自己人,就决定在苗族战士衣背上盖一方苗族部落的大印,俗称"苗王印";二说是相传苗族一直是官府镇压的对象,官府抓获苗人后,为防止他们逃跑或造反,便在他们背上盖"皇帝印"做标记。据《元史·本纪》载:"至元二十九年,正月丙午,从葛蛮安抚使宁子贤清,昭谕来附平伐、紫江、翁眼、皮陵、九堡等处诸洞猫蛮。""皮陵"为今日高坡乡"批林"村,这说明"高坡苗"先民早在元朝时就在这里定居。这两种传说都将矩形图案作为区别于其他族群的标志,而如今看到背牌图案多数已不再是方印形状,则是后人根据审美需要创造出了新的样式。

在漫长的历史演变中,"背牌"已由一个战争特有的标志变为青年男女的爱情信物。在贵阳花溪高坡乡苗族地区至今存在着"射背牌"习俗。所谓"射背牌",即是女青年将精心制作好的背牌挂在树上,相约钟情男子以弓箭射之,以象征山盟海誓,永结同心,与西方丘比特之箭代表爱情不谋而合。

姑娘以射背牌的名义请人陪伴到后生家喝春酒(李小毛 摄)

举行"射背牌"活动时,男方家事先要托媒征得女方家同意,双方决定射背牌后姑娘就送后生一双银耳环作为射背牌的礼物,把射背牌的信息传递到后生家。正月十六那天,即"四月八"前十三天,姑娘以射背牌的名义请人陪伴到后生家喝春酒(姑娘在家将酒菜准备好,用竹篮送上指定射背牌的地点宴请后生),双方伙伴亲友聚于男方寨上,吹芦笙,唱歌,通宵达旦。唱歌内容丰富,背牌歌、桌凳歌、碗筷歌、酒肉歌、答谢歌等。男方家庭为整个活动杀猪备酒。凡是参加庆贺及邀请来的宾客,均要入席就餐。餐桌上只限于猪肉和豆腐,蔬菜是不能上席的。

射背牌结束后,女的献一块背牌给男的作纪念,男的把布腰带给女的作纪念。相传,这是拿到阴间相会时作凭证。办丧事时,如死者是射过背牌的,都要让死者穿着裙衣,把女友送的背牌枕于头部,同时入葬,好让他带着这些凭证去会女友。射背牌结束后,男青年合伙请女友的叔伯兄弟姊妹们吃餐饭,路远的留宿一夜,送别时,男女双方依依不舍,含情脉脉,甚至痛哭流涕,很是感人。第二天,女方回敬男方三斗二糯米饭,各家送的都一样,不得多或少。第三天,男的姊妹把借来的背牌送到女方家去,过一两个月,男的送女的一对银耳环,作还背牌礼。显然,这是一种独特的断绝阳间爱情心,为到阴间成夫妻的习俗。

射背牌一般在农历四月初八举行。男女双方确定射背牌后,于当年二三月间,女方就开始向姊妹们借好了背牌。四月八前后的猪日或猴日,是射背牌的日子。前一天,由男的陪着去把背牌借来,并由男方的姊妹背回男家。

高坡苗族射背牌时男女双方互赠黄手帕
花溪区文广局提供

"四月八"前三天后生就把弩和箭制作好,前一天姑娘就把一条用旧的背牌给后生做试靶,同时赠送花手帕、花领牌。在正式举行"射背牌"活动的前一天,相爱的男女集会于男方家中,邀约同龄伙伴载歌载舞。射背牌时,姑娘要把亲自刺绣的黄背牌(一件女性上装的衣着饰物,呈条状,长 1 米左右,宽约 60 厘米,中间开衩,两端绣有特定图案,黑底白线或黄线,盛装着缀满银铂或海葩,穿戴时由头顶自上而下,分别罩于前胸和后背)赠送后生,让其以箭射穿,姑娘还要绣两块手帕,两带花领牌,男女双方各执一块,相传谁先死,谁就拿着花手帕、花领牌到阴间污水河边的路口上等待另一方,要手帕和花领牌都对和,两人才手牵着手渡过九道污水河,以后转生还做结发夫妻。

到射背牌这一天,次日清晨,早餐过后,人们涌向高坡场。女方由年长力强的中年妇女背着靶版前往指定地点,男方父母亦随同前往。男方把女友们借来的背牌集中起来,由男方的姊妹背到射背牌坡。男青年穿着古装筒裙衣,系红布腰带,佩长刀,拿着芦笙,颇似武士,到半路接女友上射背牌坡。

相爱的男女随公证人(一般由德高望重的老人来担任)来到射背牌的山坡上,主持仪式的长者必须是"射背牌"亲历者。活动通常在中午开始,靶版放在指定的位置上,由主持人祝祷后,宣布射背牌开始,女友们各自把自己特制的背牌从怀里取出来,摆在地上,男友把雪亮的刀插在一边。

男女双方先朝天射三箭,以天剁地,以箭射天,表明了青年男子乞求天地为阴亲征婚的愿望。接着男子操起弩矢,即以弩箭象征性地向左、向右、向中各射一支箭,再对准背牌射一支箭。女的也瞄准自己的男朋友穿在身上,并用手撑开一角的裙衣射三箭,表示生不能成夫妻,死要一路同行。之后,激动的姑娘放声高唱三首背牌歌。当竹箭射穿背牌插入靶版上时,人声、芦笙、唢呐、长号一齐鸣响,男女青年跳起欢快的芦笙舞,因为这是情深意笃的真正象征。男子射完背牌后,女子则取下背牌逃走,男子紧追不舍。男子追到女子后,互相拥抱。此时前来围观的人,欢呼雀跃,掌声雷动。

准备射背牌的高坡苗族小伙子(李小毛 摄)

射背牌仪式完毕后,女子将"背牌"送给男子,男子则解开自己的红腰带给女子,并且加赠一副耳环或手镯之类,互为定情之物。习俗规定,从此无论情况怎样,他们都不能在生前结为夫妻。但在死后安埋时,男子须将"背牌"搁置胸前,女子须将"红腰带"系于腰间随葬,最终实现"阴亲"的联结。随后,在场的青年男女双双相约跳起芦笙舞,活动气氛达到高潮。事实上这是苗族特有的婚礼形式,凡射过背牌者,说明他们已向天地、向族人公开表明了他们情深似海,誓为夫妻。

高坡苗族射背牌

射背牌，一般是姑娘主动，不但赠后生以花手帕、花领牌，还要送后生八九十斤糯米饭以款待亲朋，射背牌后的第三天，后生家大请客，所有亲朋好友都来“欢喜”（祝贺），吃糯米饭。宴后，每人都捎回一点礼品——即姑娘家所送的糯米饭，借以名扬四方。后生只送给姑娘一丈二尺布和一只精致的背篮以作纪念。射背牌之后，男女之间的感情便自然减退，以后不再往来。

高坡苗族射背牌是苗族人民在独特的地理、自然环境中，经过长期的生产、生活相沿成俗的一种独一无二的“文化空间”形式，集中展示了高坡苗族的芦笙舞、射击、盛装服饰、银饰等丰富多彩的民俗事项，是苗族婚俗文化中绝无仅有的独特模式，仪式有力的佐证了苗族“来世婚、结阴亲”的独特婚姻习俗。它通过服饰、传说及习惯法，来承认血缘氏族内婚或爱情的合理性，却又不破坏现实氏族外婚的家庭关系，严格执行血缘内不能结婚的准则。同时，进行“射背牌”时苗族女子的服饰、背牌等均表现了其非凡的刺绣工艺技艺，仪式进行时表演的芦笙舞蹈表现了苗族人民对美好生活的向往和追求，在中华民族文化中亦为罕见，具有极高的非物质文化价值。

高坡为花溪的贫困村寨，外出打工的人尤其多，余留在家的均为老弱妇孺，打工人员都在外进行自由恋爱，使得这一古老仪式已无条件进行，加之生活方式的改变，思想观念的同化，政府对自由恋爱婚姻的保障，也使得射背牌这一特殊的文化仪式渐行渐远。

杜寨布依族丧葬砍牛习俗

布依族丧葬砍牛习俗主要流布于贵阳市乌当区新堡布依族乡的杜寨村，此地为地势隆起的山原台地，地势西北高，东南低，有极为发达的沟谷流水，喀斯特地貌和溶洞广泛发育，地下水与地表水交替频繁，气候属北亚热带季风湿润气候。河流属乌江水系，南明河上流支流。布依族人民在该民族的丧葬中有“砍牛”的风俗。

杀牛祭死者,希望死去的人在阴间也同人间一样有牛耕地。由于宰杀耕牛影响生产发展,1949 年以后,均只举行仪式而不再砍牛。至今,新堡布依族乡的杜寨村保持着完整的《砍牛经》。

2007 年杜寨村布依族丧葬砍牛习俗因其浓郁的民族性和文化性列入贵州省第二批省级非物质文化遗产名录。

贵阳市乌当区新堡布依族乡杜寨村的秀丽山水

布依族自古以来信仰多神,经历从自然宗拜到祖先崇拜的进程。布依族先民进入文明时代以后,逐渐认识到父母(尤其是母亲)养育子女的艰辛,因此死后子女必须敬孝,不让遗体遭践踏,收拾尸体装殓入棺,然后聚众安葬。在安葬过程中,有的即兴默念祝福语,有的诵念安慰亡灵的诵语等,久而久之形成了一种礼俗——丧葬礼俗。这种丧葬礼俗与别的民族不同的是存在着砍牛习俗。布依族人民自古以来都依靠牛耕耘,把丰稔的希望寄托在牛身上,因此,在该民族的丧葬中有“砍牛”的风俗。杀牛祭死者,希望死去的人在阴间也同人间一样有牛耕地。据清康熙《贵州通志·恋僚》一书中记载:“贵阳、都匀、镇宁、普安……丧,则屠牛招亲友,以大翁贮酒,执牛角扁饮,……主人不食肉,止食鱼虾。习阴阳家音,葬用棺,以伞盖墓上。期年而火亡,不上王冢。”随着时间推移和时代变迁,布依族丧葬礼俗经过世代摩师师徒口传心授保存并发展至今。

贵阳市乌当区新堡布依族乡杜寨村的丧葬砍牛习俗

过去,每当布依族中有成年以上的人去世,在出殡之日,都要举行很隆重的“砍牛”仪式。所用的牛,有的地区由丧家自备,如花溪的孟关一带,有的地区由女婿送,但丧家要回赠一头大牛,如贵州普安县一带。“砍牛”“老摩”“长摩”“巫师”主持,在亲友祭奠完毕后,即牵牛到“鬼场”(通常选用寨子中较大的一块田作“鬼场”,以示死者到阴间后有田耕)转,“鬼桩”竖子场中,将牛拴上。由“长摩”边唱《砍牛歌》边领穿戴孝衣(裙)、孝帕、手拿香火的孝子、女儿飞儿媳、孙子依次一起围牛转舞几圈每转完之后把香火插在“鬼柱”脚上,随后,用糯米饭喂牛。完毕,即砍牛,出殡。

这一古老的风俗,流露出这个历史悠久的农耕民族对耕牛的爱护和依赖,对劳动的赞美及对美好的生活的向往。

新堡布依族乡至今保持着完整的《砍牛经》。《砍牛经》是布依族自古流传的一部经典。根据民间传说,该经起源于远古时代的食人风时代,是由智勇双全的布依族祖先德颖创造的。后来德颖把这“经”传给十二个弟子。这十二个弟子迁徙外地,各自全凭心里记忆向后人传播。该经便由此在布依族民间流传开来。由于没有自已的文字,后代布依人即用汉文标音著成自己的《砍牛经》典籍流传至今。新堡布依族老人罗志方保存的《砍牛经》一至四卷就是见证。但也有一些地区的经文流传,一直靠言传身教,口诵念唱。各地对《砍牛经》的称谓也不相同,有的至今仍称《砍牛经》,有的地区叫《暮经歌》及《奠子》《奠当》等,虽称呼不同但内容基本一致。

杜寨、大寨、新寨的罗家,马头的陈家,王岗的花家和郭家,他们都是从清朝中期开始传下来。一代传一代,传到今天,至今300余年的历史。《砍牛经》全部使用布依语,十分完整,充满亲情,有布依祖先创造的完整文本,代代相传。布依《砍牛经》的内容,体现布依人的勤劳、善良、勇敢、聪明,与当代(或过去其他祭祀方法相较)流行的祭祀方法比,有着朴实、节俭、场景热闹的特点。从布依《砍牛经》的文体内容,更加体现道德、仁义等方面的推广价值。

杜寨布依族丧葬砍牛习俗中的《砍牛经》是布依族的宝贵文化遗产之一。主要以演唱为主来表达祭祀,所以也称“经歌”。歌词生动含蓄,韵律性强。唱起来朗朗顺口,打动心弦,令人悲切万分。就语言、词汇上来说,不仅保持了布依族的古语、古词,而且这种倒装句子与现代语法修辞截然不同,它反映了布依族的历史、文化、道德、哲学、生产观和生活方式。

随着社会的不断进步和经济的发展,加之外来文化的大量涌入,如今许多布依族山寨老人去世时已不再进行砍牛仪式,但在丧葬仪式中还较好地保留着念《砍牛经》的传统习俗,但仪式已较为简单,完整的布依族丧葬砍牛习俗已基本消失。

苗族“四月八”(贵阳市)

苗族“四月八”,是贵州、湘西等地苗族的传统节日。其中尤以贵阳市云岩区喷水池的苗族“四月八”活动规模最为宏大、场面最为隆重、影响最为深远。

贵阳市云岩区位于贵阳市中心地区,与南明区同属贵阳市两城区。

贵阳市云岩区苗族“四月八”的宏大场面
贵阳市非遗中心提供

贵阳曾是苗族的聚居地,很久以前,苗族一直住在格罗格桑(苗族对“贵阳”的称呼),安居乐业,后来与土司争斗失败后才逐步迁到贵阳周边地区。喷水池苗族四月八主要活动在贵阳市及周边县市。苗族四月八是苗族人的传统节日,又称“亚努节”。每逢节日这天,附近的苗族都要聚集到喷水池举行各种活动,纪念古代英雄亚努。每年参加节日的人在数万及至数十万人以上。这天人们在一起吹笙、跳舞、唱山歌、荡秋千、上刀梯、玩龙灯、要狮子等,人山人海,场面极为壮观。该民俗活动,是贵阳地区苗族同胞的传统节日,少有间断。从 1983 年起,贵阳市决定在“四月八”前后开展“民族团结周”活动。1987 年国家民委明确“四月八”为苗族的传统节日。2007 年贵州省政府将贵阳市云岩区苗族“四月八”列入贵州省第二批非物质文化遗产保护名录。

一、苗族“四月八”的历史渊源

苗族“四月八”源远流长,明(嘉靖)《贵州通志》曾记载:“乌饭,四月八,取南木茎叶捣烂,渍米为饭,染成绀青之色,谓进一合,可以禳灾延年,亲戚亦相交送以为礼。”民国年间,杨森《苗夷边胞写真》载:“铜像台(1954 年后改称喷水池)一带,原为森林茂密之区,称黑羊箐,边胞(指苗族)酋长古鲁悲赞异常英勇,于宋时或宋前率其徒众来此开垦,死后葬于此,后人为追念前人丰功伟业,乃于四月八日前来祭奠。”

关于贵阳“四月八”的来历,民间有多种传说,其中《格罗格桑》《鲁勒妹》《戛勒戛桑》等苗族古歌均有对“四月八”来历的传唱。流传最广的传说是贵阳曾是苗族

苗族同胞在贵阳喷水池吹响芦笙欢庆苗族“四月八”节日 花溪区文广局提供

的聚居地,苗族先民一直居住在格罗格桑(苗族对“贵阳”的称谓),安居乐业,后来汉族土司前来驱赶,企图侵占这个地方,激起了苗族人的反抗,一个叫央洛的苗族英雄、首领组织各寨苗族头人在时下的“喝血坳”地喝鸡血盟誓,决心共同联合苗族同胞与敌人血战到底,并且约定四月八日聚众起义。起义之后,义军连连获胜,一直打出贵州,打到四川。但因力量悬殊,在第二年四月八日一次激烈的战斗中,央洛不幸战死在贵阳市喷水池附近并葬于此。苗族先民亦被迫迁到贵阳周边地区。苗族人民为纪念这位民族英雄,每逢央洛的遇难日农历四月初八这一天,苗胞们总要到墓地(现贵阳喷水池附近)举行纪念活动,追思央洛业绩,为战死者扫墓,祭奠这位古代民族英雄。年年如此,代代相传。随着时间的推移,四月八逐渐由传统的祭祀活动演变为带有娱乐性质的节日文化。中华人民共和国成立后,经国家民委批准,将“四月八”定为苗族统一的节日。

二、苗族“四月八”的主要内容

(一)基本内容

每到农历四月八,贵阳市周边的苗族同胞,家家户户按传统习惯,上山取“乌米叶”,将其捣烂,取汁浸米,蒸熟成乌米饭带身上,他们披戴银饰,穿戴新衣,身着民族盛装,带着芦笙络绎不绝地从山顶、山腰、平坝,从四面八方向“四月八”节日活动场地贵阳市中心喷水池一带聚集。到喷水池后,伴着优美动听的芦笙舞曲,男女青年们跳起独特的芦笙舞。这一天要举行傩戏、上刀梯、下火海、狮子舞、打花鼓、赛歌、吹唢呐、吹木叶、打秋千、武术、茶灯等优秀的民族民间文艺表演。苗族同胞尽情欢歌,吹响芦笙、箫笛,唱着山歌,跳着苗家舞蹈,跳鼓舞,对山歌、舞花带、上刀梯、钻火圈……热闹异常,人数以万计,场面宏大而壮观。

四月八是苗族的传统喜庆节日又是苗族的祭祖节、英雄节、联欢节。苗族同胞家家户户都以吃乌米饭和芦笙歌舞等方式欢度这一节日,以悠扬的芦笙、箫笛和清脆嘹亮的苗家“飞歌”凭吊苗族英雄和祖先。苗族同胞以凭吊“四月八”葬于今喷水池一带的古代苗族英雄央洛,辈辈相传,而成习俗。

苗族“四月八”上载歌载舞的苗族同胞 贵阳市非遗中心提供

喷水池苗族“四月八”传统的祭祀活动,已逐渐成为以苗族为主,其他民族共同参与的、各民族共同联欢的地缘节日文化,成为民族服饰展示、民族歌舞表演、民族工艺竞技的互动平台。如今,贵阳的“四月八”已成为贵阳及其附近苗、布依、侗、壮、水、仡佬、汉等民族共同狂欢的节日,成为展示民族传统文化的盛典。少数民族男女青年还借此机会,通过自己饱含深情的舞姿与歌声寻找意中人。

(二)主要制品和作品

制品有:①服装。包括艳丽华美的衣服(多为短衣)、花巾、花披带等。②饰品。包括银项圈、银簪、银花等。③箫筒、笛子。均是苗族男子自己手工制作。④乌米饭。一种具有地方、民族特色的食品,据说可“禳灾延年”,是亲朋好友相互馈赠的佳品。

作品有:①《苗族四月八》;②《民间文学资料(第十二集)》;③《民间文学资料(第六十集)》。

三、苗族“四月八”的主要特征

喷水池苗族“四月八”节日,内容丰富,特点鲜明。

(1)涉及面广。每年农历四月初八,除贵阳城区外,周边的龙里县、平坝县、清镇市、修文县、息烽县、金沙县等地的苗族分布的地方,都会身着盛装,自发前往喷水池过此节日。

(2)人数众多。每逢这天,贵阳市及邻县的苗族都会参加,参与人数达几万人。汉、布依等其他民族也来观看,观众达10万人以上。

(3)脉络清晰。虽然传说中的人物不尽相同,但都是以纪念反抗外来的统治和压迫而英勇牺牲的先辈们为主。

(4)仪式固定。同一支系的苗族必定在这一天蒸好乌米饭,身着盛装,汇集喷水池,纵情歌舞。

(5)党委、政府重视。贵阳市委、市政府已决定,每年农历“四月八”苗族节日的前一周,为“贵阳市民族团结周”,在喷水池举行全市性的盛大民族活动。

四、苗族“四月八”的重要价值

(1)人类学、民族学、民俗学价值。苗族“四月八”体现了苗族人独特的民族英雄崇拜和社祭文化,承载着苗族许多重大历史文化信息,涉及苗族衣食住行等方面,具有人类学、民族学、民俗学研究素材的价值。

(2)社会历史教育功能。喷水池苗族“四月八”活动既是纪念祖先开疆辟土,反抗镇压,追忆故土的活动,也传承了苗族的历史文化,培育民族感情,增强民族内部凝聚力。

(3)是苗族同胞的重要社交场合。节日是青年男女谈情说爱的好时节,也是苗族同胞交朋结友、走亲访友、聚会的好时机。

(4)增进人际间感情联系,加强民族团结。

(5)展示民族民间工艺,弘扬民族文化传统。

(6)丰富民族节日文化。该活动已成为贵阳乃至贵州较有影响力的传统节日,是民族传统文化展示的重要平台。

近年来,随着改革开放的深入发展,纪念活动又增加了经贸洽谈、艺术文化研讨、旅游观光等新内容,今天的苗族传统节日“四月八”已成为了苗族人民展现民族文化,加强民族团结,招商引资,促进经济发展,建设精神文明的综合性盛会,吸引了越来越多的学者、游客和商人。活动的内容也逐年增多。

苗族节日“四月八”体现了苗族的宗教文化信仰特点,对研究苗族的历史、民俗具有重大的价值,是湘、鄂、渝、黔等省市苗族、侗族、瑶族,多民族的大聚会。

五、苗族“四月八”的存续状况

喷水池苗族“四月八”活动,虽然历代统治者常常抱着轻蔑歧视的态度,可是苗族人民却引以为豪,一直坚持隆重庆祝,少有间断。1949 年以后,政府非常尊重这一风俗习惯,节日期间都会准备民族特需商品,保证节日供应。从 1983 年至 2013 年的 30 年间,贵阳市每年都隆重组织“四月八”传统活动。

历史上,苗族“四月八”活动都在喷水池(铜像台)一带开展。城市化进程中,这里已是贵阳市的中心地带,寸土万金,高楼林立,组织此活动存在较大难度。加上大众传媒的普及,文化生活的改变,新潮娱乐方式的冲击等,喷水池苗族“四月八”这种民间活动受到影响,参与人数在下降。如果不采取必要可行的措施,这个具有数百年历史的民族节日将辉煌不再。

布依族“三月三”

“三月三”是居住在贵州的布依族较为普遍的传统节日。节日来源与活动内容随居住地区不同有所区别。贵阳市乌当区新堡乡一带布依族将“三月三”又叫“祭地蚕”,俗称“地蚕会”。

一、布依族“三月三”历史渊源

传说古时有一庄稼汉,发现年年春播之后都有许多地蚕将幼苗咬死。经过反复观察,他认为地蚕是天神放到大地的“天马”。为避免幼苗遭受虫害,他用了许多方法祭祀都不灵验。后来,他在春播时炒苞谷花去喂地蚕,结果保住了幼苗。这个消息很快传到远近的布依人家。此后,这一带的布依族为了保护农作物,争取获得丰收,于每年三月初三这天炒苞谷花作供品,三五成群地至附近山坡祭祀“天神、地蚕”,祈求天神保佑,不叫地蚕咬死田地里的禾苗,让五谷丰登。祭毕,人们沿田边土坎边走边唱山歌,并把炒过的苞谷花撒向田土中。人们认为,祭了地蚕,既可使它们迷糊,又能封住它们的嘴巴,田里的禾苗即可免遭虫害。后来布依族人民将三月三定为“歌会节”。贵阳南部郊区布依族把“三月三”称为“仙歌节”。节日内容与乌当区新堡乡大体相同,但他们是用唱歌的方法来祈求天神免灾,这天男女青年上山对歌。传说谁唱的歌最动听,天上的歌仙听了,便会赐你一副金嗓子。你劳动到哪里,哪里就会听到金嗓子唱歌,害虫听到这声音就不敢伤害庄稼了。

“三月三”节日身着民族服装的布依族姑娘们

二、布依族“三月三”主要内容

开阳布依族“三月三”主要流传在开阳县布依族聚居区域,包括南江布依族苗族乡、禾丰布依族苗族乡等区域。

开阳县位于云贵高原东侧梯状斜坡地带，乌江南岸，东与瓮安、福泉交界，南与龙里县、贵阳市毗邻，西连息烽县、修文县，北接遵义县，距省会城市66千米。总面积2026平方千米。地势西南高，东北低，有西南分水岭地带向北面乌江河谷和东西清水江河谷倾斜。地貌类型复杂，地势起伏大，山地、丘陵、盆坝、河谷阶地错综分布。土壤类型多样，特别是土壤中硒元素的含量符合人类身体的需要，获富硒农产品之乡的称号。气候温凉，大部分地区属北亚热带季风湿润气候。四季分明，春暖风和，夏无酷暑，秋季晴朗，冬无严寒。雨量充沛，雨热同季。

“三月三”实际上是男女青年唱歌恋爱的节日。这天，布依族男女青年则要在这三天中，举行盛大的游山、对歌和交友活动。方圆几十里的各族青年，届时也来参加和观赏这一传统的赛歌活动。歌手们可以在这样的场合中大显身手，凭着即兴作诗吟唱的天才，能和对手连唱三天三夜甚至更长的时间。有许多男女青年通过这些活动建立了爱情关系。三月三是布依族最隆重的歌节，按照习俗，从农历三月初三起，休息三天祭祀山神和水神，以求风调雨顺，国泰民安。

“三月三”歌会上放声高歌的布依姑娘

男女初次对歌，一般都是集体对唱。姑娘一开始常常会试探，她们唱道：“妹拿花碗丢上天，花碗落在海中间。有心有意捡花碗，无心你莫海边玩。”如果男女两方有意，便约定时间、地点单独对唱。到了这个时候，也许小伙子就会唱道：“花连树来树连根，钥匙连锁锁连门，钥匙只连一把锁，小哥只连妹一人”。而姑娘就会巧妙地表白：“妹家门前一棵桃，十人过路九人摇，别人过路摇不动，小郎一到自会摇。”在布依山寨里，许多未婚的青年男女，就是通过对歌相识相恋，最后一订终身。

布依族“三月三”体现布依族传统习俗，主要的传承方式就是在布依族家族之下通过老传幼、母传女、长传幼等方式世代相传。涉及具体的歌唱技巧都是通过口传身教，自小就开始学习，并经过长时间的摸索，得以形成独特传承体系。

三、布依族“三月三”主要特征与重要价值

布依族“三月三”具有深厚的群众基础

主要特征:①是布依族聚居区域一种传统的节日,主要进行布依族情歌演唱。②“三月三”是传统农耕生活在布依族群众中的具体体现,反映布依族群众的勤劳和智慧。

重要价值:①布依族“三月三”情歌是反映该民族男女谈情说爱的重要方式,是布依族民族风情和文化的重要组成部分。②布依族“三月三”传统节日盛行的地区,是省级开阳县风景名胜区是重要景区,具有很高旅游开发的价值,应结合旅游市场需求,打造布依族“三月三”苗族风情游,吸引海内外游客。

四、布依族“三月三”传承

代表性传承人:陈明祥,男,布依族,49 岁,开阳县禾丰布依族苗族乡王车村,是该地著名的歌手,特别擅长于假声唱法。

罗延斌,男,布依族,68 岁,退休教师,开阳县民研会会员,禾丰布依族苗族乡马头村水头组,对布依族三月三歌唱收集的较为完整。

王廷明,男,布依族,46 岁,南江布依族苗族乡毛家院村,是南江乡布依族三月三歌会的重要组织者。

花开秀,女,布依族,32 岁,禾丰布依族苗族乡王车村,是当地非常有名的歌手,参加过多彩贵州歌手选拔大赛。

苗族斗牛习俗

苗族人民历来有斗牛的习俗。每年正月十五,二十五两天,居住在开阳高寨的苗族同胞都要将自己平时喂得膘肥体壮的牛放出来打架,称为“牛打场”。发展到今天,“斗牛节”已经演变为一种有组织、有纪律、有竞争的苗族同胞最隆重而热烈

的节日了。到了这天,四邻八寨的乡亲都会身着节日盛装,早早来到斗牛场看牛角逐。参加角逐的牛都事先由“媒人”相好的,斗牛膘肥体壮、旗鼓相当且有相当的搏击基本功。一入战场,即你推我顶,互不相让,两只健牛,像隆起的两座小山。力的较量与展示,往往博得四周观战者的阵阵欢呼。

2009年开阳苗族斗牛习俗与黔东南的凯里、施秉一道列入贵州省第三批省级非物质文化遗产保护名录。

“斗牛节”上,两头水牛正斗得难解难分

传承人王文开和他的斗牛

开阳县苗族斗牛习俗的主要传承人是高寨苗族布依族乡平寨村后寨组的王文开。苗族斗牛习俗就是在苗族家族之下通过老传幼、父传子等方式世代相传,具体的斗牛的选择、饲养的技巧等都是通过口传身教,自小就开始学习,并经过长时间的摸索,得以形成独特传承体系。在开阳县高寨苗族布依族乡的斗牛节自清初一直延续至今,1984年以来还得到政府的大力支持,其节日活动的内容更加丰富,更具有吸引力和生命力。

斗牛比赛是苗族的传统节日活动,历史非常的悠久。王文开从小受长辈的影响,十八岁时就开始饲养斗牛,主要是从父亲王武华习得重要的养牛技术。其间还到黔南、黔东南和云南参加比赛时获得饲养的经验,并从这些地方先后购买了5头斗牛,其毕生的经历都放在斗牛的饲养上,现在有很多的年轻人向他学习斗牛的饲养技术,极大地促进了苗族地区斗牛的饲养,延续了苗族传统的斗牛习俗。

(1)这种以竞技为中心的节日,在逐步地发展过程中,还把苗族更多的文化娱乐融入其中,尤其是为这个支系的苗族同胞提供了更多的交流机会,促进民族的团结。具有原始的图腾崇拜的特征,体现了该民族顽强民族精神风貌。

(2)体现了苗族同胞对牛的认同方式,即通过斗牛来表达对牛的尊敬和爱戴,并进一步的表达本民族的崇拜物。为苗族同胞的交流提供了重要的平台,不管是男女老幼都可在节日期间,除了尽情地娱乐,还可以相互沟通,特别是为青年男女提供谈情说爱的机会。斗牛逐渐融合了苗族传统的一系列非物质活动,形成开阳苗族最为隆重的节日之一,不但吸引龙里、贵定、福泉的斗牛爱好前来观看,近年来还有大批的络绎不绝的中外旅游者。对发展苗族地区的旅游有着重要的作用。

(3)斗牛的挑选、饲养和比赛:要求是三角眼、猪沙眼。角要长和宽大。身体要肥大。鼻梁、坐蹲位两边都要有"线圈""鸭蹄"的好斗。牛长到6岁以上才可以带出去参加比赛。一般是7岁以上才带到大场合去参加的正式的斗牛比赛,16岁时就不再打斗了。一天要喂2~3餐,用嫩草和杂粮混合喂养。正式的比赛场合,还需要有兽医参加。比赛活动在政府的支持下,获得名次的斗牛都或多或少得到奖金。现在人们还成立了一个斗牛协会,每年都要拨款几万元组织斗牛比赛。参加斗牛比赛的牛要到斗牛协会报名,报名之后当天就要考虑牛怎么配对。参加斗牛比赛的要交押金,是为了防止报名而不拉牛去斗的人,并以此供来年举办比赛的支出。

2006年王文开被开阳县人民政府授予开阳县第一批非物质文化遗产——苗族斗牛习俗代表性传承人。

开阳县高寨乡举行的斗牛节上,当地群众载歌载舞,开展"跳园"活动

20007年和2008年王文开参加开阳县高寨苗族斗牛大赛分获第一名和第二名的好成绩。

清镇瓜灯节

清镇,中秋节(农历八月十五)素有玩瓜灯的传统习俗。

瓜灯节在贵阳清镇市由来已久,主要流传于城关镇,即是现在的青龙街办事处一带。2009年列为贵州省第三批非物质文化遗产保护项目。

雕刻瓜灯　清镇市文广局提供

清镇瓜灯节起源在民间有三种说法：一是在南瓜成熟的中秋之夜，小孩相约到瓜地偷瓜玩瓜，被偷的农户虽被偷而不怨，反添喜色，说明了当年收成好，瓜多瓜大，而未被偷的农户反倒觉得失望；二是当地先民不堪忍受官家压迫，于某年中秋之夜，以瓜灯作为联络信号，举兵起事；三是南瓜多籽（谐音为子），人们于中秋之夜剖瓜掏籽（讨子），并将剜空的瓜壳制成瓜灯，借以祈福添丁（点灯）。

中秋之夜，人们“偷”南瓜后，将其掏空，然后在瓜皮上刻上诸如“天下太平”“五谷丰登”等吉祥字样，有的雕刻漂亮的花纹进行装饰，然后用小酒杯盛上少许菜油，配上几棵灯草，点燃放进镂空的瓜壳里，“瓜灯”就做成了。

清镇中秋瓜灯节，始于20世纪80年代中期。之前的中秋之夜，小孩提着瓜灯在街上游玩，既不透光，其制作又大多粗糙简单，只限于传统的纪念意义而没有什么观赏价值。

瓜灯成为具有浓郁地方特色的艺术品，并在清镇形成具有地方特色的较大规模的文化现象，始于1988年。

瓜灯主要是用南瓜、金瓜雕刻而成，一件成功的瓜灯作品，要体现出“刻、镂、刮、挑、绘”5种工艺，“形、色、光、声、动”5个特色。20世纪80年代以前，人们仅在瓜上刻“五谷丰登”“欢度中秋”等简单的文字图案，90年代，就出现了“抗洪抢险重建家园”“喜迎亚运”“冲出亚洲走向世界”等。同时，大量的民间传说和历史神话人物也在瓜灯上出现，如，“二龙戏珠”“百鸟朝凤”“嫦娥奔月”“后羿射日”“女娲补天”等，甚至制作成多个瓜灯相连贯的完整的故事灯。

制作瓜灯是先将瓜瓤掏出再雕刻文字和图案灯，将瓜灯的皮肉完全雕穿，瓜内安放蜡烛和油灯，形成闪烁的彩灯。

每到中秋之夜，清镇的大街小行瓜灯成群结队。有的提在街上游玩，有的挂在门前供路人观赏，有的在指定场所参加展评。晃若群星灿烂，秋萤乱飞。有的小如，有的大如鼓；有的长如吊灯，有的圆似宫灯。一个个玲珑剔透，独具匠心。

中秋瓜灯节已成为清镇民俗文化的一大亮点。临近中秋，市场上金瓜、南瓜堆积如山。大街小巷也有不少人提着瓜灯在游玩，人群集中的地方便有人在指点评价。不少外地人来到清镇，都对清镇瓜灯感到非常好奇，有的甚至在中秋之夜专门从外地赶来观看。每逢中秋佳节,清镇市当地群众都要选取金瓜、南瓜或西瓜来雕“瓜灯”,寄予来年风调雨顺,五谷丰登。举办“中秋瓜灯节”已成为清镇市的传统活动,其目的就是推动传统文化的健康、和谐、广泛开展。

瓜灯作品 清镇市文广局提供

清镇瓜灯节传承谱系:

一代:黄顶园,男,1895 年出生,自幼非常喜欢瓜灯雕刻,每到中秋节,总爱雕刻瓜灯上街游玩。

二代:黄鹏飞,男,1922 年出生,从小受父亲黄顶园的影响,自幼跟父亲学习瓜灯雕刻,在当地瓜灯雕刻中小有名气。

三代:黄国林,男,1946 年出生,于 1958 年开始通过父亲黄鹏飞言传身教,加上本人爱好绘画,并在父亲的指导下,亲力亲为地进行瓜灯雕刻,充分发挥自己的想象力,用绘画的原理融入瓜灯的雕刻中,雕好后与大家进行比较,互相交流技艺,取长补短。

黄国林在瓜灯雕刻中采用的材料主要是用南瓜或者金瓜,通常情况下他选用南瓜进行雕刻,南瓜面宽大,利于他雕刻。

瓜灯第三代传承人黄国林
清镇市文广局提供

他雕刻的瓜灯作品,主要结合“绘、刻、挑、镂、挖”5 道工序。绘,是在选好的南瓜面上直接绘出图案;刻,是根据瓜面上的图案用工具刀顺线条刻画;挑,是根据刻画好的线条,剔去不必要的部分,使其或阴或阳,以突出造型;

镂,是根据需要将瓜白部分进行镂削,使其产生透明或半透明的效果;挖,是把瓜瓤挖去,使其达到可以随心安放灯具。

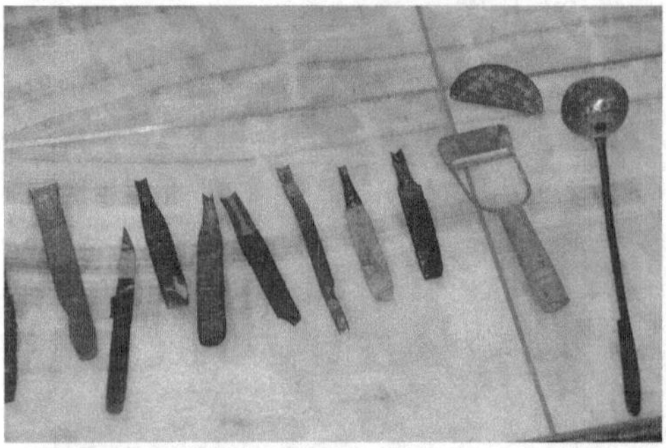

黄国林雕刻瓜灯的工具　清镇市文广局提供

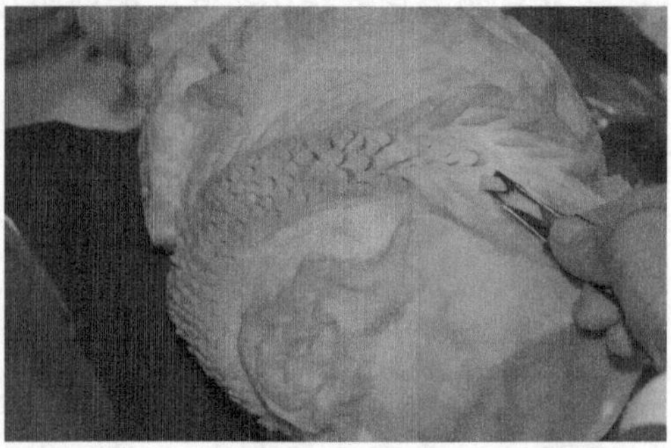

黄国林正在雕刻瓜灯　清镇市文广局提供

黄国林雕刻的瓜灯作品之一
清镇市文广局提供

黄国林雕刻的瓜灯作品之二
清镇市文广局提供

在多年的瓜灯雕刻中,他结合自己的绘画功底,通过自己的努力,能熟练掌握运用瓜灯雕刻技法中线雕、浅浮雕、高浮雕、镂空雕等手法,他雕刻的瓜灯充分体现型、色、光、影等特色,在当地瓜灯雕刻中独具特色。

所雕刻的作品有“二龙戏珠”“百鸟朝凤”“五谷丰登”“欢度中秋”等,黄国林从2000年开始传艺,分别收了6名徒弟传授瓜灯雕刻技巧,其中最突出两名徒弟为李忠学、刘亮亮。李忠学,男,1972年出生,从小喜欢瓜灯雕刻,儿时自己动手雕刻瓜灯参加学校的比赛,2001年正式拜黄国林为师父,并通过师父传授,已经熟练地掌握单雕、浮雕、镂雕几种工艺,在2011年举办的瓜灯雕刻比赛中荣获二等奖;刘亮亮,男,1970年出生,自幼喜欢玩耍瓜灯,并喜欢上了瓜灯雕刻,2005年拜黄国林为师父,并通过师父传授,已经熟练地掌握单雕、浮雕、镂雕几种工艺,在2011年举办的瓜灯雕刻比赛中荣获三等奖。

2003—2008年,黄国林连续参加青龙办事处举办中秋瓜灯节中瓜灯雕刻才艺展演,在参与活动中,与大家共同交流,从别人的作品中体会出更多的感悟,并且把自己的感悟用于自己的再创作。

布依族坐夜筵

贵阳市开阳县禾丰乡布依族坐夜筵是布依族婚礼中最隆重的礼仪。

据《开阳县民族志》记载,“坐夜筵”是布依族婚礼中最隆重的礼仪,布依族结婚要办酒三天,第一天为“正酒”,招待各路来客;第二天为“立席”,招待内亲好友;第三天为“放客”,各路亲朋好友要回家。在第二天晚上要安排“坐夜筵”,其目的有三:一是为了喜庆;二是使送亲客吃好玩好,请姑亲母舅,以及好友作陪,相互认识,日后好称呼;三是对布依族婚俗知识、礼仪进一步完善和发展,以便代代相传。“坐夜筵”,男女送亲客都要参加,在新郎家的堂屋正中分上下两排而坐,上排用三张大桌接成一排为男宾席,下排三张小桌为女宾席,女宾席上摆两瓶花,表示花好月圆,同在一屋高歌畅饮,直至天明才散席。整个“坐夜筵”实际上就是一个包含各种仪式的饮酒歌会,会出现各种各样的歌唱,内容纷繁复杂,多姿多彩。

布依族同胞在长期的生产生活中逐渐形成的一系列的婚礼仪式,其中的坐夜筵习俗是最能体现民族特色的内容,是布依族文化的集中反映。坐夜筵习俗是布依族同胞在长期的生产生活中逐渐形成的具有民族特色婚礼仪式之一,以酒作为中间物,通过内容丰富的夜筵歌传递民族感情、民族文化。对于研究布依族历史具有一定的参考价值。还可适当的结合旅游业的需求,向旅游者展示民族文化,吸引游客,从而推动当地的经济社会的发展。“坐夜筵”是布依族婚礼中男家于新婚之夜举办的盛大酒会和歌会,其情味热烈,深沉、隆重、典雅,因在夜间举行而得名。

布依族坐夜筵习俗主要分布在开阳县布依族聚居的禾丰布依族苗族乡、南江布依族苗族乡、高寨苗族布依族乡等布依族聚居区域。坐夜筵在当地布依族中有个美丽的传说,据当地布依族老人说:大约在明朝弘治年间(1488—1505年),有一位名叫罗先儒的布依青年,自幼勤奋好学,才学高尚,那年皇家下诏招考。规定不准少数民族参考,罗先儒为了获得参加考试的资格,就冒充汉人参考,结果他考中了第7名。皇上派差人张龙、赵虎带着“报喜贴”奔驰数日,来到贵州铜鼓坡的罗家大寨报喜。

布依族坐夜筵之入席唱歌
开阳县文广局提供

罗家大寨老幼听说皇帝派人送“报喜贴”进山，就知道是罗先儒考上了，都高兴得欢呼雀跃，后生们互相邀约，敲锣打鼓，走村串寨，相告报信，不到天黑。四村八寨的亲友都汇集到罗先儒家，给罗家贺喜，没想在堂上，不见报喜的人“贴彩”，只见两个差人坐在堂中，样子很不高兴。差人认为“我俩既是皇家官差，又是属龙属虎的，怎见寨上之人，一点欢迎的仪式都没有”。这一下把贺喜的寨人们弄得进退两难。

族中有两个年轻人，一个叫千山，一个叫万氏，他们以学识将张龙、赵虎两个差人戏弄了一番，使两个差人深感钦佩，并双手高举“报喜贴”贴在中堂门头上。

罗家大寨人听了差人的告辞言语，还看见了“报喜贴”，都十分高兴，又重新摆酒，合桌共饮，欢度良宵，在欢喜的夜宴中，猜拳行令，对唱酒歌，赠送元宝，背小九九，诗文答对十分热闹，祝贺罗先儒启程进宫就任。

此后，年复一年，世世代代“夜筵”成了布依族人民的婚宴习俗。

考察布依族坐夜筵习俗，大概有如下规矩和程序。

男女宾客分席坐定，各行仪式。

男宾仪式如下：

一是请客座席。“夜筵”开始前，主持人首先请主家的姑亲母舅入席，再请亲朋好友及各路上宾，最后由接亲客请送亲客入席，待送亲客走到大门口时，主持夜筵的人领众位齐唱《闹元宵》，送客慢步入席就座。

布依族坐夜筵之开筷歌
开阳县文广局提供

二是合桌（客人入席前两排桌均未合拢，主、客要说合桌四句）。

三是发香、发烛、发壶、发筷（香、烛、壶、筷未发之前全用红纸封起，说完发词后启封）。

四是行酒。行令官发布酒规：一、不准跷脚驾马，二、不准伏台座席，三、不准贪花闹嚷，四、不准借酒发风；违者罚酒三杯，从桌子脚下钻出去。

上述工作准备完毕后，行酒开始。先吃巡酒，一般是四、六、八杯或十二圆满。再吃一杯落台酒（坐杯酒）。接着吃牛撵牛。

五是修马路。主持人先给每人斟酒一杯，然后用暗语提议：现在我们各家路不通，不能过年（暗示各人面前的碗筷不整齐，壶不能顺畅通过），每家都出十个劳动力，各家把各家的路修通（十个劳动力就是两只手，"各家把各家的路修通"暗示自己把面前的碗筷杯摆整齐，并自觉地喝下正杯酒，懂得暗语的人这样做了。不懂的无动于衷），这时主持人又提议："我们请检察官来验收马路"。在席的人推荐一位作为验收官，找好后，验收官要饮两杯酒作为报酬，饮后离席到每个人面前检查，如发现哪个人的面前的碗筷未整齐，碗筷往里面筷子头还露在桌外或桌面没有留有空间，就说他不出力，车子不通，要罚款十元即酒一大杯。检查验收完后，就宣布通车了。把壶官以壶当"车"，即将壶从他右起，放壶从每人的面前通过，接壶人的动作要快，慢了就说他"懒"，路还没有修通。要罚款十元即酒一大杯。当酒壶通过两张桌子的连接处和转角时，坐在这个位置的两个人，要同时用一双筷子搭在连接处和转角处，表示修洞搭桥。如不这样做，这位子上的两个人，要罚款十元即酒两大杯。壶走一圈，归到瓶官手里为止，这时，席间谈笑风生，个个思想集中而很有情趣，热闹非凡。

六是修学堂。主持人提议：我们要读书，但没有学堂，请大家出力修一间学堂。众答：同意！

主持人说：大家同意就领唱《起书房歌》，我来起头（大家边唱边比动作）。

"新起一间书房，两手推开两扇纱窗，前插三枝柳，后插五月桑，桑来结叶，叶来养蚕，蚕来抽丝，丝来织缎，缎来织锦，锦上添花，花果周园。起！"

唱时要眼，耳，手灵，要用手指比一、二、三、五个数字的手势（如一间书房，就要伸出一个手指头……）把瓶官注视着每个人，若你只唱不做动作，就说你不重视教育，光动口不动手，要罚款十元（酒一杯），在唱到"锦上添花，花果周园"时，要用两只手掌伸出，在最后唱"起"时，要右手拿一枝筷子竖起来撑在桌子上，人站起来，否则就说你不出力，罚款十元（酒一杯）；如果站起

王车村布依族坐夜筵之起书房
开阳县文广局提供

来但动作慢的,就说你懒,也要罚款十元(酒一杯)。总之就要耍酒,但又要吃在礼上。

七是扫书房。春游方草地,夏赏绿荷池,秋饮黄花酒,冬吟白雪诗。

逆词:诗雪白吟冬,酒花黄饮秋,池荷绿赏夏,地草方游春。

八是读书。全席同唱《十二月读书歌》。

九是选主考大人。主持人:今年的书已经读完了,我们要选主考大人来考试,检阅我们的成绩,大家同声附和"可以"!

十是考试(出令)。令有多种,有《随母令》《合字令》《诗书令》等。

上述各令,是在筵席上通过宾客说、唱、对答方式饮酒。反应灵敏,能说会唱的,对答如流者就算"考上了",叫"说得过推杯过"(不吃酒)。说不上的叫"考不上",要罚四大杯连一座(吃罚酒四杯,坐杯酒一杯)。一般是自斟自饮,但须按官杯数量,如果不按官杯斟酒,要按令杯罚酒。每令一轮酒,有"检察官""把门官"监督执行,每行完一支令,要贺大人一次酒。

十一是贺大人。贺大人时,全体齐歌"贺","敬"大人喝酒,唱一段贺词要大人喝一杯。

十二是推杯酒(这是大人祝贺童生的,但大人领唱头一句后,大家就一起合唱。唱完一首共同喝酒一杯)。

十三是贺童生。①双双民雀行,点点梅花入砚池,闲坐小窗读周易,不知春生几多时。②云淡风来云午去,傍花随柳过前川,适人不吃一心乐,将来偷闲学少年。

十四是斗宝。斗宝就是"斗元宝",这是做夜筵的最后一个仪式,参加夜筵的姑亲母舅掏出银钱放在盘子里,作酬谢之意,又作"出宝脚"。方法是:桌上放着一个大海碗,用四个小碗合口架于海碗上,成"宝脚"。上有口,大家边举行仪式边往"宝"里丢钱,民过前是丢银子、铜板,现在丢的是纸币,硬币两种。"斗一百二十两","一百两","六十两"均可,主要是"斗数"是从一数到一百二十,或从一数到六十,看人的多少而定。其中奥妙是,规定"三和三的倍数"为"小杯"(即三为一小杯,六为两小杯,九为三小杯……);"五和五的倍数是一盅"(即五为一小盅,十为两小盅……)。记数的方法是,从丢钱开始,往右一个接一个往下数,一直数到一百二十或六十为一轮,但数时又不能直呼"一、二、三、四、五……"等具体数字,当你的座位不是"三"和"五"或"他们的倍数"时,只讲"不成"或"不吃";当你的座位是"三"就讲"一小"(然后吃一小杯),是"五"就讲"一盅",是"十"就说"两盅"等。记错记重被罚酒。

十五是贺宝送宝歌。边唱边往宝内放币,唱词相同只是改头一句的数字,其他不变,唱完后请新郎的父亲来接宝。

十六是接圆宝。(主宾同唱)一接圆宝一百两嘛,财帛星,笑哈哈,你送圆宝哪家去?我送园宝主家去。我接园宝心欢喜,多承亲朋费心神,叮叮叮,当当当,多承亲朋送宝来。……十接园……接园宝主要是新郎的父亲来接,放于香火上,然后放鞭炮,夜筵结束。

布依族坐夜筵女宾席之对歌

开阳县文广局提供

女宾客的仪式不多,主要是在入席后,多少饮几杯酒,就唱关于"花"的酒歌。在布依最受器重之人和歌手的陪同下,四方宾客依次入席,布依人边唱抬桌合拢后(此举称之为"合席",寓意团圆合好),便开始了十余种贺主新婚、劝客饮酒生动有趣的"夜宴"活动。这些夜筵形式和内容分别为"盘花歌""道十字""合桌""请客""二十八宿""献花"等内容。坐夜宴中,全部以歌代言。一问一答,有主唱、有帮腔、行歌坐月通宵达旦,歌词雅俗杂陈。有《破荒》《带花籽》《撒花歌》《收花歌》《送花歌》等。

在布依族坐夜筵过程中,宾客通过说、唱、对答方式轮流饮酒,应答如流者勉喝一杯,答不上者罚酒四杯。说唱者大多巧于辞令,博学多才,能随机应变,对说唱的规则熟能生巧。

王车村布依族坐夜筵之二十八宿、献花 开阳县文广局提供

说唱措辞古雅谦逊,或对偶,或顶真,回环往复,朗朗上口,抒情达意,间或带以叙事,颇有戏曲味道,场景性强,让人身临其境。有时说唱者把大量的民间谚语与古诗文巧妙结合,形成对比,雅俗共赏。谚语大多明白晓畅,简短易颂,它与古诗词的对偶押韵可谓相得益彰,说唱者不时又以白话式的叙事,打破工整押韵的音效,

把唱化为说,使节奏变化多样。

整晚歌声不止,其乐融融。布依族是一个以歌代言的民族,以歌声将其精神和灵魂一代一代传诵着。布依族说唱艺术历史渊源,流传中就有布依戏、地戏、花灯剧、八音坐弹等。这些戏在说时多用汉语,唱词用布依语,演唱者还辅以激情的手势,以增强内容的气氛。

行酒对歌在“夜宴”上自然必不可少,酒文化传统尤其显得举足轻重:第一巡酒中,主持人边唱边饮四杯后,方请大家共饮的酒称为“落台酒”;第二巡酒中,自原执壶人起用两把酒壶分左右同时传壶斟酒,上一位给下一位依此而斟,这一放壶走路之举被称为“牛撵牛”。之后,主客双方各推举一人为“把瓶官”,把酒背向走去,壶嘴朝前,两壶在行进中同时走到谁的门口相碰,就给谁斟“双杯酒”,这杯又称为“二龙抢宝”酒。在传统婚礼逐渐衰退的今天,这种传统的婚礼确实让人很向往。

布依族坐夜筵是布依族婚礼中的一种传统习俗,主要的传承方式:就是在布依族家族之下通过老传幼、母传女等方式世代相传。涉及具体的歌唱技巧、礼仪等都是通过口传身教,自小就开始学习,并经过长时间的摸索,得以形成独特传承体系。

代表性传承人有陈远昌,男,布依族,63 岁,禾丰乡王车村一组,擅长于坐夜筵的各种歌曲。陈明祥,男,布依族,49 岁,开阳县禾丰布依族苗族乡王车村,是该地著名坐夜筵的歌手,特别擅长于假声唱法。罗延斌,男,布依族,68 岁,退休教师,禾丰布依族苗族乡马头村水头组,对布依族坐夜筵歌唱收集的较为完整。王廷明,男,布依族,46 岁,南江布依族苗族乡毛家院村,是南江乡布依族坐夜筵会的重要组织者。花开秀,女,布依族,32 岁,禾丰布依族苗族乡王车村,是当地非常有名的歌手,从其父亲处习得很多的坐夜筵歌曲,且参加过多彩贵州歌手选拔大赛。

主要价值:历史价值。坐夜筵习俗是布依族同胞在长期的生产生活中逐渐形成的具有民族特色婚礼仪式之一,对于研究布依族历史具有重要的参考价值。文化价值。坐夜筵的过程中主要以酒作为中间物,通过内容丰富的夜筵歌传递了民族感情、民族文化、酒文化,是布依族文化的重要组成部分。经济价值。布依族的婚礼仪式过程,可适当的结合旅游业的需求,向旅游者展示民族文化,吸引游客,从而推动当地的经济社会的发展。

中华人民共和国成立后,党和政府奉行民族平等政策,随着经济的发展和人民生活水平的提高,各民族生活方式逐渐趋同,布依族人民打破了不与外族通婚的惯例,青年男女与其他民族通婚的逐渐增多,年轻人在选择配偶时所受的限制越来越少。现仅有少数布依族聚居村寨保存坐夜筵婚俗,布依族与其他民族之间的婚礼一般就没有坐夜筵的习俗,且现在会唱夜筵的人越来越少,年轻人大都不会唱,也不愿学,已濒临绝境。2009 年列入贵州省第三批省级非物质文化遗产保护名录。

苗族“四月八”(息烽县)

青山苗族乡的苗族文化源远流长。息烽县青山苗族乡“四月八”活动主要分布在息烽县青山苗族乡冗坝、绿化、大林等村。

青山苗族乡“四月八”活动从宋朝以来在青山苗族同胞中开始演出,主要是每年农历的四月初八为纪念苗族同胞起义首领杨六(鲁)而形成的民族节日。2009年9月,息烽县青山苗族“四月八”列入贵州省第三批非物质文化遗产代表性名录扩展项目。

息烽县青山苗族乡“四月八”节日中的苗族姑娘

青山苗族“四月八”活动主要包括板凳龙、芦笙舞、爬竿舞、踩锅沿、虎背饮酒舞等。

板凳龙是青山苗族乡四月八节日中举办的民族传统武术之一,板凳龙一般以一条农民家中使用的板凳为器械(道具),其打法攻防兼备,但是主要是以防身为主,一般用长条板凳进行表演,凳脚雕刻四条长龙,龙身缠绕在板凳脚上,龙头探于凳面,直视凳面中间镶嵌的元宝;凳面雕刻着两条龙,龙头相向作抢宝伏,因此,俗称“板凳龙”。板凳龙的表演形式分单人、双人或多人进行,一般以双人表演为多,表演者双手握住板凳脚,凳面朝上,举于前面,护住胸部。它的打法分:四方打、飞弓箭、黄龙缠腰、滚山珠、龙上担腰、寒鸡步、板凳高桩等内容,整套动作环环紧扣,既有观赏性,又有实战价值。

芦笙舞表演较为复杂,难度较大,带有很多杂技动作,一般不容易学会,只有当地的少数民族青年能够表演这种舞蹈,该舞蹈一般在高潮时期上演,它的显著特点是:在整个表演过程中笙曲连绵不断。其中斗鸡舞又是芦笙舞中的精彩舞段。斗鸡舞欢快奔放,通过调查我们了解到,它的名字来源于模仿雄鸡斗架,斗鸡舞参加表演的人数视表演的场地决定,基本的要求是配对表演,当开始表演舞蹈的时候,笙手们吹响芦笙向宾客行鞠躬礼,以示敬意。然后吹笙原地踏步,将队列一分为二,前列垫步朝前八步,后列则垫步后退八步。前列再向左转180°,面对面依次捉对。配对好后,吹笙躬身各后退一定距离,然后碎步快进,待近时仰笙出右脚、伸腿、脚底相互对蹬。收脚后又躬身碎步后退,至一定距离,又碎步快进,这次出左脚、伸腿,互蹬脚底。此动作左右各重复一次。然后再吹笙调整队列,成两列纵队,两人一对。每前进一步,右边笙手出右脚向左踢,左边笙手出左脚向右踢。务求左右两人的脚底相碰。如上重复两遍。最后,右列右转 90°,左列右转 90°,呈背对背。笙手各伸出一腿,两腿勾挂,笙手单脚着地,向左向右转圈 360°各一次,再换脚勾挂,重复转跳一次。其中还有幽美滑稽的寒鸡步舞,参加表演的人数或多或少不限,笙手呈半蹲状,曲左脚,出右腿并打直。收右脚屈腿,再出左脚并伸直。如鸡在雪地中行走。此动作反复前行 12 步,象征 12 个月吉利,重复四次,象征四季发财。然后领头的以笙曲协调步伐后,朝前四步,右脚向前踢,上身向后仰。后退四步,右腿向后踢,上身向前倾。收脚后向前进四步,左脚向前踢,收脚后退四步,左脚向后踢。收脚向左横四步,右脚向左踢,向右横四步,左脚向右踢。每一踢,身随势倾,踢腿直伸,如此每个动作重复四次。

参加息烽青山"四月八"的苗族小芦笙手

爬竿舞一般由一个吹笙人爬到竿顶并饮酒,表演时在场中竖一高竿,竿顶放两个酒杯,杯内斟满酒进行表演,谁能第一个吹笙爬到竿顶,并饮酒就算胜利者,关于爬竿舞来源于苗族首领杨六为幺女招亲的传说,今天的爬竿舞已经没有传说中的惊险动作,一般以舞姿来喻示爬竿的动作。其舞蹈动作,首先左脚原地跳地,右脚尖前后左右点地。每跳一次,点一个方位,再换脚重复前面的动作,谓之四方步。然后,吹笙作绕圈状,以示爬竿。每前进三步,垫半步。半步有"求伴"之意。

踩锅沿的表演形式一般为双人表演,礼笙后,笙手以一步半舞步行进,当两笙手走到对应边时,同时用脚蹬地吹笙跳上事先架好的铁锅锅沿上,同时向同一方向在锅沿上转圈。走完一周即下。调整后,再踩第二、第三口铁锅,直至踩完 12 口铁锅。在表演过程中,要求人上锅沿后不能落地,铁锅不翻,水不倒。为此两人必须同时上锅,且保持平衡,其次要穿软鞋,掌握好重心。

虎背饮酒舞是"四月八"芦笙舞中的绝技,表演时得事先准备一条普通的长条高板凳,小芦笙一把,酒杯两个,分别置于板凳两端。舞起,礼笙。用骑马步绕凳一周至板凳中部立定,吹笙三揖,向宾客致谢。然后笙手吹笙到板凳一头,腾空跃起,头着凳中,双脚并拢,呈倒立状,再翻向另一端,站立于地。再以同样动作翻回原位,象征与虎搏斗。接着,吹笙踏步,上身左倾,右脚狠跺地;上身右倾,左脚狠跺地,这样左右交替前进,绕凳三圈。象征与虎猛烈搏斗,再走到板凳中部,背慢慢着地,身体从凳下钻过。整个过程中笙曲不断。最后,笙手吹笙仰面呈弓形,一只手捧笙吹奏,另一只手向后端凳上的酒,饮尽后酒杯归还原位。复原踏步,吹笙走向另一头,以同样的动作,饮尽另一端的酒。此外,还有苗族古歌,苗族民歌和斗牛,斗鸡等。

相关器具有芦笙、鼓、长板凳、爬竿、酒杯、笙曲、牛皮、小芦笙、铁锅、长高板凳。

“四月八”活动在青山大林,冗坝绿化等地苗族同胞中传承,没有固定的传承体系,一般是老传幼,没有文字记载、全靠口口相传。

“四月八”活动主要反映苗族爱情、丰收等方面的欢乐场面,芦笙舞一般表现丧事的悲哀和喜事的欢乐,一般采用转锅圈的方式,反映丧事的庄重,反映喜事的曲调清新,调子欢畅,随着时代的发展,“四月八”发展为大型综合性演绎,它是少数民族智慧的体现,具有现代与传统,少数民族与汉族文化融合的特征。

青山苗族乡“四月八”活动具有极高的欣赏价值,民俗学价值和音乐学、舞蹈学等价值,是少数民族文化中的瑰宝,具有很高的文化研究价值。

濒危状况:①主要是在青山老年人中传承,因为是文化生活,不能产生良好的经济效益,所以年轻人不愿意学习。②组织参与活动的老年人相继死亡。③年轻人很少学习和参与即使学了也是技艺不精。④外出务工的人员越来越多,人员的流失。

布依“六月六”

布依“六月六”是布依族传统节日中最隆重的一个节日。每年六月初六,布依族寨喜气洋洋,屋里屋外打扫干干净净,杀猪备酒,追念先祖。男女老少,身着盛装,江集于旷野草坪,举行吹唢呐、对歌、跳花灯、画眉鸟打架等活动。民风浓郁热闹非凡。其间,布依族青年男女对歌最具情趣,他们三五成群聚集于幽静之处对唱情歌,寻找意中情人,称之“相表”,往往通宵连日,三日不绝。

布依“六月六”主要分布在开阳县布依族聚居的禾丰布依族苗族乡、南江布依族苗族乡、龙岗镇、高寨苗族布依族乡等布依族聚居区域。

贵州省是布依族主要聚居区,禾丰布依“六月六”歌节是贵州规模最大的民族节日之一,参与这一节日的除了开阳县各地的布依族同胞,还吸引乌当区和修文县与开阳接壤的布依族同胞前来聚会。禾丰“六月六”歌节,与一个关于阿娲与阿江

布依族"六月六"　开阳县文广局提供

的美丽传说有关,这个故事后来一传十、十传百,逐渐形成每年的"六月六",最开始"六月六"歌会的地点并不固定,1985年,贵州省相关部门为了帮助布依族人民群众组织好传统节日,开阳县文化馆派专人到禾丰布依族苗族乡会同乡文化工作人员,协助组织好"六月六"歌会,并把歌会的地点确定在王车大桥处,后又定在中沙坝,尽管地点有变动,却一直都是在清龙河畔。"六月六"那天布依族同胞就穿着节日盛装相邀至清龙河边,唱起优美的情歌,希望找到情投意合的伴侣,久而久之,布依族的"六月六"主要成为青年男女谈情说爱的节日。

一、"六月六"的由来及传说

传说一:本地布依族的祖籍是江西吉安,当时布依族一族系的老祖宗外出流浪未归,族人在全国各地到处寻找,最后在开阳县禾丰乡找到,老祖宗看到禾丰乡良田肥沃、五谷丰登、山清水秀、绿树成荫,顿生爱意。族人寻到他后,他不愿跟族人回江西,族人们只好把老祖宗留下,并彼此约定,每年六月六日,族人会来禾丰乡与老祖宗相会,于是每逢农的六月六日,禾丰乡的布依都要进行一系列的喜庆活动,以表与自己族人相会(此传说由萧杰斌提供)。

传说二:传说布依族的始祖盘古王娶了龙王女儿为妻,生了一个小孩叫新衡,父子两个都十分善于从事农业生产,但新衡小时得罪了母亲龙女,于是龙女生气返回龙宫,盘古王只有另娶妻子,一年后,盘古王死去。盘古王的后妻欲独占家产而虐待新衡,多次蓄意想害死他。有一天晚上,盘古王托梦给新衡说要毁掉庄稼,要绝后母的后路,继母知道后十分害怕,只好认错,并把新衡当成自己的亲生儿子一样看待。并于每年六月六日,盘古逝世这天,杀猪宰鸭,做粑粑、供祭盘古,布依族人民因此每年都在六月六日都举行祭盘古,供祖先的活动,以示子孙延续、五谷丰收,年复一年,就形成了这个民族节日(此传说由罗延斌提供)。

传说三:传说这一代布依族的祖先是从江西迁来,由于迁徙的路途比较远,在迁徙的过程中,把五月端阳节给忘记了,等安定下来的那天已是六月初六,祖先们发现忘记过五月端阳节了,于是就在六月初六那于补过端阳节,另一原因还是为了庆祝迁徙结束,从此能过上安稳的日子。所以在布依族里还流行这样一名谚语"有心过端午,六月也不迟"(此传说由罗延斌提供)。

无论哪一种传说,均体现了布依族人民敬神、祭祖和思乡的纯朴感情。我们说“六月六”是敬神日,是因为布依族人认为人间第一个学会种庄稼的人是布依族的祖先盘古,他为了给后人解除饥饿带来幸福,不辞辛苦地走遍五湖四海寻找稻种教会人间栽种,因为过度劳累还未等稻谷成熟他就死了。“六月六”大米不出小米出,这时到处呈现一派丰收在望的情景,触景生情,激发了布依人民怀念盘古之恩,于是家家户户打糯米粑、烧香、散酒,把房子四周里里外外打扫得干干净净“祭奠”盘古。说“六月六”是祭祖日,是因为布依族的祖先来自江西,为寻找本族亲人,从正月初一出发,从东到西,从南到北不停地访寻,直到“六月六”这天才把亲人找到,本想将亲人带回江西团圆,但当他们来到本族人住的大田坝,青山绿水十分可爱,每家都修建了高房大屋,丰衣足食,人丁兴旺,于是就打消了带回江西的念头,决定同他们安居乐业。来探亲的江西本族有了思乡之情,又由于路途遥远去来不便,就定六月初六为祭祖日,追念祖先。每到这天布依族村寨杀猪宰羊,屋里屋外打扫得格外干净,家家割肉打酒,老年人走村串寨话家常,青年人身着节日盛装到山花丛中密林深处唱歌“相表”热热闹闹,节日气氛不亚于元宵,因此有人说布依族是“六月六”这天过年。

中华人民共和国成立后,国家十分尊重少数民族的风俗习惯,文化部门积极帮助组织安排,从 1985 年以后清河苗族布依族乡政府所在地就成为六月六民族风情节活动最集中最热闹的地方,规模越来越大,项目越来越多,参观群众人山人海,商业活动琳琅满目,文艺活动百花齐放,除市、县参加联欢的节目外,他们自己表演的有“三滴水”“苗族”“土歌”“酒歌”“土爽明”“九庄腔”“苗家四弦二胡”等,还相应的举行了“拔河比赛”“游泳比赛”“画眉比赛”等。随着旅游业的开发和完善,还可以去欣赏十八里青龙河的漂流,以及游览省级风景区-香火岩公园,起点都在这里。今天的“六月六”已成为各民族生活中最丰富、最愉快、最有意义的一天。

二、“六月六”活动内容及变迁情况

“六月六”这天,农忙插秧基本完毕,大家借农忙小闲之际,祭神祭祖,祈求保佑庄稼免遭旱涝灾害,以获丰收。“六月六”是被布依族称为小年的传统节日,当天,家家户户杀猪宰羊、打糯米粑、烧香、敬酒祭奠盘古,热闹非凡。而精彩的男女对唱等活动,更是将别有情趣的布依族风情体现得淋漓尽致。“六月六”这天,大都唱的是情歌,青年男女们互相对唱,有情投意合的,就可以私订终生。

1985 年以前,禾丰乡每年的“六月六”都在王车村的“唱歌坳”(坳是本地俗语,意为‘坡’)或在龙岗镇压的花桥举行,是群众自发组织的,场面十分热闹,邻近的村寨和乡镇也有群众前来参加,主要内容是唱歌,男女青年唱情歌一般要遵守三条规定,即本寨不唱,同族不唱,同姓不唱。

1985年以后,“六月六”一般是禾丰乡文化管理中心组织。“六月六”的内容在很大程度上得到了丰富和完善,除唱歌外,还开展拔河、摔跤、游泳、斗画眉、扭扁担、篮球、象棋等一系列的文体活动,但主要还是围绕唱歌来进行,地点也改在了中沙坝,邻近的修文、乌当等地的群众也来参与和观看,群众参与的积极性也比较高。节目的评委由本地有名望的且歌唱得比较好的老歌手跟乡文化站的人员组成,按所唱的歌词、辅助的表演动作、唱腔等进行评判。奖品由政府提供,从手巾、草帽、温瓶、锅、盆等,到现在已改变成钱了,所唱歌曲也根据年代的变化而有所变化,一般是宣传好的政策,歌颂好的领导,推广好的技术、宣传科技等内容。

布依“六月六”的布依族群众传统的节日,主要的传承方式就是在布依族家族之下通过老传幼、母传女等方式世代相传。涉及具体的歌唱技巧都是通过口传身教,自小就开始学习,并经过长时间的摸索,得以形成独特传承体系。

代表性传承人:罗延斌,男,布依族,68岁,退休教师,禾丰布依族苗族乡马头村水头组,对布依族六月六歌唱收集的较为完整。王廷发,男,布依族,46岁,南江布依族苗族乡毛家院村,是南江乡布依族六月六歌会的重要组织者。陈明祥,男,布依族,49岁,开阳县禾丰布依族苗族乡王车村,是该地著名的歌手,特别擅长于假声唱法。花开秀,女,布依族,32岁,禾丰布依族苗族乡王车村,是当地非常有名的歌手,且参加过多彩贵州风歌手选拔大赛。

主要特征:①规模巨大,附近几个县的布依族同胞等上万群众都参与。②充分的体现布依族的歌舞文化、婚俗文化。③是各民族大团结的盛会。

重要价值:①对我们研究布依族的生产生活、历史变迁、语言文化有重要的参考作用。②为进一步了解布依族的婚姻及其家庭制度、亲属制度提供了最为原始的表现方式。③布依族丰富的歌曲和各式各样的服装中蕴含大量的民族文化信息,民族学工作者参与其中,达到挖掘研究民族文化的作用。

布依族“六月六”节日　开阳县文广局提供

布依族的“六月六”是一种追根文化体现,因为本地布依族人民是从外地迁来的,他们在过“六月六”节日时,不但保留着本民族的传统,也融入了当地汉族、苗族的其他文化形式。借用当地人的歌舞来表达感情和进行娱乐。

有利于继承和发扬民族传统文化。布依族的节日成为保存和发扬民族文化传统的一种持久而牢固的形式，人们通过每年一度的“六月六”活动，将本民族的文化展现出来，这对于继承和发扬当地布依族的传统文化有着重大的意义。有利于增强民族凝聚力。当地布依族节日活动不是少数人的个人行为，而是社会普遍的一种风尚。人们通过共同的节日习俗，无形之中强化了全体成员的共同价值标准，并使之世代相传。有利于活跃和丰富布依人民的文化生活。布依节日活动十分丰富，有对歌、登山、斗鸟、拔河等活动，这些活动大大丰富了布依人民的文化生活。

苗族杀鱼节

开阳县苗族杀鱼节是开阳高寨等地苗族布依族乡苗族同胞一个隆重而盛大的活动，是唯一保存至今的人类远古集体渔猎生活遗迹。2009 年已列入贵州省第三批非物质文化遗产代表性名录第一、二批扩展项目。

苗族杀鱼节的现存形式至迟在清代中期已形成，如今杀鱼节是苗族传统的群众性的娱乐节日和原始祈雨的一种仪式性记忆。苗族聚居的每个村寨都有属于自己杀鱼的河段，每个苗族家庭都有自己的鱼钗，各村寨要约定好杀鱼的时间，从下游开始杀起。杀鱼节是居住在贵州龙里、开阳、贵定、福泉一带苗族人民的杀鱼活动，苗语称“停米”，当地人称为求雨节。

清明节后，化香药开始发芽了，每一个寨子就要开始准备，通知周边的乡邻。杀鱼当天，各组要去山上采化香药，这是一种约定俗成的义务。到 12 点左右，就要带着椿好的药来到河边，交给具体负责的人。在下午两点左右，就要开始放药，大家顺药而下，争相杀鱼，且各家各户都要送饭到河边，当天杀得的鱼就当天在河边煮了吃。

杀鱼节 开阳县文广局提供

清水江苗族杀鱼节具有这支苗族的独特性和其所处地域的独特性，杀鱼节是这支苗族和这块地域上独有的一个民族节日，具有鲜明的独特性，是我们研究苗族乃至中华民族原始渔猎生活的活化石，蕴涵着清水江两岸苗族人民丰富久远的历史变迁和源远流长的宗教意识，对研究苗族具有重要价值和意义。

开阳县杀鱼节主要分布在高寨布依族苗族乡，高寨乡的苗族操川黔滇方言洛泊河次言方，居住环境比较集中、稳定。这支苗族迁居开阳历史悠久，且与贵定、龙里、福泉三县同支系苗族仅以清水江一隔，共同的心理素质把他们紧密联系在一起，形成较强的共同抗御能力。开阳县苗族杀鱼节是唯一保存至今的人类远古集体渔猎生活遗迹。人类渔猎起源于远古时期。早在南北朝时，南方獠等少数民族中已有杀鱼习俗，宋代“痨鱼”则是杀鱼节的雏形。清水江苗族杀鱼节形成于何时尚难考定，但至迟在清代中期已经成型。《黔南识略 · 开州》称“花苗、紫姜苗苗性久驯，稼穑之外，唯务渔猎”。道光《贵阳府志 · 苗蛮传》：“蛮人，在丹平……懒耕作，善渔猎，性犷悍，出入必带刀弩。”说明道光年间黔中花苗等少数民族集体捕鱼已极为普遍。而清代福泉与龙里、贵定、开阳交界处清水江支流洛北河发源处一带，“蛮人”早已与苗族融合。所以开阳县苗族杀鱼节至迟在清代中期已形成，是苗族原始祈雨的一种仪式性记忆。

开阳县苗族杀鱼节是传统的民族节日，在每年固定季节进行的集体性捕鱼活动，主要是为祈求风调雨顺、村寨平安。直到现在，龙里的平坡，贵定的光明，福泉的兴安，开阳的高寨的苗族人民，每年的三月初九清明前后都要到河边去过“杀鱼节”。

每年清明节后，苗族同胞选好具体的时间，有“鱼头”通知同在一段河流杀鱼的村寨届时过节日，节日当天，先到山上采集化香叶，然后椿碎，到中午就到固定的河段投放化香叶，并顺流而下进行杀鱼。妇女从家里带来食物并与杀得的鱼就在河边做来吃。关于杀鱼节的形成，开阳花苗中流传着一个美丽动人的传说。相传很久以前，大旱不已，苗王蓝水召集清水江两岸花苗共同商议，他说：“天干是那可恶的鱼把井水、河水喝干后又去欺哄老天爷，才使昏头昏脑的老天爷把春雨一笔划掉。我们一定要团结起来把可恶的鱼杀掉。”大家听了苗王的话，振臂高呼：“停米（杀鱼）！停米！”苗王于是率领大家上山找闹（药）鱼的药。找了 36 天，仍然一无所获，大家只能靠吃树叶充饥。一天，苗王吃了一种奇苦的树叶后，顿时两眼昏花，不省人事，直到一个兑时（二十四小时）后才醒来。苗王醒来后仔细一想，这既能闹昏鱼，又不会对河水造成污染的化香叶不是最好的鱼药吗？可是，没有杀鱼工具怎么办呢？这时，只见闻名苗乡的桃花能手蓝花妹悄悄给苗王做了五指分开的手势，并比划了一个杀鱼动作，苗王恍然大悟，立即教大家打制了五指钢叉，这就是最早的苗家鱼叉。有了鱼药和鱼叉后，苗王便带领大家下到清水江里放药杀鱼，当满河的鱼被闹昏后，苗家汉子顺着河岸见鱼便杀。龙王急了，赶紧上报天庭，顿时雷雨大作，苗家儿女终于得到了自己种庄稼所急需的春雨。此后，一遇春旱，苗王便率领大家杀鱼诱雨，久而久之，便形成了清水江苗族杀鱼节。苗族先民在杀鱼时能兼顾环保，实属难能可贵。清水江苗族杀鱼节是远古渔猎生活在农耕社会的仪式性记忆,也是渔猎文化向农耕文化过度的文化遗存。清水江苗族杀鱼节是个性非常独特的文化现象,也是一项古老的苗族文化遗产。据罗泊河次方言苗族《花岭记》中记载:“滇黔山区好地方,云贵山窝苗家庄。高山峡谷苗家寨,先居龙头重家江。祖籍江西朱市巷,唐末宋初离籍乡。古祖八平八万洞,起先江西填湖广。九百荒坝无人烟,十八户姓散四方。姓氏王蓝罗向蔡,李宋杨陈尚莫张,侯颜严金吴谢先,续卢史马文黎姜。”这支苗族所述的十八姓氏,现在都有,他们分居在清水江两岸的福泉、龙里、贵定、开阳等地。

贵州苗族举办杀鱼节　开阳县文广局提供

杀鱼节在每年清明前后进行,苗语叫“停米”,原意是用石块、木棒打鱼的活动。杀鱼节活动首先要推举“约头”。约头是苗寨中有一定威望的人,责任是确定活动日辰,制定并执行活动纪律,号令沿河两岸(南明河下游开阳段称清水江)的苗族同胞参加活动,并主持仪式等。杀鱼节没有固定的日子,而是在每年清明前后,约头按十二生肖属相来推算决定日辰,一般是逢“鸡”和逢“虎”的日子举行,习惯称为杀甲子。规定日子后,风雨无阻,到期必来参加,不得失约。每人一杆鱼叉,一包由化香树叶捣成的药泥。活动中如有遇险者要众人抢救;如两人同时叉着一条鱼,无论大小,从中两段,各得一半。

杀鱼节前一天,沿河两岸的开阳、龙里、贵定、福泉四县苗寨,家家户户上山采

杀鱼节上苗族青年男女正在对歌
开阳县文广局提供

摘化香树叶，将其用碓捣成闹鱼的药泥，男子汉们修整五齿倒钩鱼叉，老人们烧香燃烛祭祖，妇女们则忙着磨豆腐，做面肉，准备好第二天的“亚米”（鱼饭）。

节日当天，四县苗乡倾巢出动，男人们肩扛鱼叉和药包，妇女们身穿盛装，挑着米酒和鱼饭，男女不能同路，男走上水，女走下游，从条条山路汇集到江边。沿河两岸人头攒动，叉杆如林。在“约头”的指挥下，将成千上万包药泥分别堆码在河中的礁石上，下午三点左右，“约头”手抓药泥，口中念念有词，念一段咒语，将一把药泥抛向江中，如是这般，仪式完毕，“约头”高呼一声“放”，几万斤药泥同时推入江中，清水江瞬间变成一条“黑龙”奔腾而下。江水中的鱼被轻度麻醉的药水闹昏，失去自控能力，漂浮水面，此时早已守候在江岸上手持钢叉的男子汉们飞叉而去，一条条大鱼被杀中，此时，群情激昂，欢呼四起。杀鱼者追逐着“黑龙”逢岩爬岩，逢坎跳坎，如履平地。十里河滩，如十里古战场，杀声震天，壮观异常。

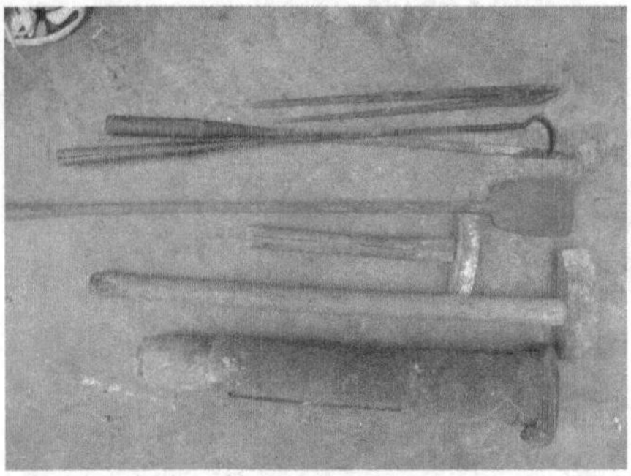

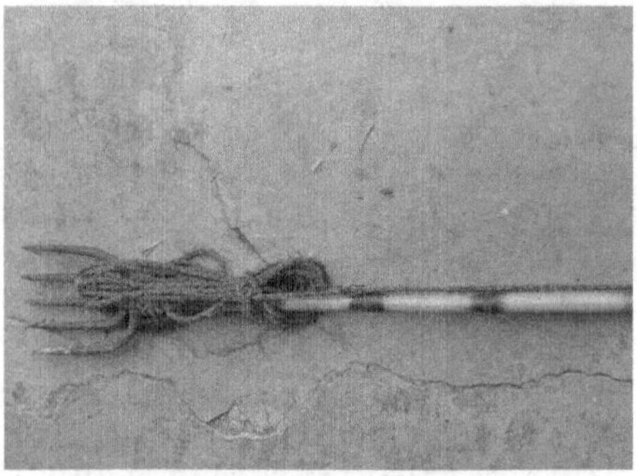

杀鱼节时使用的工具鱼叉和用来药鱼的植物“化香叶”　开阳县文广局提供

黄昏时分,杀鱼的人们肩挑大鱼,带着胜利的喜悦陆续来到传说优美的姊妹岩下。这里,媳妇和姑娘们早已摆好了鱼饭和米酒,一个盛大的野餐场面展现在眼前。一圈圈,一堆一堆的人群,如一朵朵盛开的刺莉花,人们相互敬酒祝福,热闹非凡,大碗喝酒,大碗吃肉,大人、青年、小孩都尽情欢悦,直至深夜。年轻小伙子和姑娘们则尽情地对山歌,叙衷肠,巩固着他们的爱情。夜幕降临,满河的火把,原来是余兴未尽的人们还在杀"火把鱼"。

在捕鱼过程中,主要使用的工具就是渔叉,以及闹鱼的"化香叶"。

开阳县苗族杀鱼节自苗族迁徙自此,至迟在清代中期形成,主要的传承方式:就是在小花苗支系内的家族之下通过老传幼、母传女、长传幼等方式世代相传。涉及具体的杀鱼技巧、制作鱼料都是通过口传身教,自小就开始学习,并经过长时间的摸索,得以形成独特传承体系。到 2003 年大花水电站的修建,这一仪式被迫中止,成为急需抢救的非物质文化遗产。

代表性传承人:王其龙,男,苗族,39 岁,开阳县高寨乡平寨村马史寨,家族内第十二代传承人,前几年是当地杀鱼的组织者之一。王文华,男,苗族,71 岁,开阳县高寨乡平寨村后寨组,是当地经验最为丰富的杀鱼者。兰珍雄,男,苗族,40 岁,开阳县高寨乡平寨村新寨组,家支内第九代传承人,较为全面掌握杀鱼文化。王光林,男,42 岁,苗族,家族第六代传承人,高寨苗族布依族乡平寨村,是年轻一代较为突出的杀鱼能手,并能掌握做药、杀鱼、打造鱼叉的技巧。

主要特征:①杀鱼节是苗族远古先民渔猎社会生活在农耕社会的仪式性记忆,后又演变和祈雨有关,具有明显的宗教性质。杀鱼节延续 20 余天,是清水江两岸苗族传统节日中活动时间最长的一个节日。②杀鱼节期间,人们趁此机会在走亲访友,苗族青年男女们穿上节日盛装,吹木叶,唱情歌,嬉戏打闹,谈情说爱,幽会在清水江边的山冈密林之中。也是这里的苗族同胞们社交和青年们谈情说爱的一个节日。③吃完"鱼饭",青年叉手们乘兴开展了"杀叉杆"的比赛,而杀鱼节的杀鱼活动本身也是非常锻炼和消耗体力的一项运动,所以,杀鱼节又是一项这支苗族独有的民间体育竞技活动的节日。

传承人王其龙正在准备杀鱼用工具

开阳县文广局提供

重要价值:①清水江苗族杀鱼是这支苗族的独特性和其所处地域的独特性,杀鱼节是这支苗族和这块地域上独有的一个民族节日，其所具有的规模、参与性、时间长度及内容的丰富等方面，都具有鲜明的独特性。它既是苗族远古先民渔猎社会在农耕时代的仪式性记忆，是渔猎文化向农耕文化过度的文化遗存，是我们研究苗族乃至中华民族原始渔猎生活的活化石。②是集民族宗教、文化、社交、体育、娱乐为一体的社会事象，蕴涵着清水江两岸苗族人民丰富久远的历史变迁和源远流长的宗教意识，对研究整个苗族的历史、文化、民俗、宗教等和丰富民族的文化生活都具有重要价值和意义。

苗族服饰（修文县、开阳县）

苗族服饰是一个流传千年的服饰，其外在表现形式多样，内涵丰富，是我国不可多得的一笔文化财富。贵阳市开阳县、修文县的苗族服饰在灿若星河的众多苗族服饰中独具特色。2009 年，开阳县、修文县苗族服饰在贵州省第三批非物质文化遗产保护名录中被列入第一、二批省级扩展项目，并与习水县、纳雍县、金沙县、黄平县、从江县、凯里市、水城县、兴仁县共享。

一、修文县苗族服饰

在众多的苗族服饰中，修文县的苗族服饰独树一帜。修文县苗族以苗族分支中的花苗为主。花苗是苗族的一个分支，主要分布在修文县、黔西县、金沙县的六广河沿岸，地处交通不便、相对封闭的大山之中。其服饰的文化基本相同，但由于其民族分支不一，而又分为白花苗和红花苗，修文县六桶乡黄金村的这支苗族服饰是指红花苗为主的服装主体。在苗文化分支较多的文化形态中，花苗由于生存的地理位置使其文化区别于其他苗文化，在汉化严重的今天，保存如此完整的服饰文化，是难得的文化珍品。

黄金村的红花苗是在清代吴三桂平定黔中地区由广西迁徙，经过多次变迁，定居在此，逐渐形成现在的村寨。他们重视民族风俗习惯，只以同族人开亲，完整的保存了花苗的语言、生产、生活、风俗和文化形态。

修文县苗族服饰的生产工艺主要用人工种植的火麻提取麻，用麻纺成纱，上织布机织成布；用黄蜡在织成的布上绘制图案，制成普通蜡染或彩色蜡染；在绣床上用麻和染色的羊毛编织成花带，在织成的土布上用各色彩线织成具有苗花服饰特色的几何形图案；最后将蜡染、编织的彩带、绣片缝制成一套完整、美丽的花苗女性服装。

身着苗族服装的修文县苗族妇女 修文县文广局提供

在一套服装上融合了多种服装装饰工艺,蜡染(蓝靛蜡染和彩色蜡染同时并存)、编结、刺绣。使服饰呈现出多种文化的一种融合,同时加入羊毛进行编结,又体现了当地物产的特色。几何形的图案是其文化符号的特点。在其服饰文化中少有其他苗文化常见的象形图案。其工艺流程:①用人工种植的火麻提取麻,用麻纺成纱,上织布机织成布。②用黄蜡在织成的布上绘制图案,制成普通蜡染或彩色蜡染。③在绣床上用麻和染色的羊毛编织成花带。④在织成的土布上用各色彩线织成具有苗花服饰特色的几何形图案。最后将蜡染、编织的彩带、绣片缝制成一套完整、美丽的花苗女性服装。

修文苗族服饰作品主要有上衣、裙子、围腰 修文县文广局提供

相关制品有织布机、绣床、火麻、染料、羊毛。

苗族服饰制作工艺一般由母亲传给女儿,但同时也在村里的婆媳之间、邻里之间也相互学习交流，属于集体传承。修文县苗族服饰的主要传承人为杨绍珍（女，69 岁，苗族）。

在苗文化分支较多的文化形态中，花苗由于生存的地理位置使其文化区别于其他苗文化，在汉化严重的今天，保存如此完整的服饰文化，是难得的文化珍品。更难得的是生产工艺也得到了保存，是传统工艺中多种工艺得以保存的基础。由于汉文化和现代生活的影响，年轻人不再学习传统工艺中的传统技艺，使织布、蜡染、编结、刺绣等工艺面临失传。在调查中我们只在 60 岁以上的老年妇女中找到会此技艺的人，因此，这一套传统工艺正面临失传的危险。

二、开阳苗族服饰

开阳县有苗族 2971 户，17597 人，占少数民族人口的 43.75%，其中洛泊河次方言苗族有 2704 户，16321 人，其余属于土语苗族。苗族有蓝（大蓝小蓝）、王、杨、袁、张、马、陈、吴、陶、李、罗、熊、侯、谢、潘、石、宋、秦、韦、黄、赵、周、朱、古、灰、何、焦、项、蔡、颜、金、史、尚等姓。分布特点是小聚居、大杂散居，全县七区二镇（区级镇）的 32 个乡（镇）的村寨中都有苗族居住。

身着民族服装的开阳苗族妇女

开阳县文广局提供

有六个绣片的开阳苗族妇女上衣

开阳县文广局提供

居于开阳的苗族，虽有次方言和土语的不同，但均认为老祖先是从江西来的，并各自记得有府有街有巷。辗转于湘、黔、滇等地，除说因战争、因政治、因生活所迫而来外，也有的说：他们的祖先是因“安山”（猎取）渐渐进入云南来的。虽来的原因不同，但最早来开阳的大致是从“黑洋大箐”被占和“插草为标占地管业”时先后进入开阳，随后又相继从云南和四川迁入，直到 1962 年迁徙才停止。由于长期而频繁的辗转流徙，所以有的说：“我家是汉父苗母现是苗族。”有的说：“我家是苗父汉母现是苗族。”甚至有同一姓的苗族、布依族、汉族共一祖坟山的。有的虽然现在不是苗族了,但他家中仍供奉苗族服饰穿戴的塑像,逢年过节仍拿出或穿戴苗族服饰、献酒饭、敬奉祖先;有的在姑娘出嫁时,要备好一身苗族服饰放箱……

开阳县的苗族服饰制作技艺工艺古朴,历史悠久,传承了原汁原味的纺织、刺绣技艺。开阳县苗族服饰传承人王大英从小就穿苗族服饰,对苗族服饰的独特工艺产生了浓厚兴趣,自小就在祖母、母亲、姑姨等年长者的引导和帮助下,学习纺织、制靛、染色、刺绣、织锦等,到15岁左右基本掌握了苗族传统服饰制作技艺。在地方同龄妙女中很快成为制作苗族服饰的突出能手,飞针走线,思绪联翩,充分发挥自己的才能,将花鸟虫鱼、飞禽走兽绣得栩栩如生,风格独具。

第十一代传承人王大英

开阳县文广局提供

王大英制作的苗族服饰根据性别、年龄、婚否等情况而不同,但都保持一种从古至今的传统款式。王大英制作的苗族妇女上身服饰,一般是窄袖、大领、对襟短衣,下身是百褶裙。衣裙或长可抵足,飘逸多姿,或短不及膝,婀娜动人。制作的便装,在穿戴时则多在头上包头帕,上身大襟短衣,下身长裤,镶绣花边,系一幅绣花围腰,再加少许精致银饰衬托。王大英制作的苗族百褶裙,图案花纹色彩斑斓,多刺绣、织锦、蜡染、挑花装饰。衣裙颜色以红、蓝、黄、白、黑为主,保持了苗族先民"三苗""好五色衣服"的传统。王大英制作的苗族男子的装束则比较简单,上装多为对襟短衣或右衽长衫,披肩织有几何图案的羊毛毡,头缠青色包头,小腿上缠裹绑腿。

王大英制作服饰材料则以其居住地出产的原料为主,以棉、麻、毛等经过自己的家庭手工作坊精编细织而成。

王大英作为苗族同胞中较早接受学校教育,并回到自己的家乡从事教育工作,不仅传授文化知识。而且还继承了苗族传统文化,把苗族服饰、苗族语言等带进课堂,组建"双语班""春蕾班"。不仅自己参加比赛,还经常带领学生参加各种比赛,把苗族服饰展示给外界,推动了苗族服饰的传承和发展。

从王大英制作整套女性服饰而言,有这样一些技艺特点:①帽饰。女性服饰的帽饰有包括两部分。裹布和牌帕(扒冲),由绣片组成,绣片下端为彩珠流苏,绣片图案类似于枫叶和蝴蝶,当地人称之为"八角花"。②上衣。主要是由底衬、套袖和围腰组成。套袖(得操)是棉布拼缝的,外面全部是拼绣的手工制成的花纹,颜色鲜艳,比较厚实。围腰(保度)是套头式,周围用花带镶边,中心的围腰口有"升子底"（象征着纪念祖辈）、"八角花"（代表苗族八个支系）、"蝴蝶"（象征着春天，歌中是带路人）等图案的正方形绣片。③裙装。由百褶裙、腰带和飘带组成。百褶裙分为两截，上部分为白色或染成蓝色的整块褶皱棉布，长至膝盖；下部分为自己纺织青白色褶皱麻布。腰带有一块大的和六块小的长绣带组成，底下坠有流苏。

因此，王大英在苗族服饰的制作和技艺的传承上起到十分重要的作用，既发扬了本民族的传统服饰，又培养了一代又一代的苗族服饰传承人。

苗族祭鼓节

清镇市四印苗族祭鼓节是麦格苗族布依族乡的一个重大传统祭祀节日。祭鼓节苗语音译为"能纽"，意思是"吃鼓"。也称"能扶类"，意思是"吃公水牛"。这是一种杀牛隆重祭祀祖先的大典。汉族称为"吃牯脏""鼓社节"。

祭鼓节（乔啟明　摄）

四印苗祭鼓节主要分布在清镇市麦格苗族布依族乡（龙滩村、小谷陇村、周家寨鸡扒田组、龙窝村、大谷佐村、小坝村、谷当稗村）、清镇市站街镇（中寨村、木林村），清镇市卫城镇（迎燕村燕陇组、银桥村高坡组、麦巷村烂塘组）。祭鼓节是当地"四印苗"祭祀先祖保存最原始的祭祀活动，一直延续至今，也是当地最具特色的民俗活动。祭祀活动对苗家人来说意义重大，从十二年轮一次的轮回年份就不难看出他们追寻祖先亡灵是永远不变的"信仰"。祭祀中芦笙师和鼓师在接鼓、跳场中配合默契的演奏和优美的舞步，展示了这支民族能歌善舞的一面，特别是悠长的芦笙曲，是人们用语言无法读懂曲谱，但从他们摆动身体的姿势里，让我们体会到他们对祖先的追思和对祖先满怀的恭敬与虔诚。祭鼓节里的"宝冒"（掌坛师）关于"簪汪王"的一系列唱诵，对学界研究苗族西部方言区的民族史、迁徙史、战争史、文学史、民俗史有一定的历史价值。民族祭祀活动依存的生态环境、古歌唱诵、芦笙舞、饮食文化等具有保护、传承与研究价值。由于地理环境的特色性,使麦格苗族布依族乡成为苗族传统文化体系最为完整、保存最为完好的乡,以歌舞文化丰富多彩、服饰文化绚丽多姿、节日文化欢快热烈、祭祀文化古朴神秘。正因清镇市麦格乡四印苗族祭鼓节重要的文化价值,2015 年 1 月被列入第四批贵州省非物质文化遗产代表性名录。

一、历史渊源

祭鼓节是苗族的传统祭祖节日。十二年一大祭,六七年一小祭。传说,人类的妈妈"妹榜妹留"是从枫树的树心里生出来的,他们死后还要回到枫树里去,人死后灵魂也要回到老家去才得安息。祖宗的老家在树心里,木鼓就是象征祖宗安息的地方。后来“祭祖”喊成了"祭鼓"了。沿袭到现在祭鼓就是祭祖了。

清镇市境内“四印”支系苗族,在祭鼓节里,以鼓声贯穿始终,鼓且象征本族祖先的灵魂——“簪汪王”。

相传,簪汪王在京城战败后,带领九男二女及其部族撤离,一路转战退到南方。首先来到他的出生地“格舍让得孟”(苗语地名),正准备驻下,追兵忽然赶到,簪汪王只得带领家眷及部族跨黄河、渡长江,来到一个叫“肯咪”(苗语地名)的地方。这年正好是龙年,簪汪王就让族人、军队安营扎寨住宿下来,立起鼓架,摆放好鼓,跳鼓两天。第三天,追兵又追到,簪汪王带领军队展开一场大战,结果簪汪王又败,死了三名大将。簪汪王不得已,只好带领家眷及部族一路长途跋涉来到“德舍呀呕德”(苗语地名),这里正好有个水塘,士兵一路疲劳,正准备在这里休息洗澡。追兵又一次追来,双方又是一场大战,这次簪汪王的军队死伤更为惨重,最后只得带领家眷及部族再次逃亡。一路辗转,经过麻江、黄平、龙里、贵阳,来到“三角三”的地方。这一次追兵没有找到他们,簪汪王的几弟兄就对他说,我们已经伤亡惨重了,大家也已经走不动,各自带着自己的家眷和兵马就在这里和你分开了吧。簪汪王听后,很难过,但还是答应了兄弟们,只是说:“鼓,你们不能拿走,必须跟着我。”就这样,簪汪王带着家眷和剩下的兵马来到现在麦格苗族布依族乡的龙滩定居下来。后人为了纪念他,就形成现在的“祭鼓节”。

二、基本内容

祭鼓是以“缰略”为单位举行的,一个“缰”是一个始祖传下来的有血缘关系的亲族,他们共同敬奉一个认为祖宗的灵魂住在里面的木鼓。祭鼓节那天,每家准备一头水粘牛,也可以几家准备一头,或买些牛肉。先放牛角斗,几百头牛一起角斗,场面是很壮观的,然后再宰杀敬供。按习惯,不论是来庆贺的亲友,还是来看斗牛的客人、过路的商贩,一律留下,不准走,人越多,主人脸上越光彩。以龙滩村四印苗族王氏为例,其来源是这样的:祖上之长兄迁来龙滩定居后,生育了六个儿子。随着岁月的变迁,首位来龙滩定居的王氏老人于"龙"年去世,六房弟兄及子孙,为老人隆重操办丧事,击鼓打牛祭奠贯穿整个活动。从此以后,凡轮到"龙"年这一年,各房都必须集中在一起举行同样的祭祀活动,即祭祀期间各房都要献上牛一头,用于对祖上的供奉,时间从当年(农历)十月前半月,以属"龙"之日为主祭日,一连击鼓三天,一直到打牛祭祀结束。

祭鼓过程分接鼓、迎客、跳场、送鼓四个阶段。

龙年祭鼓节头天(虎日)接鼓,由"宝冒"(掌坛师)、"吴绕"(歌师)、"葛盖"(芦笙师)做法接鼓回家(周星 摄)

整个活动历时5天。头天(虎日)接鼓,全族人到藏鼓的庙里将鼓请来。经过是:由背鸠(即鼓东)请掌坛师、歌师、芦笙师及寨上十几名抬鼓手,一同去到庙上,在掌坛师的指导下,把鼓从架上取下之后,抬鼓手抬着鼓,再由间鸠(击鼓手)击鼓三响,鼓声顿时响彻四方,让全寨人都知道,祭鼓节开始了。接着"宝冒""吴绕""葛盖"等按先后顺序,围着鼓从左至右转三圈,边转边唱边跳边吹芦笙。鼓抬出庙后,直接放在鼓东家,摆放好之后,要一直敲击,致使鼓声不断,人息鼓不息,一直要敲打到打牛祭祀完毕,方能停止。

第二天(兔日)迎客唱诵。一大清早就开始宰杀猪,在十二年当中,凡有老人过世的家族,都要宰杀一头猪来参与祭祀;回娘家的参加祭祀姑娘,女婿都要身着盛装,还要牵一头羊或一只鸡回家参与祭祀活动。到了晚上,各家分别有掌坛师唱诵做法,在做法中掌坛师所唱诵的古歌,主要是记述了"簪汪王"带领族人征战迁移的故事。故事主要概述了"簪汪王"在京城战败后,带领九男二女及其部族撤离,一路转战退到南方。在逃亡的路途中,与追兵发生了三次大的战役,死伤都很惨重,不得不带领族人绕道进了大山里,躲过追兵,最后在"三角三"的地方和兄弟们分开,各自带领族人到龙窝、木林、中寨、龙滩等地隐居下来,鼓随着"簪汪王"来到龙滩。鼓就象征着“四印”支系苗族的魂。

祭鼓节第二天(兔日)迎客唱诵,鼓落鼓东家后,鼓手击鼓,
芦笙手吹起芦笙跳起芦笙舞(周星 摄)

第三天(龙日)跳场唱诵。跳场前事先在鼓场正中央支撑鼓架,中午十二时,抬鼓手将鼓从鼓东家,抬到鼓场安放鼓架上。鼓象征本族祖先的灵魂,所以要加以装饰,视为“簪汪王”。接着间鸠(击鼓手)庄重走到鼓前,开始击鼓以“咚、咚、咚——咚——咚”为号。全族男女老幼听到鼓声,依长次顺序,先后进入鼓场,周边19个“四印苗”村寨的上千族人盛装前来参加。按古规,鼓场设在收割后的稻田里,女子不能参跳,主要由寨上姑爷装扮成古代“兵士”,他们和芦笙手一起,在“宝冒”(掌坛师)、“吴绕”(歌师)、“葛盖”(芦笙师)的带领下,分两层向相反的方向绕场舞蹈9大圈。“兵士”的着装最为炫目——男子头戴斗笠(盔甲),手持长“剑”,下身穿着与女性相同的白底蓝花的蜡染裙子,背上还背了老人的故衣。跳场快结束时,家族中的妇女点燃钱纸,向祖先表示寄托哀思。晚上,各家分别有掌坛师唱诵做法。

第四天(蛇日)宰牛送鼓。凌晨寅时,由掌坛师将打嘎用的牛斧、牛刀、牛绳、木板等物摆放地上,对无名先辈进行交代,每交代一项打一次“卦”,同时在木板上画一下,意为提示先辈注意:嘎牛已交你们,要认准,木板上画的就是记号,千万不能让“别人”夺走。打牛准备就绪后,“宝冒”(掌坛师)提一个火炭圪蔸,从原来位置择当年属相吉利的方向,向前走七七四十九步站定,用苗语高声诵念:“构掌该,补掌菊,构郎咂斋,补身小扎东”(其意是老祖公在此接牛)。接着将火炭圪蔸往空抛去,作为行动信号,各持牛斧者,将斧猛击牛头脑盖骨三斧,牛即倒地。这时鼓声停下,芦笙吹奏也随着止息。

祭鼓节第三天(龙日)跳场唱诵。按古规,鼓场设在收割后的稻田里,女子不能进场参跳。跳场前事先在鼓场正中央支撑鼓架,中午十二时,鼓声响起,芦笙舞跳起,祭祀开始,"宝冒"(掌坛师)、"吴绕"(歌师)、"葛盖"(芦笙师)在场内做法　贵阳市非遗中心提供

第五日(马日),鼓东招待。由鼓东请抬鼓手将鼓抬回庙,存放到原来的位置,并招待鼓手,祭鼓活动宣告结束。

三、主要特征

苗族祭鼓节,是清镇市四印苗按照十二生肖纪年为一个轮回的祭祀活动,祭祀延续祖训遗留下来的传统民族文化,"宝冒"(掌坛师)是整个祭祀活动的灵魂人物,他唱诵的古歌述说了这支民族的迁徙史,也传承这支民族悠久的历史文化,具有显著的特征。

(1)独特的时间性和人群。按照族规,十二生肖纪年为一个轮回;只限于四印苗支系族人参与。

(2)独特的祭祀过程。祭鼓过程分接鼓、迎客、跳场、送鼓。四天里,鼓声不能间断,一直要敲打到打牛祭祀完毕,方能停止。

(3)独特的祭祀形式。祭祀活动中,家族有多少个老人过世,整个寨子就要宰杀几十头猪祭祀,家族中六户人家的子孙都要宰杀一头牛参加祭祀祖先,姑爷需牵羊回娘家参加祭祀。在四天的祭祀里都有"宝冒"(掌坛师)做法,唱诵古歌。

(4)独特的跳场。跳场这天,鼓立放在田坝中央,间鸠(击鼓手)在规定时辰击打鼓,鼓声响起,寨上姑爷装扮成古代"兵士",他们和芦笙手一起,在"宝冒"(掌坛师)、"吴绕"(歌师)、"葛盖"(芦笙师)的带领下,分两层向相反的方向绕场舞蹈9大圈。鼓在整个祭祀活动里,象征本族祖先的灵魂——"簪汪王"。

四、重要价值

(1)祭鼓节里的"宝冒"(掌坛师)关于"簪汪王"的一系列唱诵,对学界研究苗

族西部方言区的民族史、迁徙史、战争史、文学史、民俗史有一定的历史价值。

(2)十二年轮一次民族祭祀活动依存的生态环境、古歌唱诵、芦笙舞、饮食文化等具有保护、传承与研究价值。

(3)龙滩村祭鼓节展示的“四印”支系苗族古老民俗文化的精粹，是贵阳市地区苗族现有原生态文化现象。在贵阳市内也应是有代表性的苗族节日。

五、主要传承人

王兴明，男，苗族，文盲，六兄弟里三房的子孙，家住龙滩村岩脚组，1976 年担当背鸠(即鼓东)，已经过世。王德富，男，苗族，文盲，六兄弟里四房的子孙，家住龙滩村岩脚组，1988 年担当背鸠(即鼓东)，已经过世。王德橘，男，苗族，文盲，六兄弟里四房的子孙，家住龙滩村岩脚组，2000 年担当背鸠(即鼓东)，已经过世。王正帮，男，苗族，1964 年出生，50 岁，小学文化，六兄弟里二房的子孙，家住麦格龙滩岩脚组，2012 年的祭鼓节里担当主祭。王兴志，男，苗族，1951 年出生，63 岁，文盲，六兄弟里三房的子孙，家住麦格龙滩候亮平组，2024 年的龙年，鼓落他家，担当主祭。王兴强，男，苗族，1948 年出生，66 岁，文盲，六弟兄里四房的子孙，家住麦格龙滩岩脚组，2036 年的龙年，鼓落他家，担当主祭。王兴才，男，苗族，1939 年出生，78 岁，小学文化，六兄弟里五房的子孙，子孙里排名老四，家住麦格龙滩岩脚组，他是子孙里唯一会“吴绕”(歌师)的人，在寨子里有一定的威望。王德刚，男，苗族，1957 年出生，57 岁，小学文化，六兄弟里幺房子孙，家住麦格龙滩下寨组，按家族的规定，鼓不落幺房家。王兴贵，男，苗族，1944 年出生，70 岁，小学文化，家住乡龙滩村岩脚组，六兄弟里五房子孙，1984 年拜龙滩村的王德安为师傅开始学习唱诵古歌，45 岁跟师傅参加打嘎(祭鼓)，2012 年分别在龙滩村、木林村的龙年祭鼓节里在鼓东家担当“宝冒”(掌坛师)。2036 年(龙年)担当主祭，在这几年过世，由长子担当主祭。刘梦学，男，苗族，1949 年 9 月生，65 岁，小学文化，家住站街镇中寨村茶山五组，在今年的马年(十二年轮一次)担当主祭，同时在村里唯一能掌坛的“宝冒”(掌坛师)，至今做“宝冒”(掌坛师)12 次。王银福，男，苗族，1949 年出生，65 岁，文盲，家住站街镇中寨村，在明年的鸡年(十二年轮一次)担当主祭。

存续状况：龙滩祭鼓节，随着经济生产方式、现代生活方式的巨大改变，祭祀活动里“宝冒”(掌坛师)唱诵者年龄大都是年老者，会唱诵的年轻人寥寥无几。因为四印苗没有文字，他们代代都用唱诵传承他们迁徙史，一旦没有人再会唱诵他们的古歌，这段历史再也无人知晓。其次受外文化的影响，活动简易化，总而言之，整个祭鼓活动处于不断衰退之中。

苗族跳场(乌当区)

贵阳市乌当区石头寨位于贵阳市乌当区东风镇云锦村,是一个苗族聚居的村寨。这里自然环境优美、气候怡人,平均海拔为1100米,年降雨量为1179毫米左右,无霜期长,气候湿润,贵阳市的母亲河—南明河下游穿境而过。石头寨是苗族同胞世代聚居的地方,他们在这里繁衍生息,过着勤劳朴实、宁静安详的生活。几百年以来,这里一直沿袭着一种传统习俗活动,那就是二月跳场。苗族跳场是一种兼具祭祀性、交际性和娱乐性的民族民俗活动。它既是一根纽带,也是一种承载,同时它还是青年男女交际的一个平台,也是同胞们难得的一次欢乐聚会,它更是促进民族和谐、民族进步的有机组成部分。2015年,乌当区石头寨苗族跳场被省政府列为第四批省级非物质文化遗产代表性项目扩展项目名录。

石头寨苗族跳场场景(胡晓蓉 摄)

一、石头寨苗族跳场的历史渊源

东风石头寨是一个苗族世代聚居的自然村寨,这里民俗淳朴、民风敦厚,这里的苗族同胞真诚善良,勤劳朴实。

传说在很久很久以前,有个苗族祖先名叫路播七爷,他是黑羊大箐苗家头领李俗手下的一员大将,他有三个孩子,两男一女,大儿子叫瑶斋丽,二儿子叫保斋丽,小女儿叫阿斋丽。后来,这几个孩子各自成家立业,并都成了当地苗寨的寨老。在路播七爷死后,老大瑶斋丽就生活在现在的白云区都拉乡的都溪,老二则迁居到现在的乌当区东风镇的石头寨居住,小女儿嫁到高寨。路播七爷在世时,都溪年年都组织跳苗场。为了使这一传统习俗能够薪火相传,除了老大瑶斋丽的都溪跳场依然保持外,老二保斋丽在石头寨也兴起了苗族跳场活动,老三阿斋丽和丈夫黑将胜也在高寨举办跳场。于是就形成了都溪跳三年,石头寨跳两年,高寨跳一年,六年一个轮回的格局。到了清朝时候，当时清政府推行“蛮悉改流、苗亦归化”的残酷政策，致使广大苗族同胞倍受歧视和残酷压迫，给苗族人民带来巨大灾难。于是他们奋起反抗，结果起义失败，统治者对其进行了血腥镇压。1743 年农历的 2 月 14—16 日，众多被俘的苗族勇士们在石头寨黑土坡英勇就义，为了祭奠英烈，也为了增强苗族同胞的民族凝聚力和感召力，石头寨这支苗族就据此作为跳场的一个主要内容，其跳场的习俗活动一直延续至今而不衰。

二、石头寨苗族跳场的基本内容

石头寨跳场活动历经几百年的发展，已成来一种祭祀性、祈愿性和娱乐性为一体的民族民俗文化节日活动。

跳场活动首先是选杆。苗王亲自选定 9 米以上长竹，随后由他本人祭竹砍竹，再由他选定一个身强力壮的年轻人单用一个肩不歇气扛回苗寨，然后苗王在旗杆上加上“风调雨顺、国泰民安”的固定标语。整个过程，旗杆不能倒或横放杆入场。

石头寨苗族跳场场景之童男护旗（胡晓蓉　摄）

石头寨苗族跳场场景之护旗杆去场地、立旗杆、旗杆上树幡（胡晓蓉　摄）

其次是踩场。由童男童女吹芦笙、中年人吹箫、唢呐、老年人吹大号、火枪队护送踩场立杆，立杆后进行祭祖祭祀。由苗王选定两匹纯色马待火枪队鸣枪后由两名童男骑马绕三圈，童男童女吹着芦苇笙绕三圈后方可入场。

石头寨苗族跳场场景之立旗杆、祭祀(胡晓蓉　摄)

最后是散场。活动结束用相同的方式将旗杆送回,活动三天皆如此。

跳场的三天,未婚男女都载歌载舞欢庆着自己的节日。他们穿着艳丽的民族服饰,在跳场过程中交朋结友,寻觅着自己的意中人。跳场当天,人们摩肩接踵,纷至沓来,都云集石头寨,参加活动人数最多时达到七八万人。

石头寨跳场每六年轮换一次,每次连续跳三年,后三年停场。石头寨从古至今已延续产生了48代苗王(约30年为一代),第一代苗王是芦德郎(音译),现任苗王是刘朝发。苗族二月跳场活动除东风镇石头寨外,还有白云区都拉乡的都溪村、南明区的永乐乡罗吏村(一说在高寨),因为三处是一脉相承的祖先,为此跳场活动一直都是三地轮流举办。但皆以石头寨为主场,原来是六年为一个周期,在石头寨跳三年,后三年转场。但现在石头寨每年都组织跳场活动,不再移场,也不再歇场。

三、石头寨苗族跳场的主要特征

石头寨苗族跳场由祭祖,祭奠英烈而形成一种情感归属和民族认同,进而增强同胞的民族凝聚力和感召力。在祭祀性活动基础上逐渐扩展为一种民族的聚会,通过这个聚会建起一个交友的平台,更为朋友交往及男女谈情说爱提供一种机会和一个空间。现在已经成为一种民族团结、民族进步的一个纽带和载体。

四、石头寨苗族跳场的重要价值

石头寨苗族跳场是个综合性的民俗活动,他融合了石头寨这支苗族的服饰、习俗、祭祀、娱乐等方方面面的特性,涉及民族学、民俗学、历史学、艺术学等方面,它兼具民族性、祭祀性和娱乐性的特点。民族民间传统习俗活动值得挖掘整理,尤其是石头寨跳场的影响性,参与性,广泛性及它的形成与延传等具有一定研究价值。在祭祀性特征,以及民族服饰展示、苗族舞蹈、苗族芦笙制作与演奏等方面也值得关注。

石头寨二月跳场历经几百年延传至今,但由于经济社会的快速发展,导致石头寨跳场的场地几经变迁,现在跳场的文化空间已逐渐被蚕食,再加上几条高架桥墩穿境而过,使得这一民俗活动的开展受到了严重的影响和制约。因而,解决跳场的场地已经迫在眉睫。

五、石头寨苗族跳场的传承谱系及主要传承人

在石头寨苗族村寨中,各种活动历来都是由苗王亲自负责并主持进行。作为寨老(长老),他在二月跳场活动中必须亲力亲为,负责整个活动的计划指导以及安排。

石头寨第一代苗王是芦德郎(音译)。

第四十一代苗王是路播陆沙,男,苗族,1810—1868年。

第四十二代苗王是路播月扶,男,苗族,1833—1890年。

第四十三代苗王是路播月利,男,苗族,1855—1910年。

第四十四代苗王是路播柔昧,男,苗族,1876—1946年。

第四十五代苗王是路播昧彩,男,苗族,1898—1962年。

第四十六代苗王是刘克文,男,苗族,1918—1979年。

第四十七代苗王是刘芝良,男,苗族,1940年生。

第四十八代苗王是刘朝发,男,苗族,1964年生。

刘朝发,第四十八代苗王,男,苗族,1964年生,初中文化,东风镇石头寨人。从小跟随父亲刘芝良学习苗语,学习苗族礼仪习俗,每年跳场活动从选旗杆祭祀活动开始到散场全过程参与,还常常听父辈传授一些先祖的祖训,并熟记于心。现在每年的跳场活动都由刘朝发主持。

第四十八代苗王
(刘朝发 胡晓蓉 摄)

苗族服饰(清镇市)

清镇市"四印"支系苗族,主要分布在麦格苗族布依族乡,占总人口的32.1%。

"四印苗"妇女的盛装,都为绣花蜡染制作而成。整套服饰包括:头帕、衣服、裙子,均为手工制作。头缠青丝帕和青布帕多层,耳坠银环(称耳环);上身穿大翻领外衣;下身穿百褶裙,裙分为大裙和围裙。大翻领花衣服做工讲究,制作精美。上衣主要由四块(幅)绣花蜡染连接而成。绣花蜡染制作过程:先用蜡在白布上刻画出图案,接着用色水煮去布上的蜡,再按照蜡染图案布手工绣花,最后,即用刺绣好的四幅蜡染布,缝制成衣服。盛装背面,要系一条蜡染带;着盛装时,要将蜡染带打结。大裙由三幅布料连接而成。上幅为裙腰,中幅为主裙,下幅为裙脚。裙腰用青布制作。主裙用蜡染绣花布制作,蜡纹多达27条。下福裙脚为双层,用较粗厚的青布制作,作用是增加裙脚的重量。主裙用布和裙脚用布的长度相等,两幅缝接起来后,制作为百褶裙,最后与裙腰连接在一起。围裙与大裙尚有区别,围裙穿在外,大裙穿在内。围裙由腰裙和蜡染的百褶裙两部分组成,无裙脚,穿在大裙的外面,对大裙起保护作用。盛装在制作工艺中最为突出的两道工艺是刺绣和蜡染。刺绣中,在前胸、后背和两袖一律用鲜艳的线条勾勒四个四四方方,尤为醒目,其族人相传的"四印"图案,"四印"图案是和祖先相认的徽章,这就充分展示了四印苗女高超刺绣功底和对族规传承的延续。也更加体现了四印苗盛装的艺术性。

印有"四印"图案的苗族盛装　清镇市非遗中心(冯贵西　摄)

妇女盛装，只在重要节庆日、跳花场、结婚、送葬等场合穿用，一般节日或走亲访友不一定要穿用。在节日和祭祀中，妇女穿戴的盛装延续族人对先祖的怀念，也记录迁徙的历程和历史的事件，通过其凝聚在服饰上的特定的文化语言，向世人诠释四印苗悠久的历史和灿烂的文化。同时把形影相随的衣装作为记录民族文化的平台，作为承载民族历史的载体，让衣装上的纹饰和图案担任起在分散与流动中传承民族文化的历史重任，这就是四苗族盛装成为“穿在身上史书”的深层次的历史和文化根源。2015年，清镇市苗族服饰被省政府列为第四批省级非物质文化遗产代表性项目扩展项目名录。

一、“四印苗”盛装制作技艺的历史渊源

相传，很久以前，四印苗的始祖名为“簪汪”，曾是这支族人的王，统管四尊大印，住在京城。另一个王为了夺取簪汪的皇城，设下了计策。偷取了“簪汪”的“龙心”后，提出要与他比武。“簪汪”自知“龙心”已被骗走，力量强不过他，一方面答应过了节日比武，一方面带领族人逃出京城。“簪汪”一路长途跋涉，跨黄河、渡长江，途经开州开县、竹州竹县，最后来到威清卫（清镇）一小河旁。为了安心隐居下来，当来到清镇小河操子铺（此地原称烧纸铺）时，“簪汪”下令将四颗大印的印模，盖印在女性服饰上，随即将四大印章及携带的文书档案一并烧毁。从此，分散隐居在中寨、茶山、泡木林、龙窝等地。

这就是“四印”苗由来，它是一个被人们称为“把史书穿在身上的民族”。“四枚大印”分别绣在前胸、后背和两袖，文理图案的走向和他们跳场的走向一致，这就充分再现盛装图案复制了他们的历史。这支苗族没有文字，他们有意识地借助这个特殊的服饰图案记录了本民族悠久的族源史、悲壮的战争史、艰辛的迁徙史和艰难的生存史。“四枚大印”纹理图案作为“语言”来传达、传递和传承本民族的历史和文化信息。

现在四印苗妇女将他们历史和自己的所思所想、所见所闻、所感所悟“记录”下来，用自己的服饰传承下去。

二、“四印苗”盛装制作技艺的基本内容

四印苗妇女的盛装包括头帕、衣服、裙子，均为手工制作。衣服上所绣的花叫“八角花”，同时分别在胸前、两袖和背上各绣一个形如大印图案，共四个大印绣花图案，所以该苗族叫“四印苗族”。

整套衣服一身均有花纹。上穿蜡染绣花大翻领外衣，苗人用汉语称“花衣服”，苗语称“挝”，花衣服一般是3~5件为一套，不能只穿一件，穿二件较少。大翻

领花衣服做工讲究，制作精美。花衣服主要由四块(幅)绣花蜡染连接而成，分别为胸前一块，背后一块，两袖各一块。绣花蜡染制作过程：先用蜡在白布上刻画出图案，每个图案由几十条蜡纹组成，形如一枚方形大印。蜡纹图案布刻画好后，接着用色水(一般为墨蓝色)煮去布上的蜡，便成了黑白相间的蜡染图案布。再接着，按照蜡染图案布手工绣花，胸前和背面的刺绣要特别精细，所花时间也最多，一般都在农闲时绣成，大约需耗一年左右时间。最后，即用刺绣好的四幅蜡染布，缝制成衣服。

三、"四印苗"盛装制作技艺的主要特征

四印苗盛装是四印苗女性把"四枚大印"绣在身上的服饰，通过服饰"复制"他们的历史，传承自己民族文化，在清镇市地域内的民族服饰中具有鲜明的特征。

(1)独特纹理图案。盛装的左右袖子都绣有形如一枚方形大印绣文图案，前胸和后背上也绣有形如一枚方形大印绣文图案，共4枚方形大印图案。

(2)独特背带。盛装背面要系一条宽3寸、长5尺的蜡染带，做工也较精细。穿盛装时，将蜡染带佩戴打结，穿多少件盛装就打多少个结。

(3)制作时间长。绣一件盛装，约需耗费一年左右的时间。

四、"四印苗"盛装制作技艺的重要价值

(1)艺术价值。"四印"苗族盛装制作，展现了苗族女性高超的美术创造才能。

(2)历史价值。"四印"苗族盛装传递和传承本民族历史和文化信息的图案，是传承四印苗历史文化的最有效的工具之一。

(3)文化价值。盛装中刺绣的四印图案，是"复制"了他们历史的"窗口"和"活化石"。四印苗族没有本民族文字，透过这些依附在图案上的信息，我们可窥见四印苗历史演进的印痕。

(4)社会价值。四印苗族是一个迁徙的民族，在长期的颠沛流离中，他们把服装作为一条连接这个民族的纽带，是服装使他们产生一体感、归属感，是服装的纹饰和图案这种特殊的"语言"使他们产生了凝聚力和战斗力。

"四印"苗族盛装制作技艺现今虽然仍家家户户在制作，但随着经济生产方式、现代生活方式和衣饰习惯的巨大改变，传统服饰及装饰的社会功能、审美观念已与旧代大不一样。总体上，其原有的重要社会功能大为降低，刺绣装饰的工艺优劣，已不成为评价女性能巧、家境的指标，同时审美观念的变化，使人们不去刻意追求刺绣的不断完美。新一代能操作刺绣的人仅是留乡务农的妇女，而且她们制作刺绣已不像老辈人那样为体现自身的价值而精心竞比制作，所以工艺上大不如前

人,纹样上趋于一统化、简易化,并融入外文化的影响。总而言之,整个四印苗族刺绣已处于不断衰退之中。

五、"四印苗"盛装制作技艺的传承谱系及主要传承人

传承模式:"四印"支系苗族盛装的制作,是后人依据前辈人的图样制作工艺,代代相袭,很少有大的改动。在前辈人的传承过程中,主要是以母传女延续下来,随着时代的发展和社会的变迁,现在出现了另一些具有传承谱系特征的传承模式,如婆传媳、嫂传姑、姐传妹均可传承,盛装制作技艺人人都可学习、可操作,但都只能限于女性。

清镇麦格苗族布依族乡小谷陇村四印苗盛装制作能手王荣毕用蜡在白布上刻画出四印图案

麦格苗族布依族乡四印苗族盛装制作传承人如下。

王朝珍,女,苗族,1902 年出生,文盲,在家务农,居住在麦格苗族布依族乡大谷佐村。从小跟随母亲学习刺绣针法,能熟练的制作盛装整套工艺。已经过世。

任朝华,女,苗族,1935 年出生,文盲,在家务农,家住朱昌镇赵关村杨五沟组。10 岁就开始跟母亲王朝珍学习刺绣、蜡染,青年时代在当地是一专多能苗族民间艺人,掌握刺绣针法及服饰技艺等。已经过世。

王顺芬,女,苗族,1953 年出生,文盲,在家务农,现居住在麦格苗族布依族乡小谷陇村。是任朝华的长女,10 多岁跟母亲学习刺绣,15 岁能全面掌握"四印"苗族盛装服饰制作的全套流程技艺。

穿着盛装的四印苗妇女

王荣惠,女,苗族,1963 年出生,小学文化,在家务农,现居住在观山湖区百花湖乡下麦村克妈田组,12 岁跟姐姐王顺芬学习盛装制作技艺,20 多岁能熟练掌握蜡染制作和刺绣工艺,在当地是有名的能工巧匠。并把手艺

传授给妹妹。

王荣华,女,1973年出生,现41岁,从小跟姐姐王荣慧学习刺绣和蜡染技法,现在在小谷陇开设了四印苗盛装制作坊。

苗族服饰(息烽县)

息烽苗族服饰是分布在息烽青山苗族乡冗坝、绿化、大林,九庄下环山,石硐镇何家洞村上高山、下高山、水头村、石硐雨咋等地,永靖镇河坎、小平坎、安马,西山镇龙堰,金竹坪、晚霞、黄草坝、小鹿窝、温泉镇热水坪、光荣村、养龙司乡马坡、龙塘等苗族聚居地方的传统技艺。息烽苗族有大花苗、小花苗、青苗、川苗等。这些苗族属于不同的支系。息烽苗族服饰内容包括上衣、裙、绑腿带等。其中青苗的服饰以青色为主,大花苗、小花苗以红黑为主,川苗以白青色为主。青苗的花飘带、背扇、环衣最有特色。花飘带是苗族服饰中不可缺少的一个重要组成部分,也是苗族青年男女定情的信物。息烽苗族服饰的图案多取材于环境、地理、神话传说,以及大自然中的花、鸟、鱼、兽等,体现了苗族人民对大自然的热爱和对美好生活的向往,其构图多采用高度图案化,讲究对称之美,多通过刺绣进行服饰组合。刺绣在技巧上广泛应用飞针、跳针、梭花、堆花、背针、蜡染、数纱织花、插花等工艺,使画面层次丰富,形态逼真,息烽苗族服饰一直保持着传统刺绣程序,纯手工制作,具有很高的艺术价值和收藏价值。2015年,息烽县苗族服饰被贵州省列为第四批省级非物质文化遗产代表性项目扩展项目名录。

一、息烽县苗族服饰的历史渊源

苗族服饰伴随着苗族社会发展的历史而发展、变迁,尽管苗族没有自己的文字典籍对其服饰的发展变化脉络进行清晰的记录,从现存的息烽苗族服饰形制中,仍可以看到苗族服饰的历史渊源。据《楚辞·离骚》载:“高余冠之岌岌兮,长余配之陆离。”表明当时包括苗族先民在内的楚人好服高冠;《后汉书·南蛮传》记载,苗族先民“积绩木皮,染以草实,好五色衣服”;朱辅《溪蛮丛笑》中说苗族“通以斑细布为之裳”。“高冠”“五色服”“卉服鸟章”“斑布”既表明古代苗族服饰的风格,也说明苗族先民掌握了制作这些服饰风格的技艺。足见苗族先民,曾与中原民族一起共同创造了光辉灿烂的中华服饰文化。

息烽苗族与黔西、金沙苗族有渊源，其中大花苗、小花苗主要从黔西迁来，川苗从金沙迁来。息烽苗族文化源远流长，县境的苗族，有大花苗、小花苗、川苗、青苗、纠纠苗5个族群，各个支系族群的服饰既有相同又有不同。息烽苗族服饰主要分布在：大花苗、小花苗、川苗、贵阳次方言青苗聚居的村寨。其中青苗服饰分布在青山苗族乡冗坝、绿化、大林等村、永靖镇安马、西山镇龙堰等地方。川苗服饰分布在流长乡长涌村的黑洞、中寨、龙泉村的对门坡、三角山、小寨坝镇的高家林、老马土、牛望山；西山乡的鹿窝新村、鹿窝乡的杨柳井、养龙司乡的马坡等。小花苗服饰主要分布在南山小平坝、石硐镇何家洞村下高山等地又称红线苗。大花苗服饰主要分布在永靖镇河坎、九庄镇下环山和柏茂石硐镇上高上等地方。

二、息烽县苗族服饰的基本内容

1.青苗服饰

青苗服饰以青黑为主色。青苗服饰分几个层次，其中未婚、已婚未生育和已婚生育子女的服饰各有各的不同。未婚女青年和已婚但未生育的女青年，一般将头发梳成辫子盘在头上，用白布帕子包成"人"字形，梳"妹妹"头（刘海）。上身内穿白衬衣，外罩蓝布大襟短衫，腰系白布乡花飘带，且有序地排扎于腰后。手戴银质手圈、戒指。

青苗服饰的飘带是苗族男女青年定情的信物。飘带的制作均选用纯白布，以示清白；布料宽5寸，长3尺以上，但必须带"半"，如3尺1寸半，3尺2寸半……有"伴"之意。飘带栓结从腹前向后，于腰后拴活结，以便解脱，若飘带打结后回插于腰间，则表示已有情人，不得随意追求。已婚妇女，在生第一个孩子时，要由其亲生母亲或叔母、嫂嫂行绾发礼，将头发绾于额前，以后再不改变发型。

青苗妇女一般内穿大襟短衫，外套绣花无扣对襟小褂，相交于胸前，以花飘带、围腰束扎。小褂上绣满各种花草图案，外搭披肩，披肩多绣花、鸟图，背心则绣大方块几何图纹，据传系古苗国印纹，以示对祖先的眷念。周围缀以八角大花，也有少数绣刺梨花的。下装为百褶白红横条纹花裙，裙长齐小腿，外系蓝色或青色镶花边围腰，相传裙上的蓝色条纹象征其先祖在历史上无数次迁徙中渡过的江河，围腰中间的蓝布或青布，则象征定居地黑羊大箐湖光山色。

衣袖特别讲究，用两只花锈套套在袖筒外，花纹多以大八角花为主，兼以其他花草、鸟兽图案，手腕上配以银手圈。

青苗族妇绾发髻于头顶，用精制的牛肋骨簪从右向左横插，再包以青布帕或青丝帕。未婚女青年梳"妹妹"头。颈戴银圈，项圈用银锁锁定，或用红绳、彩绸拴牢。上身均穿大襟短衫，里白外青或蓝。腰系织花飘带，多少不限，宽约三指、带端垂与裙齐。在外衣背后，后块垂齐臀部。穿时由头上套下，有一由背心向左至右斜插于胸前用白布镶制的前襟，当地人称环扁，环衣的肩部均绣花、鸟、鱼等图案，背部绣红绿双条线，象征长江、黄河，下面的多线条，则象征民族迁徙时经过的若干江河。最边缘绣蓝红一体粗线条，表示闪电，相传苗族先祖蚩尤讨了雷公的第7个妾作妻，雷公震怒，电闪雷鸣，其妾立即绣此图纹予以还击，并战胜了雷公，取得了自己的应享的权利。最后绣的鸡冠，则表示雄鸡为苗族先民请来了太阳和月亮，使万物得以生存、人民得以繁衍生息。

青山苗族青苗服饰（黄登贵　摄）

在环衣外又套以背褡，背褡中心绣方形图纹，象征苗国大印印纹，周边的九宫八卦图，象征吉祥，手戴银圈、银戒指。

下身穿青布或蓝布百褶裙，取青、蓝象征其先祖居住的黑羊大箐之水色，裙外罩以青、蓝布围腰。

2.小花苗服饰

小花苗服饰（黄登贵　摄）

小花苗又称红线苗。小花苗男性头包青、蓝麻布帕，身穿青蓝麻布大襟长衫，腰拴麻布带，脚穿草鞋。女性头顶绾大发髻，红毛线扎发髻，带青、蓝布帕子；上身内穿白布大襟父母装，外套蓝布大襟父母装；最外面罩以绣有肩花纹长襟长尾白布褂；其背褡上绣的方形花纹，象征古代女人背大印印纹，展示女性高贵风采；腰拴花腰带、花飘带；下半身围白色、青条纹间隔百褶裙和面前拴围腰；其百褶裙上的青条纹，象征苗族先民曾度过的许多江河的苦难迁徙史；裙腰上的蓝色布，象征定居黑洋大箐。小花苗(红线苗)的女性服饰以大红为主色。头上缠绕咖啡色羊毛线簇,上半身穿对襟无扣小短绣花褂,外罩长尾绣花背褡,其背中绣的方形花纹,象征历史上妇女背大印的印纹,以此展现贵妇人风采。下半身穿白蓝条纹间隔百褶裙,其蓝色条纹象征苗族先民曾渡过的无数条江河,裙腰为白色,裙后中央镶一块青蓝色,象征定居黑洋大箐。

3.大花苗服饰

大花苗服饰以红黑为主,女孩戴头索,头索由黑羊毛编织。戴在头上,身穿花裙子、花样大气。

永靖镇河坎大花苗服饰(黄登贵 摄)

其背褡上的方形花纹,象征古代妇女背大印印纹,借以表现该族妇女高雅的风采;腰拴花腰带,花飘带,展示女性心灵手巧的风貌;下半身着百褶裙和围腰,其百褶裙上的青蓝色条纹,象征其先民曾度过的许多江河,裙腰为蓝布,象征定居黑洋大箐。男性头包色布帕,身穿麻布或棉布大襟长衫,腰拴布带,脚穿草鞋。

4.川苗服饰

川苗服饰以素白为主色。女性头上发缠于额以上为一圈,然后用青布或蓝布,或白布,折成三指宽,在头上缠绕成圈;外套缀花或缀银吊套头,套罩头帕;上身内穿色布大襟布扣短父母装,后套花背褡。

息烽苗族服饰一般由苗族同胞手工制成,据多名80岁以上的老年苗族妇女介绍,他们以前每逢正月初一到三十,苗族妇女都要带上刺绣的有关工具到选择好的一个地方围绕烧起的火,一边取暖,一边刺绣,绣花带、飘带、内衣、外衣、帽等。刺绣的程序是:先将带展开、绣完后两长边相缝合,然后翻转即为一条,花纹刺绣在带的两头，主要纹鸟、鱼、铜钱花、刺梨花等。刺绣前，花以下要留 5 寸余，去掉纬线，保留经线。然后将经线编织成网状，每个编织结串以红、绿、黄小珠，编织网下留流苏，两端对称，飘带中间大段不锈任何花纹。制作上广泛应用飞针、跳针、梭花、堆花、背针、蜡染、数纱织花、插花等工艺。苗族一般都工于印染，就地取材，以木皮草实为原料，染出五色布料，其中蜡染最为精湛。制作服饰，全系手工操作，故有自己的传统工艺，主要传统工艺有纺纱、织布、织花带、绣花、挑花、剪花等。

三、息烽县苗族服饰的主要特征

息烽苗族服饰传承了数千年，刺绣工艺古朴，花纹清雅，有插花绣和十字绣等，插花绣一般采用红蓝相间的图案。十字绣主要绘制兰花、菊花等花草。刺绣多姿多彩，尤以女装为多，主要表现在衣裙的款式、色彩、花纹、风格独特，银饰和发髻形式多样，富有文化内涵。刺绣图案多取材于居住环境、地理、神话传说，以及大自然中的花、鸟、草、虫、鱼、兽等。展示苗族同胞对大自然的热爱，青山苗族服饰图案多采用对称图案，制作上广泛应用于飞针、跳针、梭花、堆花、背针、蜡染、数纱织花、插花等工艺。苗族服饰素以取材广泛、用料考究、构图精巧、造型典雅、色彩艳丽、纯朴自然、技艺精湛而著称。息锋苗族服饰是农耕文化的再现，其服饰多以葛、麻、棉、丝、毛为原料。服饰图案丰富多彩，除喜好花草、鱼虾外，还有狮子、麒麟、蝴蝶等动物图案作为装饰，色彩鲜艳亮丽、反差极大，时而清香淡雅、小桥流水，时而大红大绿，高天流云，时而细腻入微，柔情如水，时而节奏明快，沙场征战，全身上下花团锦簇，山花烂漫。

息烽苗族服饰艺术是自然的幻想艺术。从美学上看，息烽苗族服饰具有传统质朴的对称美，幻想独特的意境美，格调一致的形式美，特别是青苗服饰色彩淡雅有一种自然美。苗族女子都是天才的设计师，集设计、缝纫于一身，不用画图、色谱，全家老少衣服尺寸、式样，绣花，挑朵，配色，全装脑子，葛布、苎麻布、绢布等布料，也都是自己种植、纺纱织成，纯天然无任何化学成分。

苗族女子，七八岁就学习缫茧抽丝、轮车纺纱、染布着色、挑花刺绣，把这当成一辈子的功课来做，认真勤勉，到十五六岁时，技艺渐趋成熟，绣制出来的服饰就特别漂亮。息烽所有苗族居住的地方，苗族妇女大都会刺苗绣，并且支系不同，风格各异。特别受专家学者的青睐。

四、息烽县苗族服饰的重要价值

(1)珍贵的历史价值。息烽苗族服饰有许多图案涉及苗族历史，由于苗族没有文字记载，青山苗族刺绣可以说是绣在衣服上的历史书。

(2)人类学、民族学、民俗学价值。息烽苗族服饰寓含苗族的精神、信仰、价值取向,涉及苗族人历史、伦理、民俗、自然和衣食住行等方方面面,具有人类学、民族学、民俗学研究素材的特殊价值。

息烽苗族服饰绣植根于苗族群体的文化传统或文化历史之中,在该民族群体中起着确认文化身份的作用 ,已成为苗族的一张有代表性的“名片”。

(3)旅游价值。息烽苗族服饰工艺古朴,花纹清雅,具有旅游商品开发价值。

息烽苗族服饰在苗族特别是妇女头中一代又一代地传承了上千年,是苗族人民一部无字的百科全书,具有珍贵的文化和历史价值。随着时间的流逝,老一代刺绣名手已相继去世,现在能系统刺绣的老艺人已所剩无几。

息烽县苗族服饰的相关制品及其作品有绣花带、飘带、内衣、外衣、帽、白布、青布、青纱,青蓝镶花边百褶裙,大襟短衫,针、各种颜色的线。围腰、大襟短衫青、蓝布围腰。

五、息烽县苗族服饰的主要传承人

(1)青苗苗服饰传承人。刘敏,生于1974年,住青山苗族乡绿化村大凹组,2010年11月,青山苗族乡青山村大凹组刘敏的刺绣苗装在贵州省文化厅举办的贵州省非物质文化遗产项目刺绣、剪纸作品赛上获一等奖。

(2)大花苗服饰东部传承人。杨树英,生于1965年,黔西县人,从小学习刺绣,嫁永靖镇河坎村王朝志后向婆奶唐兴菊学习 大花苗服饰制作,后教女王志英。

(3)小花苗服饰代表传承人。陶光芬,生于1970年,住石硐村雨榨组,小学文化,从小学习刺绣,16岁嫁给王朝芬做媳后,向王朝芬学习小花苗服饰。其丈夫李多全会苗族芦笙舞。

(4)川苗服饰代表传承人。古玉志,生于1963年,住西山镇林丰村黄草坝组,年轻时由金沙嫁到息烽,向婆婆李少芬学习苗族服饰,教女杨氏。

附录

附录一　贵州省国家级非物质文化遗产名录

第一批

项目名称	申报地区或单位
民间文学	
苗族古歌	贵州省台江县、黄平县
刻道	贵州省施秉县
传统音乐	
侗族大歌	贵州省黎平县
侗族琵琶歌	贵州省榕江县、黎平县
铜鼓十二调	贵州省镇宁布依族自治县、贞丰县
传统舞蹈	
苗族芦笙舞(锦鸡舞、鼓龙鼓虎—长衫龙、滚山珠)	贵州省丹寨县、贵定县、纳雍县
木鼓舞(反排苗族木鼓舞)	贵州省台江县
传统戏剧	
花灯戏(思南花灯戏)	贵州省思南县
侗戏	贵州省黎平县
布依戏	贵州省册亨县
彝族撮泰吉	贵州省威宁彝族回族苗族自治县
傩戏(德江傩堂戏)	贵州省德江县
安顺地戏	贵州省安顺市
木偶戏	贵州省石阡县
曲艺	
布依族八音坐唱	贵州省兴义市
传统美术	
苗绣(雷山苗绣、花溪苗绣、剑河苗绣)	贵州省雷山县、贵阳市、剑河县
水族马尾绣	贵州省三都水族自治县
传统技艺	
苗族蜡染技艺	贵州省丹寨县
苗寨吊脚楼营造技艺	贵州省雷山县
苗族芦笙制作技艺	贵州省雷山县
玉屏箫笛制作技艺	贵州省玉屏侗族自治县
苗族银饰锻制技艺	贵州省雷山县
茅台酒酿制技艺	贵州省
皮纸制作技艺	贵州省贵阳市、贞丰县、丹寨县

民俗	
苗族鼓藏节	贵州省雷山县
水族端节	贵州省三都水族自治县
布依族查白歌节	贵州省兴义市
苗族姊妹节	贵州省台江县
侗族萨玛节	贵州省榕江县
仡佬族毛龙节	贵州省石阡县
水书习俗	贵州省黔南苗族布依族自治州

第二批

项目名称	申报地区或单位
民间文学	
仰阿莎	贵州省黔东南苗族侗族自治州
布依族盘歌	贵州省盘县
珠郎娘美	贵州省榕江县、从江县
苗族贾理	贵州省黔东南苗族侗族自治州
传统音乐	
苗族民歌(苗族飞歌)	贵州省雷山县
布依族民歌(好花红调)	贵州省惠水县
芦笙音乐(苗族芒筒芦笙)	贵州省丹寨县
布依族勒尤	贵州省贞丰县、兴义市、镇宁布依族苗族自治县
传统舞蹈	
毛南族打猴鼓舞	贵州省平塘县
瑶族猴鼓舞	贵州省荔波县
彝族铃铛舞	贵州省赫章县
传统戏剧	
黔剧	贵州省黔剧团
传统技艺	
陶器烧制技艺(牙舟陶器烧制技艺)	贵州省平塘县
苗族织锦技艺	贵州省麻江县、雷山县
枫香印染技艺	贵州省惠水县、麻江县
彝族漆器髹饰技艺	贵州省大方县
传统医药	
传统中医药文化(同济堂传统中药文化)	贵州省同济堂制药有限公司
瑶族医药(药浴疗法)	贵州省从江县
苗医药(骨伤蛇伤疗法、九节茶药制作工艺)	贵州省雷山县、黔东南苗族侗族自治州
侗医药(过路黄药制作工艺)	贵州省黔东南苗族侗族自治州
民俗	
苗族独木龙舟节	贵州省台江县
苗族跳花节	贵州省安顺市
苗年	贵州省丹寨县、雷山县

扩展项目

传统音乐	
多声部民歌(苗族多声部民歌)	贵州省台江县、剑河县
侗族大歌	贵州省从江县、榕江县
传统舞蹈(2项2处)	
狮舞(布依族高台狮灯舞)	贵州省兴义市
铜鼓舞(雷山苗族铜鼓舞)	贵州省雷山县
苗族芦笙舞	贵州省雷山县、关岭布依族苗族自治县、榕江县、水城县
传统戏剧	
花灯戏	贵州省独山县
傩戏(仡佬族傩戏)	贵州省道真仡佬族苗族自治县
传统美术	
剪纸(苗族剪纸)	贵州省剑河县
苗绣	贵州省凯里市
泥塑(苗族泥哨)	贵州省黄平县
传统技艺	
侗族木构建筑营造技艺	贵州省黎平县、从江县
蜡染技艺	贵州省安顺市
银饰制作技艺(苗族银饰制作技艺)	贵州省黄平县
传统医药	
中医传统制剂方法(廖氏化风丹制作技艺)	贵州省遵义市红花岗区、汇川区
民俗	
苗族服饰	贵州省桐梓县、安顺市西秀区、关岭布依族苗族自治县、纳雍县、剑河县、台江县、榕江县、六盘水市六枝特区、丹寨县
侗族萨玛节	贵州省黎平县

第三批

项目名称	申报地区或单位
民间文学	
亚鲁王	贵州省紫云县
传统美术	
侗族刺绣	贵州省锦屏县
传统体育、游艺与杂技	
赛龙舟	贵州省铜仁市、镇远县
民俗	
布依族“三月三”	贵州省贞丰县、望谟县
侗年	贵州省榕江县
歌会(四十八寨歌节)	贵州省天柱县
月也	贵州省黎平县
苗族栽岩习俗	贵州省榕江县

扩展项目

传统音乐

侗族琵琶歌	贵州省从江县
苗族民歌（苗族飞歌）	贵州省剑河县
彝族民歌（彝族山歌）	贵州省盘县

传统戏剧

花灯剧	贵州省花灯剧团
傩戏（荔波布依族傩戏）	贵州省荔波县

传统美术

苗绣	贵州省台江县

传统技艺

蜡染技艺（黄平蜡染技艺）	贵州省黄平县
银饰锻制技艺（苗族银饰锻制技艺）	贵州省剑河县、台江县
苗族织锦技艺	贵州省台江县、凯里市
民族乐器制作技艺（苗族芦笙制作技艺）	贵州省凯里市

民俗

火把节（彝族火把节）	贵州省赫章县
农历二四节气（石阡说春）	贵州省石阡县

第四批

项目名称	申报地区或单位
传统音乐	
土家族民歌	贵州省沿河土家族自治县
传统舞蹈	
布依族转场舞	贵州省册亨县
阿妹戚托	贵州省晴隆县
传统医药	
布依族医药（益肝草制作技艺）	贵州省贵定县
民俗	
仡佬族三幺台习俗	贵州省道真仡佬族苗族自治县
布依族服饰	贵州省
侗族服饰	贵州省黔东南苗族侗族自治州

扩展项目

传统舞蹈	
苗族芦笙舞	贵州省普安县
传统戏剧	
傩戏（庆坛）	贵州省金沙县
传统美术	
剪纸（水族剪纸）	贵州省黔南布依族苗族自治州
传统技艺	
都匀毛尖茶制作技艺	贵州省都匀市

民俗

三月三(报京三月三)	贵州省镇远县
苗族鼓藏节	贵州省榕江县
民间信俗(屯堡抬亭子)	贵州省安顺市西秀区
规约习俗(侗族款约)	贵州省黎平县

附录二　贵州省省级非物质文化遗产名录

第一批

项目名称	申报地区或单位
民间文学	
苗族“刻道”	施秉县
苗族“古歌古词”神话	黄平县
苗族古歌与古歌文化	台江县
中国水书——水族信仰记忆纲文化	黔南州
传统音乐	
侗族琵琶歌	榕江县
侗族大歌	黎平县
洪州琵琶歌	黎平县
布依铜鼓十二则	贞丰县
盘江小调	关岭县
铜鼓十二调	镇宁县
双倍嘎	从江县
传统舞蹈	
苗族格哈	丹寨县
锦鸡舞	丹寨县
畲族粑槽舞	麻江县
反排木鼓舞	台江县
鼓龙鼓舞长杉龙	贵定县
布依族“雯当姆”	荔波县
瑶族打猎舞	荔波县
松桃瓦窑四面花鼓	松桃县
莲花十八响	沿河县
苗族板凳舞	安龙县
彝族撮泰吉	威宁县
苗族芦笙技巧舞“滚山珠”	纳雍县
苗族大迁徙舞	赫章县
彝族铃铛舞	赫章县
采月亮	仁怀县
传统戏剧	
侗戏	黎平县
思州傩戏傩技	岑巩县

福泉阳戏	福泉市
思南花灯	思南县
德江傩堂戏	德江县
石阡木偶戏	石阡县
布依戏	册亨县
安顺地戏	安顺市
曲艺	
布依族“八音座唱”	兴义市
传统体育、游艺与杂技	
勾林	天柱县
侗族月牙铛	天柱县
侗族摔跤	黎平县
隆里花脸龙	锦屏县
传统技艺	
苗族蜡染	丹寨县
石桥古法造纸	丹寨县
剑河锡绣制作工艺	剑河县
苗族服饰文化	雷山县
苗族银饰工艺	雷山县
苗族芦笙文化	雷山县
思州石砚制作工艺	岑巩县
布依族土布制作、扎染工艺	罗甸县
水族马尾绣	三都县
牙舟陶器制作技艺	平塘县
玉屏箫笛制作工艺	玉屏县
小屯白棉造纸工艺	贞丰县
乌当手工土纸制作工艺	贵阳市乌当区
花溪苗族挑花制作工艺	贵阳市花溪区
彝族赶毡制作工艺	威宁县
马场乡苗族大筒箫的制作与演奏	盘县
茅台酒传统酿造工艺	贵州茅台酒股份有限公司
千户苗寨建筑工艺	雷山县
德江土家舞龙	德江县
民俗	
六枝梭嘎箐苗文化空间	六枝特区
占里侗族生育习俗	从江县
平秋北侗婚恋习俗	锦屏县
水族婚俗	都匀市
茅坪花苗婚俗	湄潭县
四十八寨歌节	天柱县
社节	天柱县
报京三月三	镇远县
苗族姊妹节	台江县

思南上元沙洲节	思南县
仡佬族敬雀节	石阡县
安顺屯堡文化	安顺市
苗族茅人节	榕江县
稿午苗族水鼓节	剑河县
苗族牯藏节	雷山县
注溪娃娃场	岑巩县
清水江杀鱼节	福泉市
水族端节	三都县
水族卯节	三都县
查白歌节	兴义市
赶毛杉树	安龙县
大狗场吃新节	平坝县
水城南开三口塘苗族跳花节	水城县
侗族萨码节	榕江县
哥蒙的“哈冲”	黄平县
独山愿灯	独山县
布依族扫寨	都匀市
仡佬族毛龙节	石阡县
盘县地坪乡彝族毕摩祭祀文化	盘县
月也	黎平县
苗族弄嘎讲略	黄平县
古思州“屯锣”	岑巩县
锣	万山特区

第二批

项目名称	申报地区或单位
民间文学	
苗族神话叙事歌《仰阿莎》	剑河县
苗族《古歌》	施秉县、普定县、龙里县
苗族口头经典“贾”	丹寨县
侗族民间文学《珠郎娘美》	榕江县、从江县
布依族摩经	贞丰县、关岭县
苗族历法	丹寨县
苗族民间文学《阿蓉》	榕江县
布依族口传史诗“布依族盘歌”	六盘水市
传统音乐	
苗族多声部情歌	台江县、剑河县
苗族飞歌	雷山县
苗族芒筒芦笙祭祀乐	丹寨县
侗族大歌	从江县小黄乡、榕江县
布依族民歌《好花红》	惠水县
布依族勒尤	贞丰县、兴义市、镇宁县

侗族河边腔	黎平县
河边腔苗歌	锦屏县
十二诗腔苗歌	锦屏县
侗族歌鼟	锦屏县平秋镇
土家族打镏子	沿河县
龙灯钹	铜仁市
布依族婚俗音乐	贞丰县
薅秧歌	金沙县、红花岗区
船工号子	思南县、赤水市
苗族阿江	普定县
凤冈吹打乐	凤冈县
黔北打闹歌	余庆县
布依山歌十八调	贵定县
绕家呃嘣	都匀市
高腔大山歌	桐梓县
仡佬族哭嫁歌	道真县
苗族"游方歌"	施秉县
屯堡山歌	安顺市
传统舞蹈	
苗族铜鼓舞	雷山县
苗族芦笙舞	雷山县、关岭县、凯里市、榕江县、水城县、乌当区
苗族长鼓舞	贵定县
苗族猴鼓舞	花溪区
毛南族打猴鼓舞	平塘县
瑶族猴鼓舞	荔波县
苗族板凳舞	凯里市
苗族踩鼓舞	镇远县
土家族摆手舞	沿河县
金钱杆	江口县
阿妹戚托	晴隆县、兴仁县
苗族烧灵舞	兴仁县
彝族酒礼舞	威宁县
彝族铃铛舞"恳合呗"	钟山区
苗族花鼓舞	乌当区
卡堡花棍舞	乌当区
矮人舞	余庆县
响蒿舞	独山县
苗族夜乐舞	罗甸县
素朴金钱棍	黔西县
四桐鼓舞	威宁县
仡佬族踩堂舞	遵义县
传统戏剧	
阳戏	天柱县

文琴戏	黔西县、铜仁市、遵义市、乌当区
花灯戏	普定县、独山县、黔西县、福泉市、花溪区、遵义市、余庆县、石阡县、印江县
仡佬族傩戏	道真县
黔剧	贵州省黔剧团
思州喜傩神	岑巩县
镇远土家族傩戏	镇远县
蓬莱布依地戏	白云区
马路屯堡地戏	长顺县
曲艺	
嘎百福	剑河县、台江县、榕江县、雷山县
君琵琶	黎平县
安顺唱书	安顺市
水族双歌	三都县
传统体育、游艺与杂技	
麻山绝技	望谟县
布依族高台狮灯	兴义市
仡佬族高台舞狮	务川县、道真县
寨英滚龙	松桃县
瑶族民间陀螺竞技	荔波县
仡佬族打蔑鸡蛋	平坝县、道真县
苗族射弩	织金县、普定县
古典戏法	贵州省杂剧团
传统美术	
苗族剪纸	剑河县
苗族百鸟衣艺术	丹寨县
梭嘎箐苗彩染服饰艺术	六盘水市
石氏面塑	兴仁县
通草堆画	遵义市
苗族“嘎闹”支系服饰艺术	丹寨县
传统技艺	
苗族织锦	麻江县、雷山县
苗族泥哨	黄平县
苗族银饰	黄平县
侗族鼓楼花桥建造技艺	黎平县
造林习俗	锦屏县
侗族鼓楼营造技艺	从江县
苗族马尾斗笠制作技艺	凯里市
苗族堆花绣	凯里市
大方漆器制作技艺	大方县
屯堡石头建筑技艺	平坝县、西秀区
枫香染制作技艺	惠水县、麻江县
蓝靛靛染工艺	册亨县、贞丰县、黎平县

水族石雕	榕江县
土法造纸工艺	三穗县、盘县、惠水县、长顺县
傩面具制作工艺	德江县
竹编工艺	三穗县
木雕工艺	镇远县
印染工艺	印江县
故央——传统手工水磨制香技艺	安龙县
窑上古法制陶	贞丰县
砂陶制作工艺	织金县
安顺蜡染	安顺市
高坡苗族银饰制作技艺	花溪区
布依族纸染绣花制作技艺	花溪区
罗吏目布依族龙制作技艺	乌当区
绥阳旺草竹编技艺	绥阳县
长安布依族土布扎染制作技艺	惠水县
布依族土布制作技艺	关岭县
民间火纸制作技艺	岑巩县
烟火	金沙县
董酒酿制技艺	遵义市
洞藏青酒酿造工艺	镇远县
传统医药	
瑶族医药	从江县
廖氏化风丹制作技艺	红花岗区、汇川区
苗族医药	雷山县、黔东南州民族医药研究所
侗族医药	黔东南州民族医药研究所
布依族防治肝病益肝草秘方	贵定县
水族医药	三都县
同济堂医药文化	贵州同济堂制药有限公司
民俗	
苗族“四月八”	贵阳市
苗族独木龙舟节	台江县、施秉县
苗族祭尤节	丹寨县
河灯节	习水县
赶苗场	习水县
谷陇九月芦笙会	黄平县
布依族丧葬礼俗	贞丰县
仡佬族婚俗	务川县
杜寨布依族丧葬砍牛习俗	贵阳市
新化舞狮	锦屏县
仡佬族吃新节	金沙县、平坝县
土家族过赶年	印江县
下洞祭风神	印江县
余庆龙灯	余庆县

镇远元宵龙灯会	镇远县
瑶族服饰	麻江县
桐梓苗族服饰	桐梓县
安顺苗族服饰	西秀区、关岭县
布依族服饰	贞丰县、册亨县
箐苗服饰	纳雍县
黔东南苗族服饰	剑河县、台江县、三穗县
屯堡服饰	平坝县
榕江侗族服饰	榕江县
贵阳苗族服饰	花溪区、乌当区
摆贝苗族服饰	榕江县
四十八寨侗族服饰	黎平县
黄平 僅家服饰	黄平县
偏坡布依族服饰	贵阳市
水族服饰	三都县
土家族婚庆夜筵	岑巩县
屯堡“抬亭子”	西秀区
仡佬族宝王祭拜	务川县
青山界四十八寨歌会	锦屏县
土家族“八月八”唢呐节	镇远县
仡佬族丧葬习俗	石阡县
水族婚礼	三都县
平秋重阳鞍瓦	锦屏县
起房造屋习俗	遵义市
苗族招龙	雷山县
仫佬年	麻江县
彝族婚嫁习俗	盘县
瑶族隔冬	麻江县
苗族三月坡	雷山县
苗族扫寨	雷山县
苗族吃鼓藏	从江县
侗族民俗“悄悄年”	石阡县
凤冈茶饮习俗	凤冈县
玉屏赶坳	玉屏县
赶社	岑巩县
彝族年	赫章县
高坡苗族射背牌	花溪区
苗族跳场	花溪区
化屋苗族文化空间	黔西县
小广侗族娶亲节	剑河县
龙鳌祭祀	岑巩县
新场苗族祭天神	都匀市
“6.24”民族传统节——二郎歌会	福泉市

布依族“六月六”	关岭县、贞丰县
“划筷奠祖”苗俗	纳雍县
侗族款约	黎平县
仡佬族三幺台习俗	道真县、务川县
瑶白摆古	锦屏县
彝族咪古	毕节地区文化局
仡佬族吃新祭祖习俗	遵义县
天柱宗祠文化习俗	天柱县
苗族采花节	盘县
大屯三官寨彝族祭祀	毕节市
说春	石阡县
水族祭祖	三都县
甘囊香苗族芦笙节	凯里市
畲族凤凰装	麻江县
苗族苗年	丹寨县、雷山县
苗族吃新节	雷山县
苗族跳花节	安顺市
从江侗族老人节	从江县
侗族祭萨	黎平县
都柳江苗族鼓藏节	榕江县
侗年	锦屏县
岜沙苗族成人礼	从江县
侗族北部方言歌会	天柱县
苗族翻鼓节	丹寨县
竹王崇拜	镇宁县

第三批

项目名称	申报地区或单位
民间文学	
《苗族史诗—亚鲁王》英雄史诗	紫云苗族布依族自治县
布依竹筒歌	关岭布依族苗族自治县
彝族古歌	盘县
苗族十二路酒歌	施秉县
苗族民间故事	水城县
布依族民间故事	望谟县
金汉列美	黎平县、从江县
丁郎龙女	榕江县
布依族叙事诗	望谟县
传统音乐	
土家族高腔山歌	印江土家族苗族自治县、沿河土家族自治县
仡佬族情歌	石阡县
苗族三眼箫音乐艺术	织金县、六盘水市六枝特区
彝族《莫蒿亩》	赫章县、六盘水市钟山区

布依族吹打乐	关岭布依族苗族自治县、惠水县、水城县、兴仁县
姊妹箫	关岭布依族苗族自治县、长顺县、六盘水市六枝特区
侗族哆耶——踩歌堂	黎平县
侗族芦笙谱	榕江县
侗族牛腿琴歌	从江县
苗笛	从江县
苗族酒礼歌	雷山县
彝族山歌	盘县
布依族小打音乐	普安县
布依勒浪	册亨县、贞丰县
布依族“谷温”	贞丰县
布依族十二部古歌	望谟县
哥蒙芦笙乐	黄平县
苗族直箫乐	盘县
传统舞蹈	
瑶族长鼓舞	从江县
苗族芦笙蹉步舞	毕节市
苗族斗脚舞	习水县
苗族斗角舞	修文县
彝族嗨马舞	普安县
苗族芦笙棒舞	普安县
围鼓舞	兴义市
布依族转场舞	册亨县
水族铜鼓舞	三都水族自治县
水族弦鼓舞	三都水族自治县
苗族斗鸡舞	黔西县
羊皮鼓舞	盘县
苗族夫妻舞	平坝县
传统戏剧	
丝弦灯	凤冈县
仡佬族滚龙戏	正安县
端公戏	金沙县
曲艺	
布依族说唱“削肖贯”	望谟县
围鼓	正安县
传统体育、游艺与杂技	
傩技—上刀山	松桃苗族自治县
赛龙舟	铜仁市、镇远县
赤水独竹漂	赤水市
长坝狮灯	金沙县
布依族铁链械	贵阳市花溪区
抵杠	平坝县

攀崖技艺	紫云苗族布依族自治县
苗族武术	麻江县
游氏武术	赤水市
布依族棍术	贞丰县
布依族器乐演奏绝技	平塘县
民间棋艺	正安县、望谟县
岩鹰高跷	黄平县
传统美术	
水族剪纸	都匀市
布依族刺绣	兴义市、望谟县
侗族刺绣	锦屏县
布依族织锦	关岭布依族苗族自治县
传统技艺	
黄平蜡染	黄平县
水族九阡酒酿酒技艺	三都水族自治县、荔波县
都匀毛尖茶制作技艺	都匀市
云雾贡茶手工制作技艺	贵定县
油茶制作技艺	正安县、玉屏侗族自治县
西山虫茶制作技艺	息烽县
苗族酸汤鱼制作技艺	麻江县、凯里市
独山盐酸菜制作技艺	独山县
豆制品制作技艺	大方县、习水县
布依族糯食制作技艺	望谟县、贵定县
荞酥传统制作技艺	威宁彝族回族苗族自治县
青岩玫瑰糖制作技艺	贵阳市花溪区
晒醋制作技艺	赤水市
龙溪石砚制作技艺	普安县
鸟笼制作技艺	丹寨县、贞丰县、黔西县
焰火架制作技艺	印江土家族苗族自治县
粮仓建造技艺	望谟县
安顺木雕	安顺市西秀区
传统医药	
火龙丹	金沙县
罗氏瘰疱疗法	关岭布依族苗族自治县
民俗	
布依族服饰	安顺市西秀区、水城县、兴义市
苗族二月二	兴仁县、贞丰县、松桃苗族自治县、黔东南州
布依族三月三	册亨县、贞丰县、望谟县、安龙县、贵阳市乌当区、惠水县、开阳县
苗族婚俗	丹寨县、习水县
侗族婚俗	黎平县、榕江县
瑶族婚俗	麻江县
苗族斗牛习俗	施秉县、凯里市、开阳县

苗族栽岩习俗	榕江县
苗族卧堆习俗	榕江县
苗族命名习俗	平坝县
侗族鼓楼习俗	从江县
布依族“报笨”习俗	兴义市
布依族铜鼓习俗	兴仁县
彝族毕摩习俗	赫章县
彝族丧葬习俗	金沙县
记间习俗	黎平县、榕江县
稻鱼并作习俗	天柱县
造林习俗	天柱县
苗族祭桥节	三穗县、台江县、黄平县
彝族火把节	大方县、赫章县
求雨祭典	黎平县
侗族芦笙会	黎平县
水族敬霞节	三都县
清镇瓜灯节	清镇市
玩水龙	施秉县
布依族坐夜筵	开阳县

扩展项目

民间文学	
苗族刻道	黄平县
珠郎娘美	黎平县
苗族古歌	凯里市、兴仁县
布依族摩经	兴仁县
传统音乐	
布依族铜鼓乐	关岭布依族苗族自治县
侗族琵琶歌	从江县
苗族民歌(苗族飞歌)	剑河县、纳雍县
传统舞蹈	
苗族芦笙舞	罗甸县
木鼓舞	榕江县
传统戏剧	
花灯戏	贵州省花灯剧团、开阳县、镇远县、金沙县
傩戏(印江土家族傩戏)	印江土家族苗族自治县
荔波布依族傩戏	荔波县
织金穿青人傩戏	织金县
江口傩戏	江口县
阳戏	沿河土家族自治县、息烽县、黔西县、罗甸县、开阳县
地戏	开阳县
侗戏	榕江县、从江县

黔剧	安龙县
曲艺	
布依八音	平塘县
传统美术	
苗族剪纸	台江县
苗绣	黄平县、台江县、紫云苗族布依族自治县、水城县
苗族织锦	凯里市、台江县
传统技艺	
皮纸制作技艺	务川仡佬族苗族自治县、印江土家族苗族自治县、安龙县
竹编技艺	铜仁地区万山特区
苗族芦笙制作技艺	贵阳市花溪区、丹寨县、凯里市
苗族蜡染	紫云苗族布依族自治县
苗族银饰制作技艺	剑河县、关岭布依族苗族自治县、台江县
砂陶制作技艺	盘县
布依族土布制作技艺	望谟县
民俗	
侗年	榕江县
苗族跳花节	赫章县、大方县、金沙县
鼓藏节	台江县
社节	黎平县
侗族萨玛节	从江县
仡佬族“吃新节”	六盘水市六枝特区
苗族杀鱼节	开阳县
苗族四月八	息烽县
依族六月六	开阳县
竹王崇拜	紫云苗族布依族自治县
苗族服饰	习水县、开阳县、修文县、纳雍县、金沙县、黄平县、从江县、凯里市、水城县、兴仁县
屯堡服饰	平坝县、安顺市西秀区
侗族北部方言歌会	三穗县、锦屏县

第四批

项目名称	申报地区或单位
民间文学	
簪汪古歌	清镇市、修文县
播州杨应龙传说	汇川区
布依族浪哨歌	册亨县
苗族“巴狄熊”口传经典	松桃苗族自治县
传统音乐	
布依族土歌	南明区
花山布依古歌	紫云苗族布依族自治县

水族“夺咚”	都匀市
布依族莫歌	独山县
侗族笛子歌	黎平县
注溪山歌	天柱县
启蒙侗歌	锦屏县
瓦寨锣鼓	江口县
嬶草锣鼓	石阡县
普宜乐都莫轰	七星关区
苗族山歌	望谟县
传统舞蹈	
布依族铜鼓舞	关岭布依族苗族自治县
苗族雷公舞	贵定县
苗族搓梗仔采阿诗舞	瓮安县
苗族古瓢舞	雷山县
苗族水鼓舞	剑河县
踩亲舞	黄平县
布依竹鼓舞	册亨县
布依族展稍	望谟县
布依族板凳龙舞	兴义市
传统戏剧	
马马灯	正安县
茶灯	松桃苗族自治县
布依族“丫面”	册亨县
苗族武教戏	普安县
灯夹戏	瓮安县
传统体育、游艺与杂技	
土家族高台狮灯	沿河土家族自治县
布依族武术	安龙县
温水小手拳	习水县
传统技艺	
雷家豆腐圆子制作技艺	云岩区
民间纸扎技艺	正安县
墨石雕刻技艺	正安县
湄潭翠芽茶制作技艺	湄潭县
“遵义红”茶制作技艺	湄潭县
湄潭手筑黑茶制作技艺	湄潭县
空心面制作技艺	绥阳县
水族银饰制作技艺	都匀市
水族豆浆染制作技艺	三都水族自治县
苗族谷蔺布制作技艺	惠水县
苗族古瓢琴制作技艺	雷山县
天柱宗祠浮雕彩绘技艺	天柱县
道菜制作工艺	镇远县

煨酒酿造技艺	从江县
石阡苔茶制作技艺	石阡县
土家熬熬茶制作技艺	德江县
花烛制作技艺	思南县
金沙酱香型白酒酿造技艺	金沙县
清池贡茶制作技艺	金沙县
彝族彩布贴花	水城县
古方红糖制作工艺	兴义市
传统医药	
遵义王氏中医推拿	遵义市
胡三帖	贵定县
半枫荷熏浴疗法	凯里市
黔西王氏食疳医药	黔西县
民俗	
龙泉推推灯	凤冈县
铁水冲龙	普定县
苗族跳洞—数岜	龙里县
草塘火龙	瓮安县
水族历法	三都水族自治县
苗族舞龙嘘花习俗	台江县
圣德山歌节	三穗县
巴冶土王戊	三穗县
壮年	从江县
瑶族度戒	从江县
瑶族嫁郎	从江县
羌历年	江口县
布依族婚俗	册亨县、贞丰县
庆坛	晴隆县
布依族二月二铜鼓节	兴仁县
布依族火箭节	兴仁县
彝族服饰	赫章县
苗族祭鼓节	清镇市

扩展项目

民间文学	
布依族摩经	册亨县、望谟县
传统音乐	
高腔大山歌	正安县
侗族牛腿琴歌	黎平县
苗族民歌(苗族飞歌)	台江县
苗族多声部情歌	黄平县
布依族铜鼓乐	六枝特区
布依族勒尤	册亨县

布依族小打音乐	晴隆县
传统舞蹈	
苗族板凳舞	黄平县
金钱棍	岑巩县
传统戏剧	
花灯戏	息烽县、沿河土家族自治县
阳戏	正安县
傩戏	湄潭县、石阡县、纳雍县
地戏	关岭布依族苗族自治县
曲艺	
君琵琶	榕江县
布依八音	册亨县
传统体育、游艺与杂技	
苗族武术	剑河县、松桃苗族自治县
赛龙舟	沿河土家族自治县
布依族高台狮灯	贞丰县、册亨县
传统美术	
苗族剪纸	施秉县
侗族刺绣	镇远县
苗绣	丹寨县、松桃苗族自治县
布依族刺绣	册亨县
传统技艺	
竹编工艺	赤水市
苗族蜡染	平坝县、纳雍县、织金县
水族石雕	荔波县
苗族银饰锻制技艺	丹寨县
豆制品制作技艺	江口县
印染工艺	石阡县
砂陶制作工艺	印江土家族苗族自治县
布依族土布制作技艺	册亨县
蓝靛靛染工艺	望谟县
布依族糯食制作技艺	贞丰县
传统医药	
苗医药骨髓骨伤药膏	麻江县
民俗	
苗族跳场	乌当区
苗族服饰	清镇市、息烽县、龙里县、贞丰县、晴隆县、普安县
苗族跳花节	绥阳县、兴仁县
水书习俗	榕江县
苗族招龙	榕江县、剑河县
月也	榕江县、从江县
苗族姊妹节	剑河县

彝族婚嫁习俗	赫章县
苗族芦笙节	从江县
苗族翻鼓节	凯里市
仡佬族吃新节	务川仡佬族苗族自治县
苗族婚俗	贞丰县

参考文献

[1]贵州省文化厅,贵州省非物质文化遗产保护中心.山地文明的典藏——贵州非物质文化遗产名录图典[M].贵阳:贵州人民出版社,2011.

[2]杨军昌,吴学军,王兴明.人类文明第三高度大走势[M].北京:知识产权出版社,2013.

[3]杨昌儒,孙兆霞,金燕.贵州建省六百年研究丛书:贵州民族关系构建[M].贵阳:贵州人民出版社,2010.

[4]龚荫.西南边疆民族研究书系:民族史考辩[M].昆明:云南大学出版社,2004.

[5]常璩辑撰.华阳国志[M].唐春生,何利华,黄博,丁双胜,译.重庆:重庆出版社,2008.

[6]田玉隆,等.贵州土司史[M].贵阳:贵州人民出版社,2006.

[7]姚重军.少数民族传统体育文化研究[M].北京:民族出版社,2004.

[8]薛麦喜.民俗卷[M].兰州:甘肃人民出版社,1995.

[9]石朝江.世界苗族迁徙史[M].贵阳:贵州人民出版社,2006.

[10]李立纲,等.少数民族体育文化论[M].昆明:云南民族出版社,1995.

[11]金炳镐.民族理论通论[M].北京:中央民族大学出版社,2006.

[12]金炳镐.中国民族理论研究20年[M].北京:中央民族大学出版社,2000.

[13]金炳镐.民族理论与民族政策概论(修订本)[M].北京:中央民族大学出版社,2006.

[14]李晓赋.西南边疆民族研究(第4辑)[M].昆明:云南大学出版社,2006.

[15]马占仑.云南回族苗族百村社会经济调查[M].昆明:云南民族出版社,1997.

[16]马占仑.云南彝族白族哈尼族傣族瑶族社会经济调查[M].昆明:云南民族出版社,2000.

[17]乌当区文体广播电视局.乌当区非物质文化遗产集成[Z].内部资料,2008.

后　　记

在完成《贵州省非物质文化遗产田野调查·贵阳市卷》的项目过程中，经过一年多文献资料的整理和实地调查寻访，我和课题组成员感觉收获良多，受益匪浅。面对丰富的贵阳市非物质文化遗产资源，我们一方面惊叹中华文明和贵州民族文化的博大精深，贵阳市各民族非物质文化遗产的源远流长、价值连城；另一方面也通过触目惊心的非物质文化遗产流失现象引发出沉重的忧虑和思考。

贵阳市是非物质文化遗产的富矿区。这里的非物质文化遗产有以下几个鲜明的特点。

第一个鲜明特点一是有着深远的民族历史和强烈的本土性特色。这种本土性特色具有强大的生命力和影响力。表现为一是有着厚重的历史积淀。这种文化从本民族、本土产生，由本民族世代相传，具有浓厚的民族性和地域性，以及不可复制性。如苗绣、苗族芦笙舞、苗族猴鼓舞、苗族斗角舞、苗族“四月八”、布依族“六月六”、苗族跳场、高坡苗族射背牌、布依族坐夜筵、苗族杀鱼节、苗族斗牛节等。二是这种鲜明的本土性特点表现为不可复制性，即搬不走。如茅台酒制作工艺，由于独特的地理环境导致的微生物场效应，特殊的制酒原料及繁杂的酿造工艺，使得茅台酒工艺即便告诉了别人，也不能异地造出真正的茅台酒。另外还有西山虫茶制作技艺，只能在息烽县西望山地区生产。我们在息烽县西山调研时发现。西山生产虫茶的一家生产农户因为从过去的一间旧土坯房搬家到了新的水泥砖瓦房，环境的变化竟然使制作虫茶的虫子死了不少。三是这种本土性特色表现为对外来文化的极大渗透力和影响力。贵州是受外来文化影响最多的省，尤其是受汉文化影响巨大。但是，无论何种文化进入贵州，都必须经过贵州当地文化的本土化改造，而使之成为受地方欢迎的、群众喜闻乐见的文化形式。例如，贵州花灯、地戏、阳戏、黔戏等。

第二个鲜明特点是受外来民族文化影响而体现的综合性文化特色。在贵州的开发史上，有几种独具特色的经济模式对贵州经济社会发展产生过深远的影响，如战国秦汉时期的“夜郎经济”、宋元时期的“军马经济”、明代的“屯堡经济”、抗战时期的“战时经济”及中华人民共和国成立后的“三线经济”。这些经济模式的形成和发展均是外来文化作用下对贵州经济发展产生的强大促进作用。我国明代著名的哲学家、教育家王阳明于明正德三年(1508年)三月到达贵州，在修文创办龙岗书院，又受聘主讲贵阳文明书院，首开黔中书院讲学之风，培育了一批弟子。其后，王阳明诸弟子及王门后学在黔中陆续创办了阳明、正学、为仁、学孔、南皋等书院，传播王学。在其影响下，终明之世，贵州建有书院20余所，书院讲学之风盛于中原，俊杰之士，比于中州。明代建省后贵州历史上出了3名状元，400余进士，贵州成为人才的摇篮。这些人才对于贵州历史和社会的发展进步均做出了不可磨灭的贡献。考察贵州的非物质文化遗产，其中的外来文化元素不胜枚举，如乌当土纸制作工艺、同济堂传统中药文化、杂技、布依族铁链械、文琴戏、黔剧、花灯戏、地戏、阳戏。这些外来文化进入贵州，给贵州带来新鲜的文化空气，经过贵州当地文化的本土化改造以后，成为贵州本土文化极其重要的一部分流传下来。

第三个鲜明特点是具有鲜明的民族性、宗教性和实用性。贵州是一个多民族省，有世居民族17个，山川秀美，民族众多，既是连接亚洲大陆腹地与印巴次大陆及中南半岛的枢纽，又是各少数民族交融汇聚之地。贵州在春秋以前为荆州西南夷，属于“南蛮”的一部分。战国后期建夜郎国，为西南地区的大国之一。秦始皇统一中国后，在贵州开“五尺道”，设郡县、置官吏。东汉以后，中央政权对西南地区实行长期的羁縻与郡县并行的政策。三国时期，诸葛亮采取“南抚夷越”的战略方针，使汉族和少数民族长期和平共处。唐代在贵州推行经制州与羁縻州并行的制度。乌江以北地区多属经制州，由朝廷派遣官吏治理，直接控制户籍、田亩；乌江以南有数十个羁縻州，由各地土箸首领统治。宋代为今贵州地域主要属州。贵州名称始于宋代。宋开宝七年(公元974年)，土著首领普贵以所领矩州归顺，土语“矩”与“贵”同音，朝廷敕书称“惟尔贵州，远在要荒”，“贵州”名称始见于文献。元代在贵州地区遍行土司制度。土司制度是唐宋以来羁縻制度的一种变形。所谓土司，是指少数民族首领世袭“宣慰使司”等官职。当时，贵州地区有大小土司300余个，大者称为宣慰司、宣抚司、安抚司，小者称为长官司。明代是贵州历史上发展的一个重要时期。明初，朱元璋为稳定西南政局，强化中央集权，曾支持深明大义的水西女土司奢香修筑了贵州至云南、四川的驿道，促进了这一地区经济文化的发展，为贵州行省的建立奠定了基础。明永乐十一年(1413年)设贵州布政使司。贵州正式成为省一级的行政单位。迄今为止已达600余年。考察贵州的非物质文化遗产，与民族传说和宗教有着密切关系。无论是本土化的文化遗产，还是外来文化的影响交流，均有着浓厚的本民族传统和宗教色彩。如贵州花灯戏、地戏、阳戏等，都设有其戏主，有着严格的开箱、关箱仪式。例如，阳戏，演完一出折子戏，还要烧掉一个戏牌。花灯戏演出前要开光，演出结束后要将花灯烧掉。表现出浓厚的宗教图腾崇拜特点。另如开阳苗族杀鱼节既是古老的渔猎风气的遗存，又具有明显的环境保护意识，同时又是与祈雨相结合的原始宗教仪式之一，给后人留下诸多借鉴，提供了宝贵的研究资料。

感谢贵阳市文广局、花溪区文广局、乌当区文广局、开阳县文广局、清镇市文广局、息烽县文广局和修文县文广局的领导和同志们，特别是花溪区文广局的刘霞，以及花灯戏传承人许丽荣，玫瑰糖传承人黄林声；息烽县文广局黄登，以及西山虫茶制作人黄佑德、邹之祥；乌当区文广局胡晓蓉；开阳县文广局何先龙、万江，以及阳戏传承人刘正远；修文县文广局赵星；清镇市文广局姚海蓉等，他们为我们的调研提供了极大的方便和丰富的资料，所到之处，受到热情的接待和照顾，使我们在搜集和整理资料过程中能够得以顺利进行。这部《贵州省非物质文化遗产田野调查・贵阳市卷》项目之所以顺利完成，与当地政府和群众的关心支持分不开，我们课题组的全体成员对向课题提供帮助的领导和同志们表示衷心的感谢！

本项目所引用的文字和图片均注明了出处，没有明确注明的文字和图片均为课题组搜集的资料。由于时间仓促，加之受水平限制，错误和疏漏在所难免，恳请各位专家同行批评指正。同时，向为本课题提供资料和方便的各位领导和同行表示诚挚的谢意。愿本资料能够抛砖引玉，引出更多更好的作品，为继承发扬贵州非物质文化遗产精华做出更大贡献。

编者

2015 年 5 月